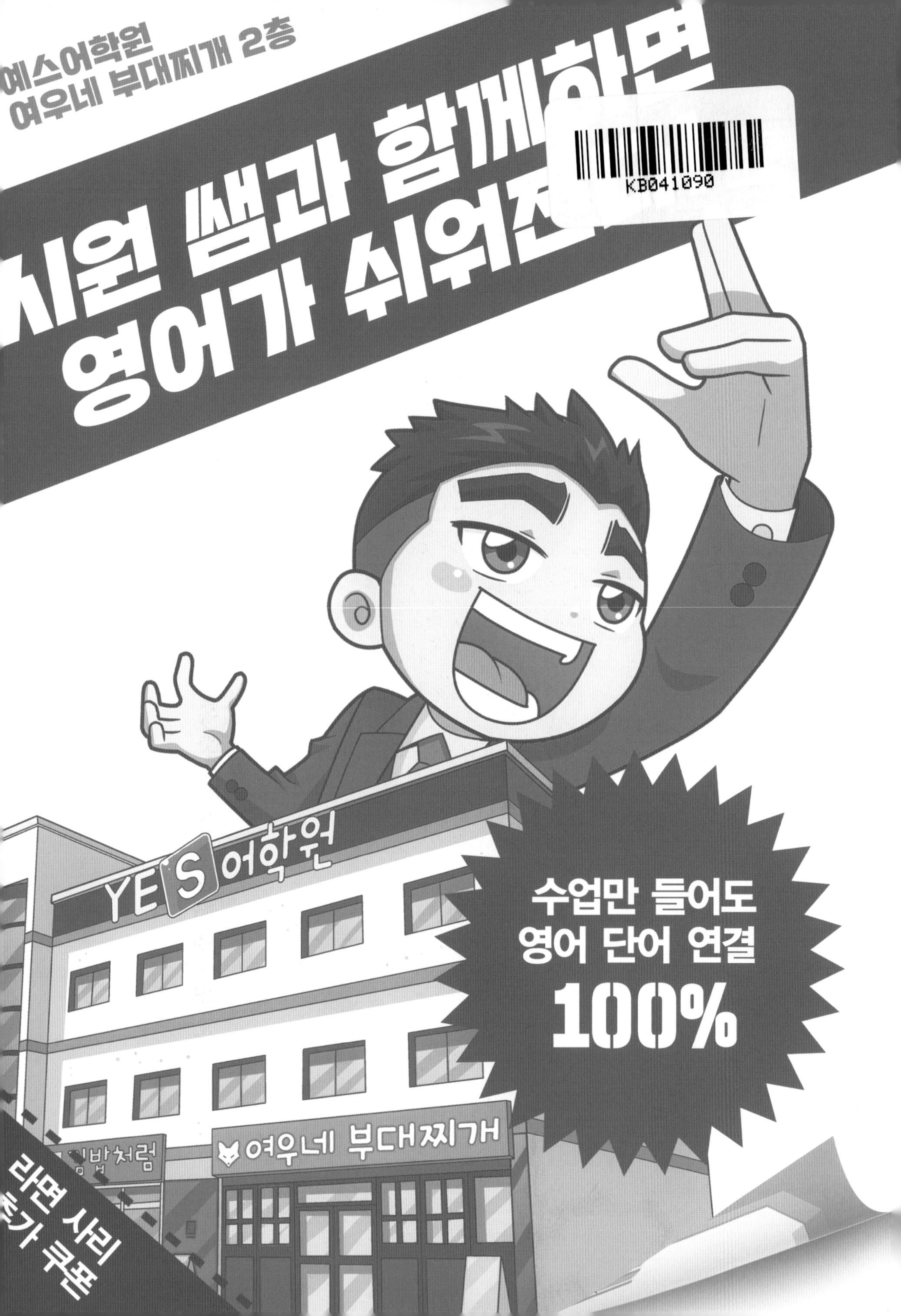
예스어학원
여우네 부대찌개 2층
쌤과 함께하면
영어가 쉬워
YES 어학원
수업만 들어도
영어 단어 연결
100%
밥처럼
여우네 부대찌개
라면 사리
쿠폰

예스잉글리시
신입 단원 모집

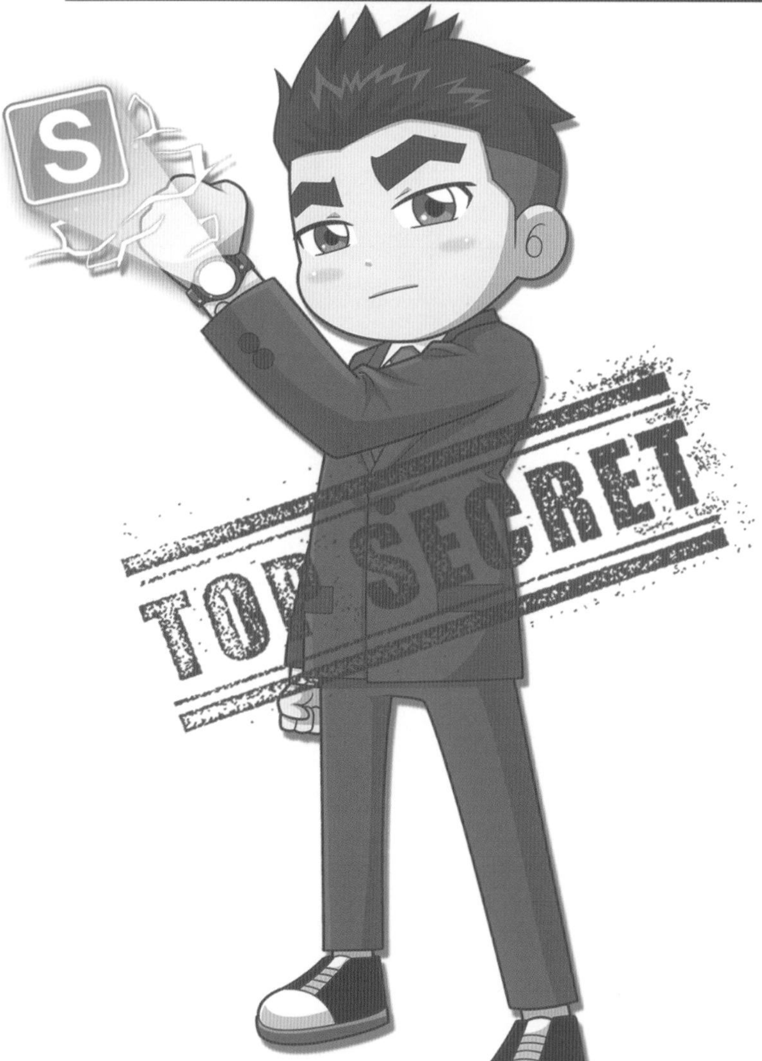
S
TOP SECRET

코드 네임 : 에스원 요원과 영어 유니버스를 구하라!

English Adventure
이시원의 영어 대모험

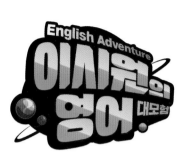

일러두기

이 책의 만화에 나오는 영어 문장 중 일부는 이야기의 자연스러운 이해를 위해 의역했습니다.
그 외의 영어 문장은 학습적인 이해를 돕기 위해 직역했습니다.

이시원의 영어 대모험 ⑩
전치사

기획 시원스쿨 | **글** 박시연 | **그림** 이태영

1판 1쇄 발행 | 2021년 7월 14일
1판 2쇄 발행 | 2024년 7월 1일

펴낸이 | 김영곤
이사 | 은지영
키즈스토리본부장 | 김지은
키즈스토리2팀장 | 심다혜
기획개발 | 최지수 강혜인
아동마케팅영업본부장 | 변유경
아동마케팅1팀 | 김영남 손용우 최윤아 송혜수
아동마케팅2팀 | 황혜선 이규림 이주은
아동영업팀 | 강경남 김규희 최유성
e-커머스팀 | 장철용 양슬기 황성진 전연우
디자인 | 리처드파커 이미지웍스 **윤문** | 이선지

펴낸곳 | (주)북이십일 아울북
등록번호 | 제406-2003-061호
등록일자 | 2000년 5월 6일
주소 | 경기도 파주시 회동길 201(문발동) (우 10881)
전화 | 031-955-2155(기획개발), 031-955-2100(마케팅·영업·독자문의)
브랜드 사업 문의 | license21@book21.co.kr
팩시밀리 | 031-955-2177
홈페이지 | www.book21.com

ISBN 978-89-509-8501-1
ISBN 978-89-509-8491-5(세트)

* 잘못 만들어진 책은 **구입하신 서점**에서 교환해 드립니다.
* 가격은 책 뒤표지에 있습니다.

⚠ 주의 1. 책 모서리가 날카로워 다칠 수 있으니 사람을 향해 던지거나 떨어뜨리지 마십시오.
2. 보관 시 직사광선이나 습기 찬 곳을 피해 주십시오.

• **제조자명** : (주)북이십일
• **주소 및 전화번호** : 경기도 파주시 회동길 201(문발동) / 031-955-2100
• **제조연월** : 2024.7.1
• **제조국명** : 대한민국
• **사용연령** : 3세 이상 어린이 제품

만 화 로 시 작 하 는 이 시 원 표 초 등 영 어

English Adventure 이시원의 영어 대모험 10

전치사

기획 시원스쿨
글 박시연
그림 이태영

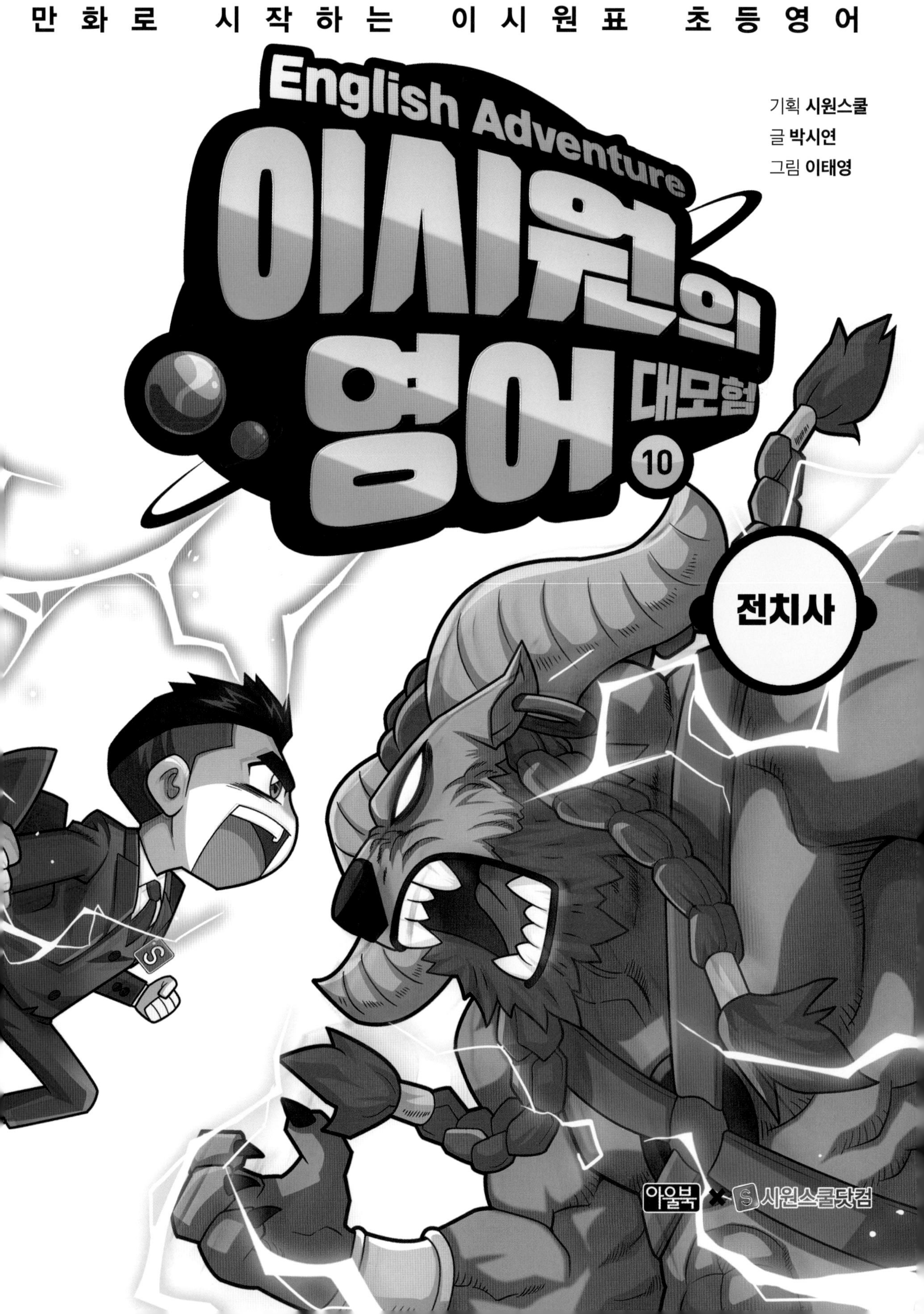

아울북 × 시원스쿨닷컴

작가의 말

안녕하세요? 시원스쿨 대표 강사 이시원 선생님이에요. 여러분은 영어를 좋아하나요? 아니면 영어가 어렵고 두려운가요? 혹시 영어만 생각하면 속이 울렁거리고 머리가 아프진 않나요? 만약 그렇다면 지금부터 선생님이 영어와 친해지는 방법을 가르쳐 줄게요.

하나, 지금까지 배운 방식과 지식을 모두 지워요!

보기만 해도 스트레스를 받고, 나를 힘들게 만드는 영어는 이제 잊어버려요. 선생님과 함께 새로운 마음으로 영어를 다시 시작해 봐요.

둘, 하나를 배우더라도 정확하게 습득해 나가요!

눈으로만 배우고 지나가는 영어는 급할 때 절대로 입에서 나오지 않아요. 하나를 배우더라도 완벽하게 습득해야 어디서든 자신 있게 영어로 말할 수 있어요.

셋, 생활 속에서 자주 쓰이는 표현을 배워요!

우리 생활에서 쓸 일이 별로 없는 단어를 오래 기억할 수 있을까요? 자주 사용하는 단어 위주로 영어를 배워야 쓰기도 쉽고 잊어버리지도 않겠죠? 자연스럽게 영어가 튀어나올 수 있도록 여러 번 말하고, 써 보면서 잊지 않게 하는 것이 중요해요.

이 세 가지만 지키면 어느새 영어가 정말 쉽고, 재밌게 느껴질 거예요. 그리고 이 세 가지를 충족시키는 힘이 바로 이 책에 숨어 있어요. 여러분이 〈이시원의 영어 대모험〉을 읽는 것만으로도 최소한 영어 한 문장을 습득할 수 있어요.

단어와 단어를 연결하는 방법도 자연스럽게 익히게 될 거예요. 게다가 영어에 관련된 흥미로운 이야기들을 알게 되면 영어가 좀 더 친숙하고 재미있게 다가올 거라 믿어요!

자, 그럼 만화 속 '시원 쌤'과 신나는 영어 훈련을 하면서 모두 함께 영어의 세계로 떠나 볼까요?

시원스쿨 기초영어 대표 강사 **이시원**

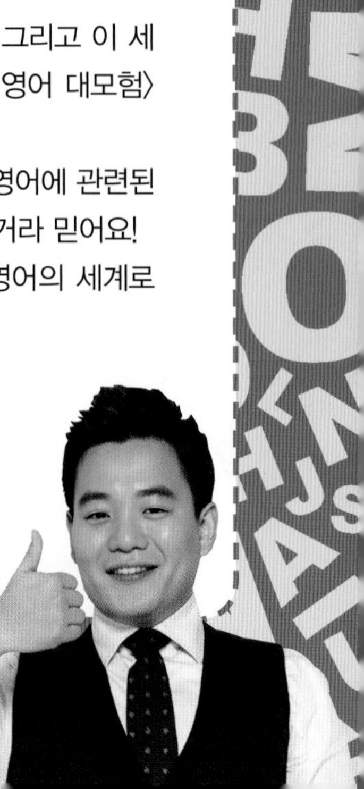

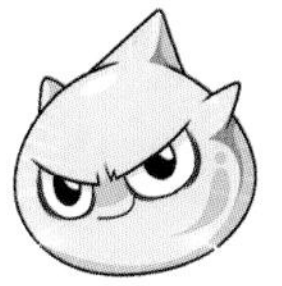

영어와 친해지는 영어학습만화

영어는 이 자리에 오기까지 수많은 경쟁과 위험을 물리쳤답니다. 영어에는 다른 언어와 부딪치고 합쳐지며 발전해 나간 강력한 힘이 숨겨져 있어요. 섬나라인 영국 땅에서 시작된 이 언어가 어느 나라에서든 통하는 세계 공용어가 되기까지는 마치 멋진 히어로의 성장 과정처럼 드라마틱하고 매력적인 모험담이 있었답니다. 이 모험담을 듣게 되는 것만으로도 우리 어린이들은 영어를 좀 더 좋아하게 될지도 몰라요.

영어는 이렇듯 강력하고 매력적인 언어지만 친해지기는 쉽지 않아요. 우리 어린이들에게 영어는 어렵고 힘든 시험 문제를 연상시키지요. 영어를 잘하면 장점이 많다는 것은 알지만 영어를 공부하는 과정은 어렵고 힘들어요. 이 책에서 시원 쌤은 우리 어린이 주인공들과 영어 유니버스라는 새로운 세계로 신나는 모험을 떠난답니다.

여러분도 엄청난 비밀을 지닌 시원 쌤과 미지의 영어 유니버스로 모험을 떠나 보지 않을래요? 영어 유니버스의 어디에선가 영어를 좋아하게 된 자신의 모습을 발견하게 될지도 몰라요.

글 작가 **박시연**

영어의 세계에 빠져드는 만화

영어 공부를 시작하는 어린이들은 모두 자기만의 목표를 가지고 있을 거예요. 영어를 잘해서 선생님께 칭찬받는 모습부터 외국 친구들과 자유롭게 영어로 소통하는 모습, 세계적인 유명인이 되어서 영어로 멋지게 인터뷰하는 꿈까지도요.

이 책에서는 어린이들이 공감할 수 있도록 영어를 배우며 느끼는 기분, 상상한 모습들을 귀엽고 발랄한 만화로 표현했어요. 이 책을 손에 든 어린이들은 만화 속 인물들에게 무한히 공감하며 이야기에 빠져들 수 있을 거예요. 마치 내가 시원 쌤과 함께 멋진 모험을 떠나는 것 같은 기분을 느낄 수 있도록요.

보는 재미와 읽는 재미를 함께 느낄 수 있는 만화를 통해 영어의 재미도 발견하기를 바라요!

그림 작가 **이태영**

차례

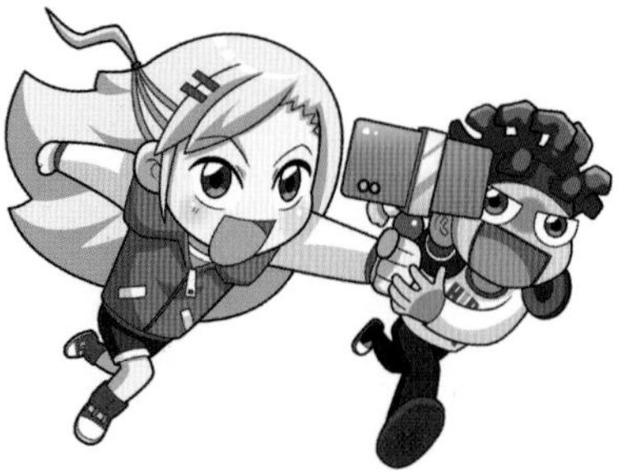

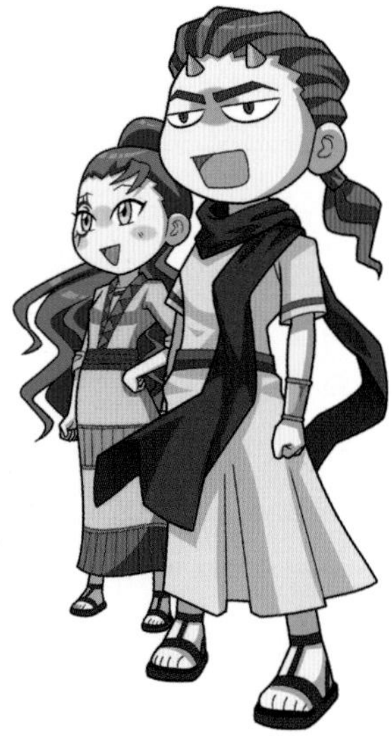

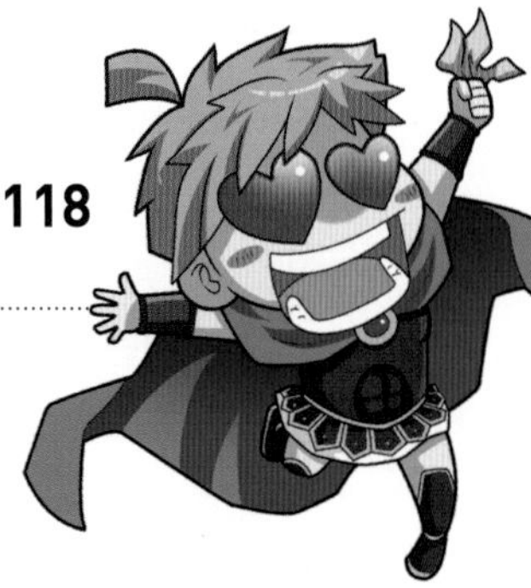

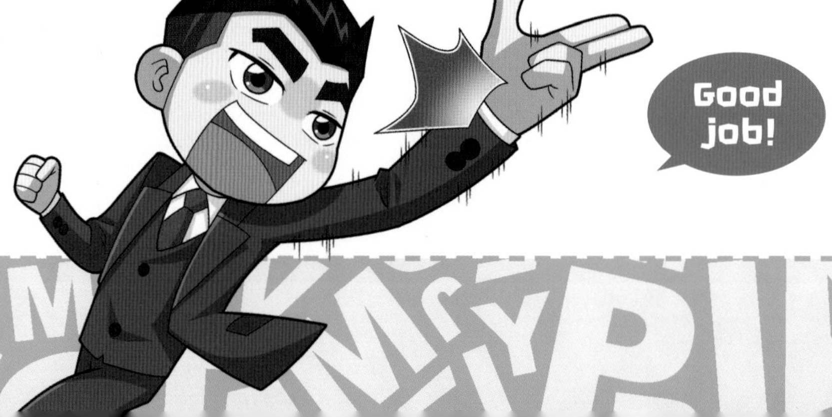
Good job!

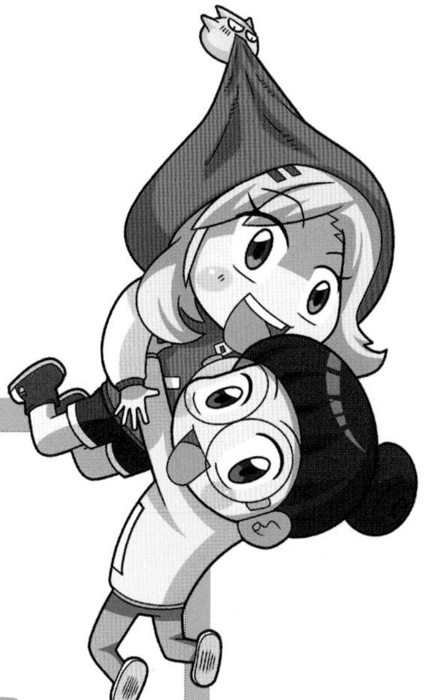

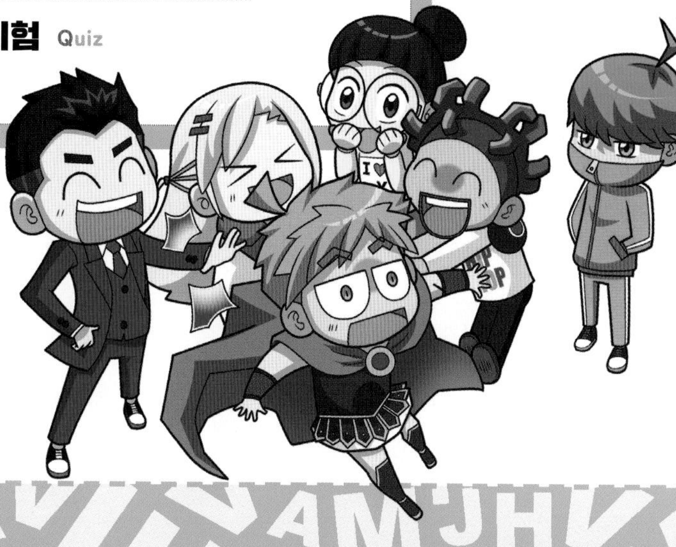

등장인물

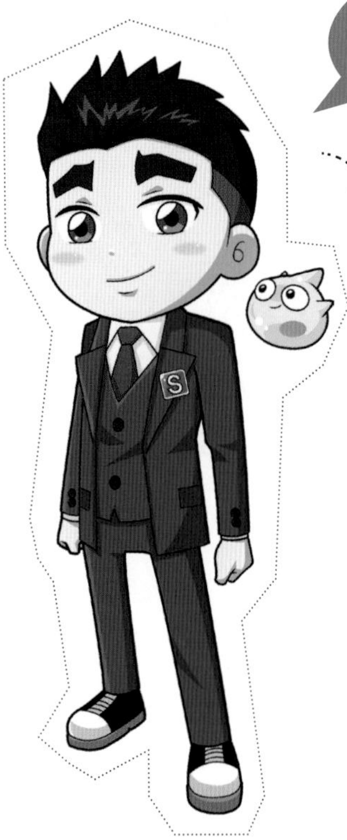
영어를 싫어하는 자,
모두 나에게로 오라!
굿 잡!

시원 쌤

비밀 요원명 에스원(S1)
직업 영어 선생님
좋아하는 것 영어, 늦잠, 힙합
싫어하는 것 노잉글리시단
취미 영어 강의하기
특기 달리기
성격 귀차니스트 같지만 완벽주의자
좌우명 영어는 내 인생!

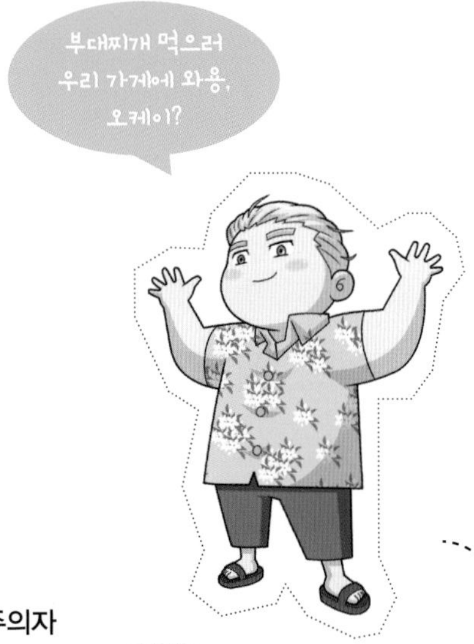
부대찌개 먹으러
우리 가게에 와용,
오케이?

폭스

비밀 요원명 에프원(F1)
직업 여우네 부대찌개 사장님

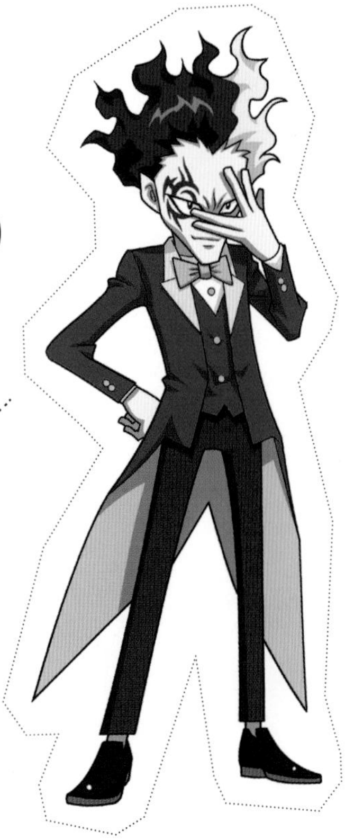
영어가 싫다고?!
내가 더더더 싫어지게
만들어 주마!

트릭커

직업 한두 개가 아님
좋아하는 것 영어 싫어하는 아이들
싫어하는 것 영어, 예스잉글리시단
취미 함정 만들기
특기 이간질하기, 변장하기
성격 우기기 대마왕
좌우명 영어 없는 세상을 위하여!

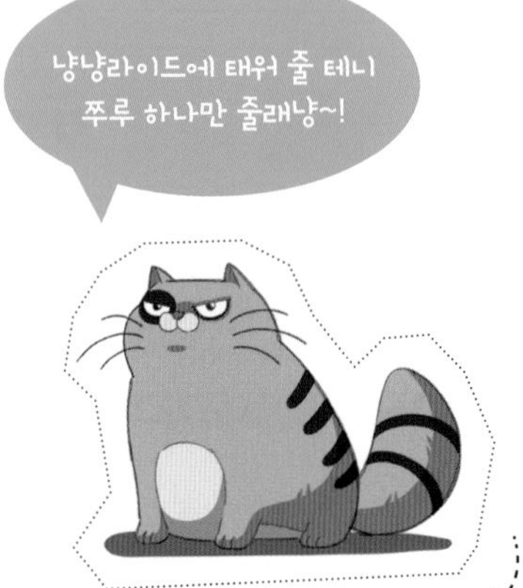
냥냥라이드에 태워 줄 테니
쭈루 하나만 줄래냥~!

빅캣

좋아하는 것 쭈루, 고양이 어묵 꼬치
싫어하는 것 예스잉글리시단

내 방송 꼭 구독 눌러 줘!

루시

좋아하는 것 너튜브 방송
싫어하는 것 나우, 함정
좌우명 일단 찍고 보자!

헤이~요! 나는 나우!
L.A.에서 온 천재 래퍼!

나우

좋아하는 것 랩, 힙합, 동물
싫어하는 것 영어로 말하기,
혼자 놀기
좌우명 인생은 오로지 힙합!

….

후

좋아하는 것 축구
싫어하는 것 말하기
좌우명 침묵은 금이다!

역시 예스어학원으로
옮기길 잘했어!

리아

좋아하는 것 신화 이야기
싫어하는 것 빅캣 타임
좌우명 최선을 다하자!

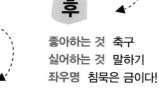

아리아드네 공주를
구해야 해!

테세우스

미궁에 온 걸
후회하게 만들어 주지!

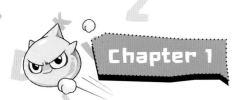

Chapter 1

신화와 영어

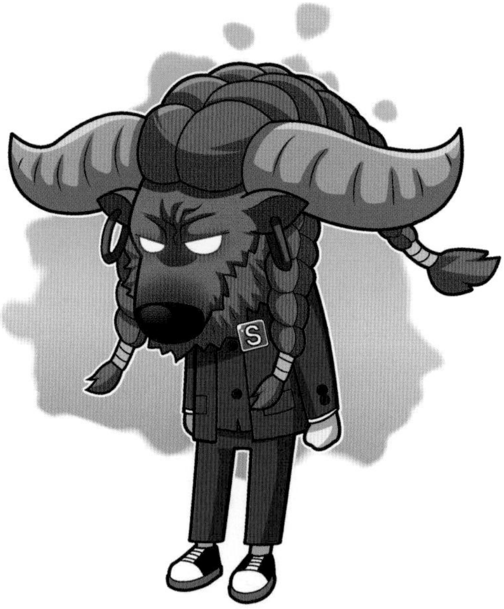

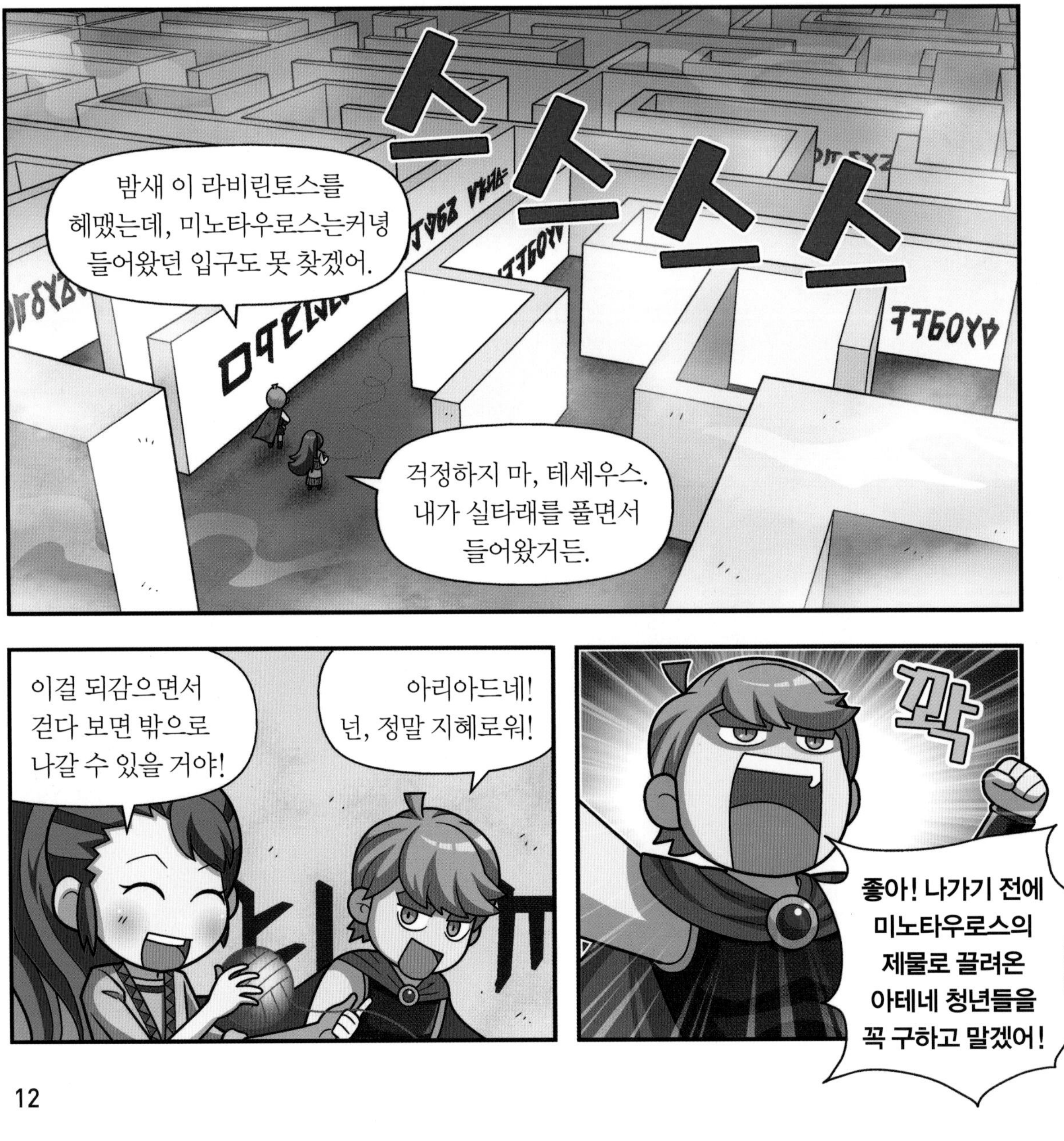
스스스스
밤새 이 라비린토스를 헤맸는데, 미노타우로스는커녕 들어왔던 입구도 못 찾겠어.
걱정하지 마, 테세우스. 내가 실타래를 풀면서 들어왔거든.
이걸 되감으면서 걷다 보면 밖으로 나갈 수 있을 거야!
아리아드네! 넌, 정말 지혜로워!
꽉
좋아! 나가기 전에 미노타우로스의 제물로 끌려온 아테네 청년들을 꼭 구하고 말겠어!

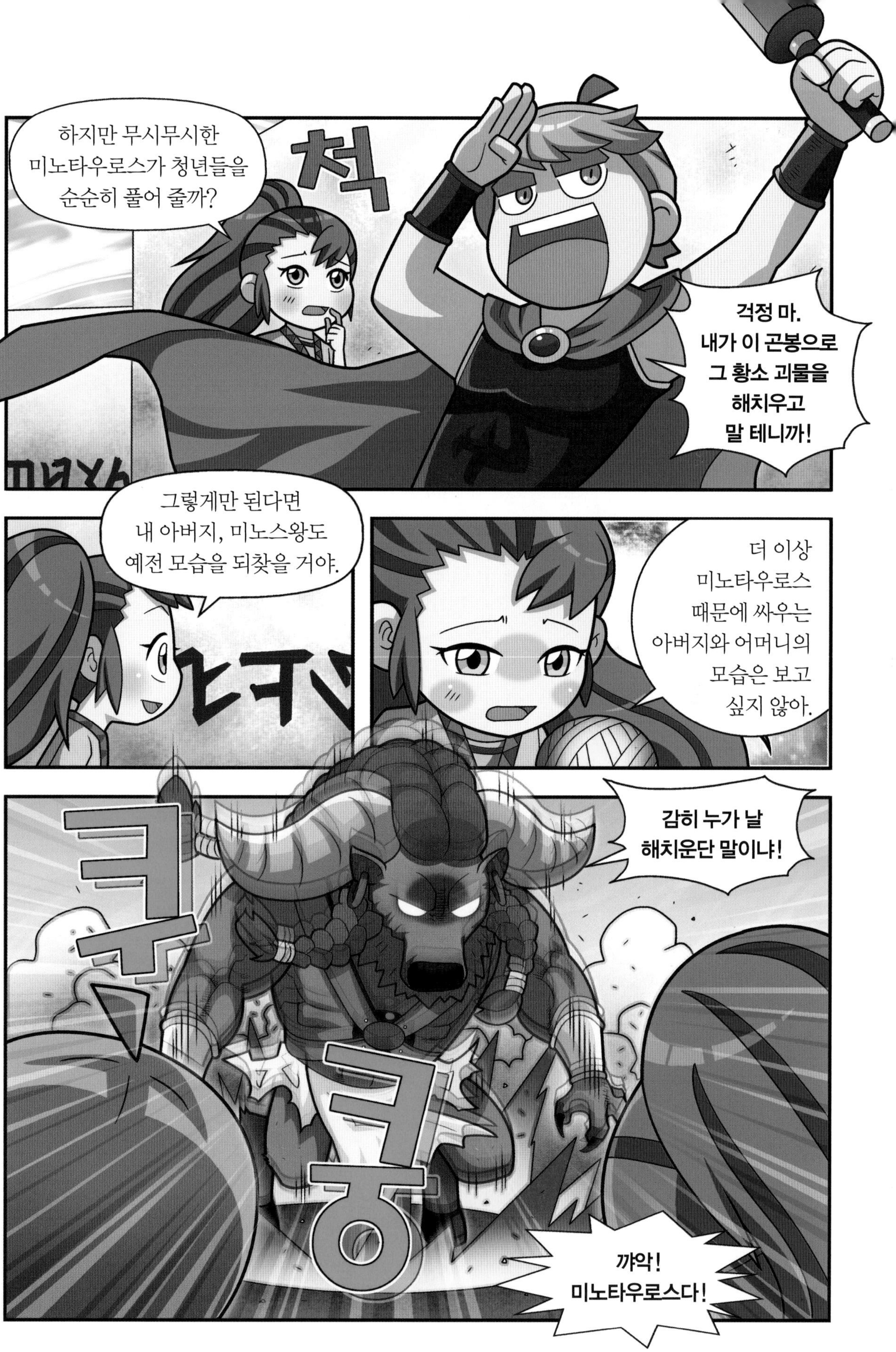

하지만 무시무시한 미노타우로스가 청년들을 순순히 풀어 줄까?
척
걱정 마. 내가 이 곤봉으로 그 황소 괴물을 해치우고 말 테니까!
그렇게만 된다면 내 아버지, 미노스왕도 예전 모습을 되찾을 거야.
더 이상 미노타우로스 때문에 싸우는 아버지와 어머니의 모습은 보고 싶지 않아.
감히 누가 날 해치운단 말이냐!
꺄악! 미노타우로스다!

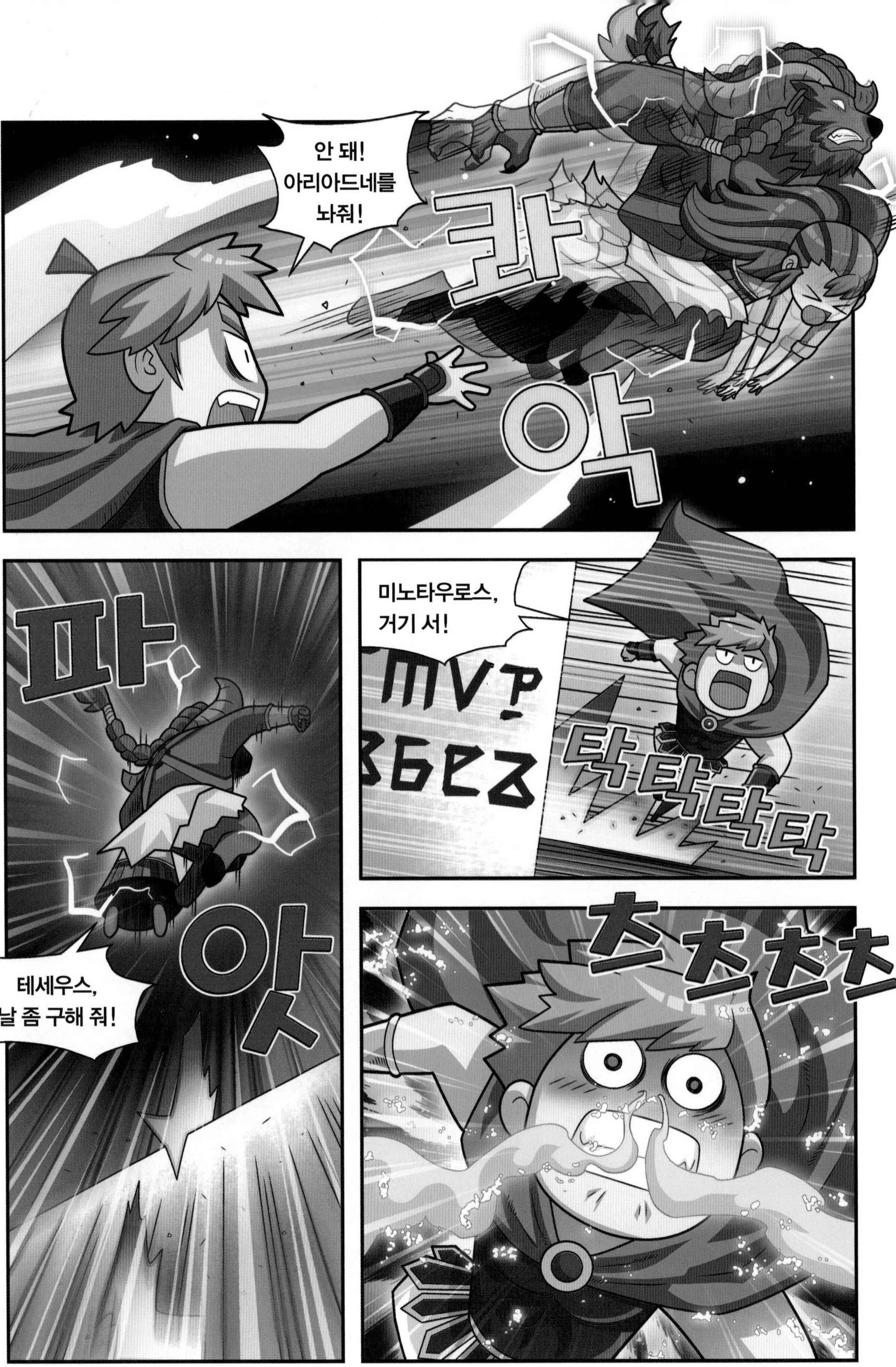
안 돼!
아리아드네를
놔줘!
콰
악
파
앗
테세우스,
날 좀 구해 줘!
미노타우로스,
거기 서!
탁탁탁탁
츠츠츠츠

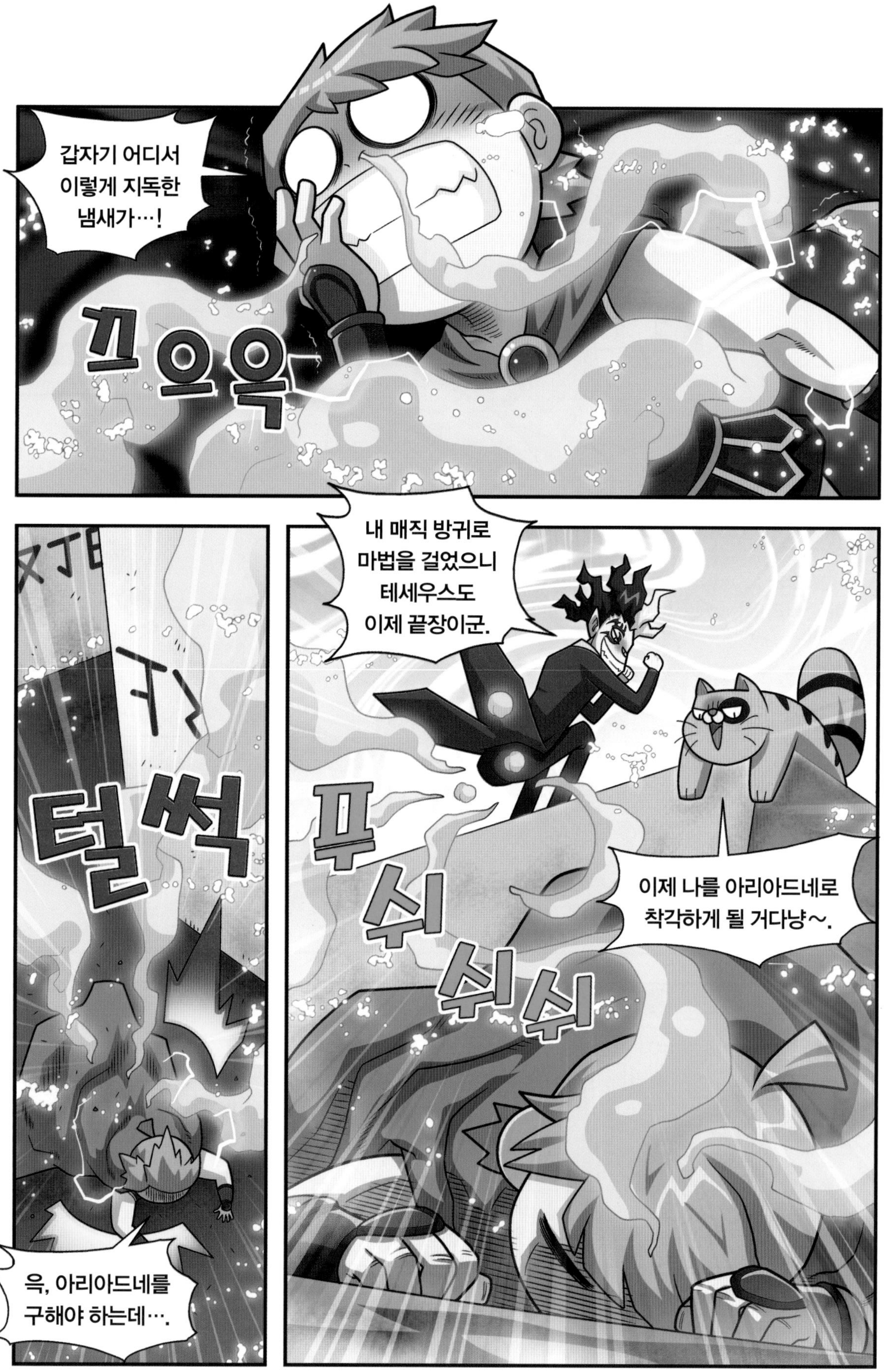

갑자기 어디서 이렇게 지독한 냄새가…!
끄으윽
내 매직 방귀로 마법을 걸었으니 테세우스도 이제 끝장이군.
털썩
푸쉬쉬쉬
이제 나를 아리아드네로 착각하게 될 거다냥~.
윽, 아리아드네를 구해야 하는데….

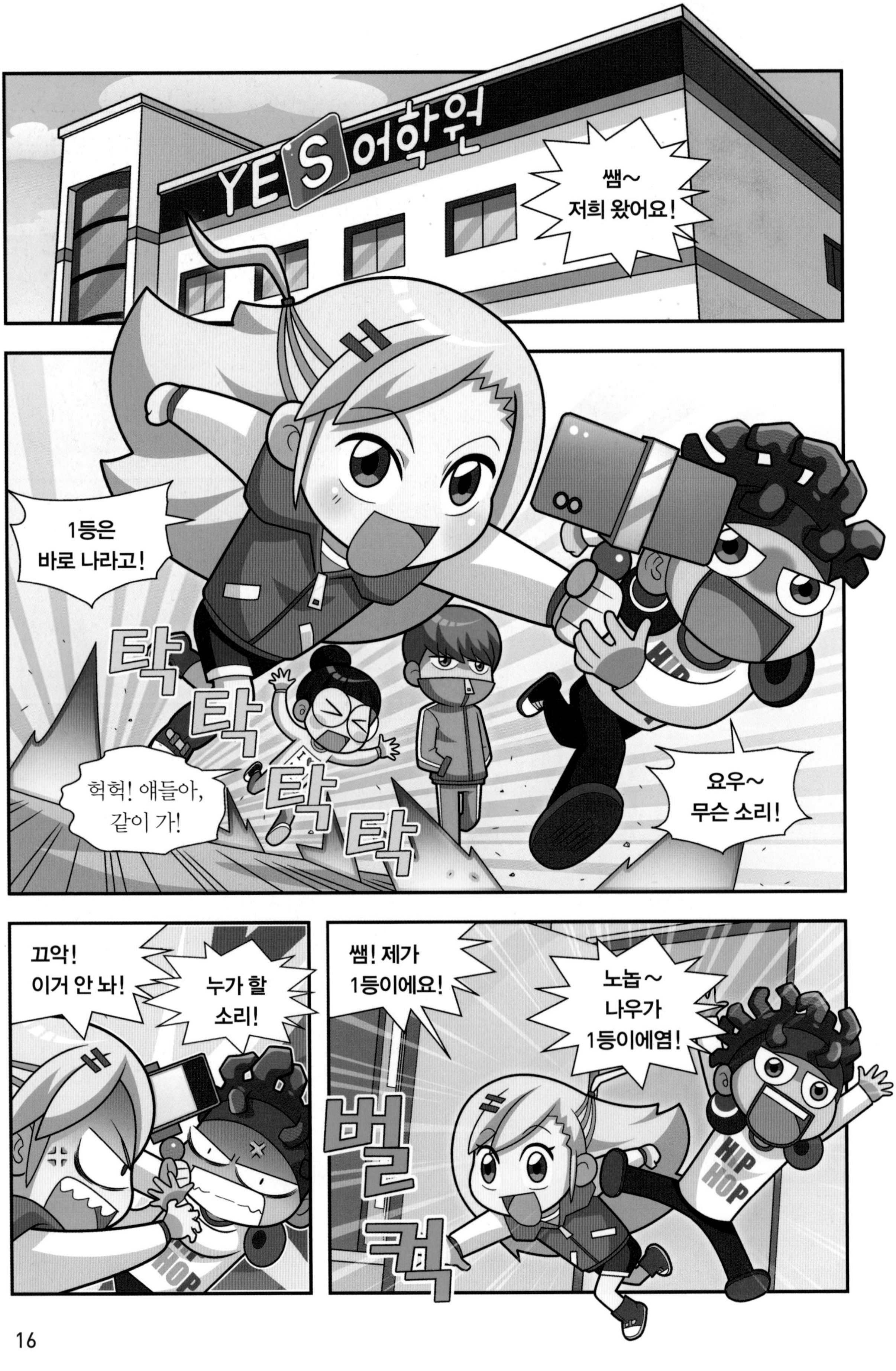
YES 어학원
쌤~ 저희 왔어요!
1등은 바로 나라고!
탁
탁
탁
탁
헉헉! 얘들아, 같이 가!
요우~ 무슨 소리!
HIP
끄악! 이거 안 놔!
누가 할 소리!
HOP
쌤! 제가 1등이에요!
노놉~ 나우가 1등이에염!
벌컥
HIP HOP

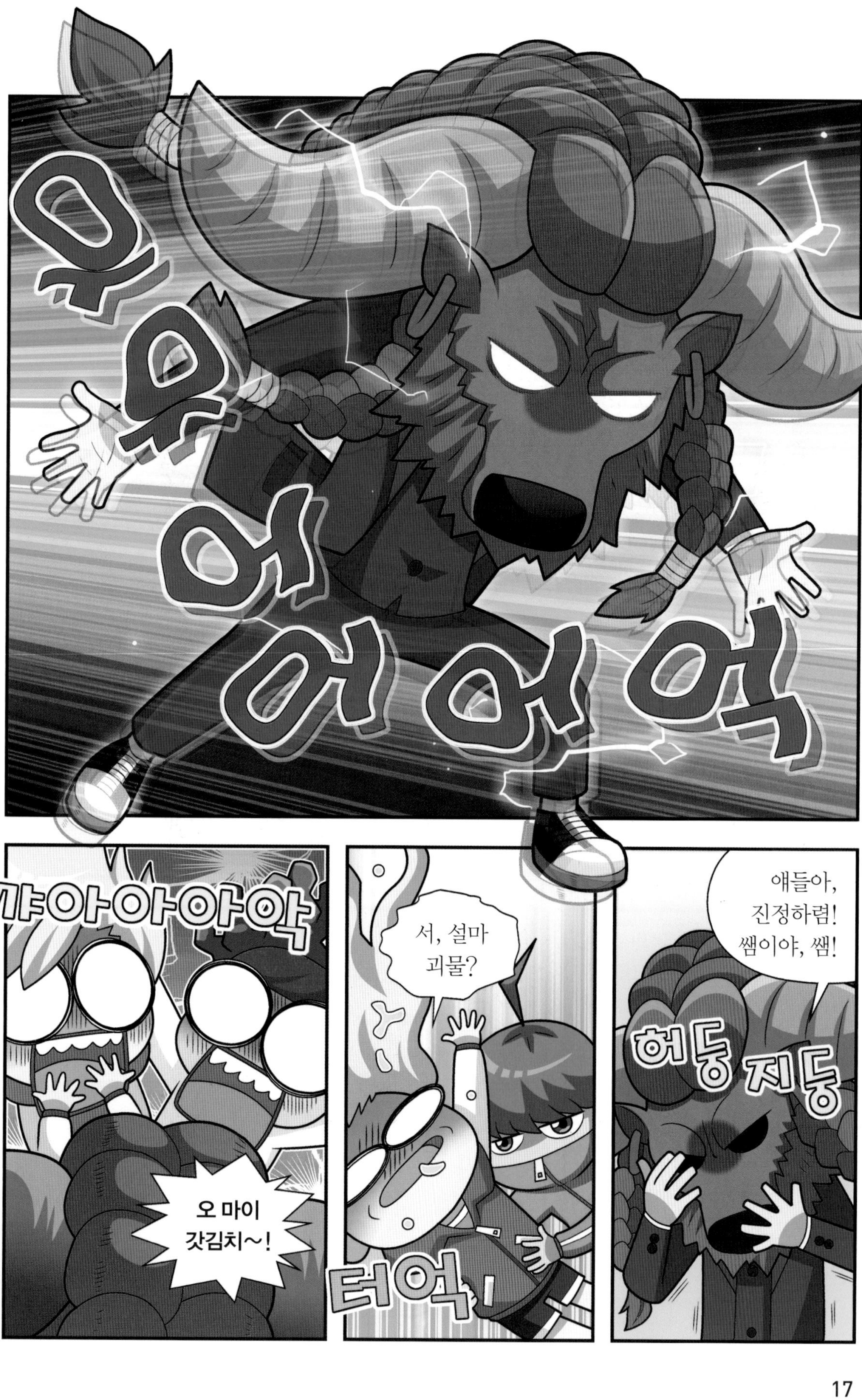
우우어어어억
꺄아아아아악
오 마이
갓김치~!
서, 설마
괴물?
터억!
애들아,
진정하렴!
쌤이야, 쌤!
허둥지둥

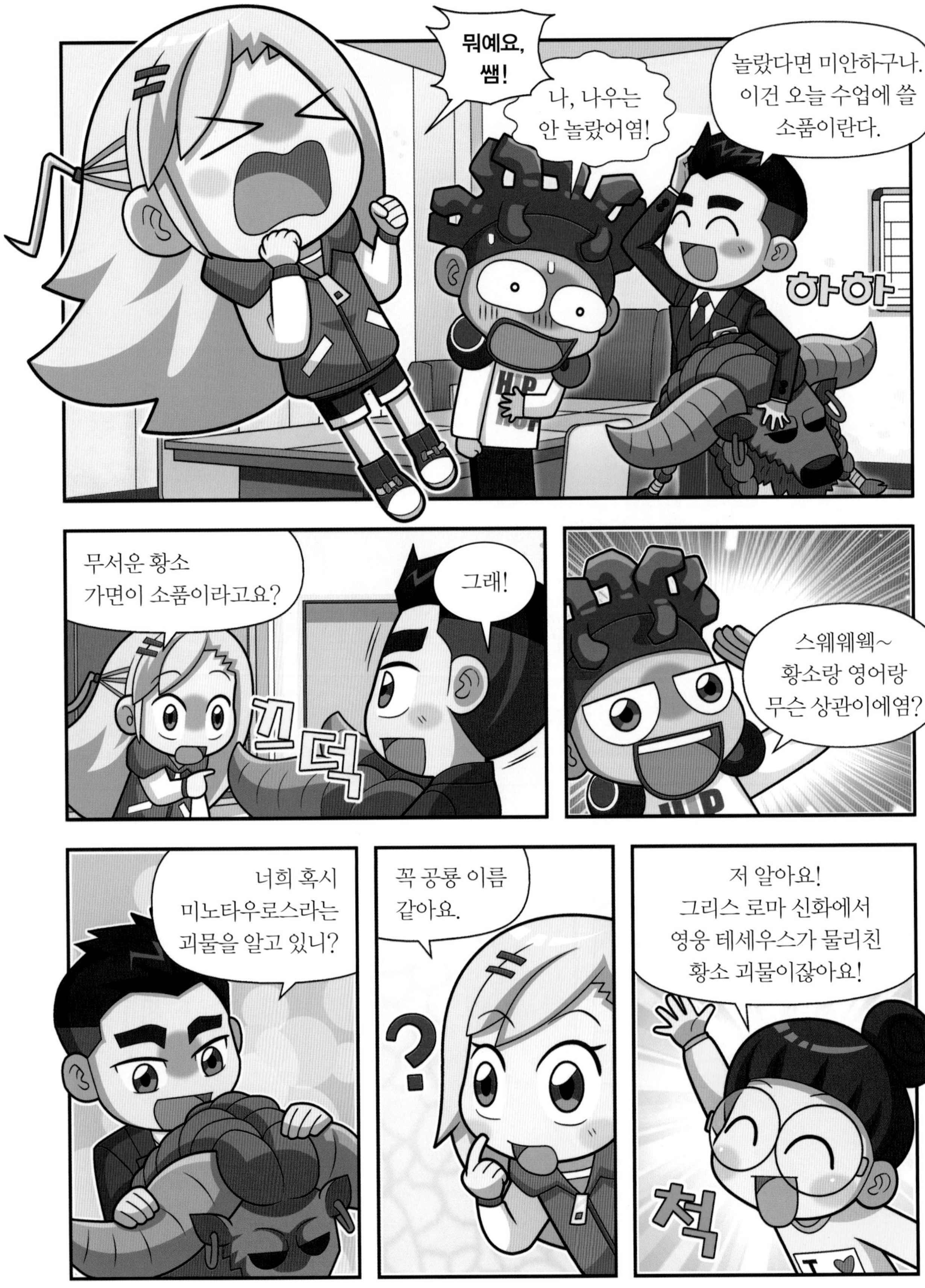
뭐예요,
쌤!
나, 나우는
안 놀랐어염!
놀랐다면 미안하구나.
이건 오늘 수업에 쓸
소품이란다.
하하
무서운 황소
가면이 소품이라고요?
그래!
끄덕
스웨웨웩~
황소랑 영어랑
무슨 상관이에염?
너희 혹시
미노타우로스라는
괴물을 알고 있니?
꼭 공룡 이름
같아요.
?
저 알아요!
그리스 로마 신화에서
영웅 테세우스가 물리친
황소 괴물이잖아요!
척

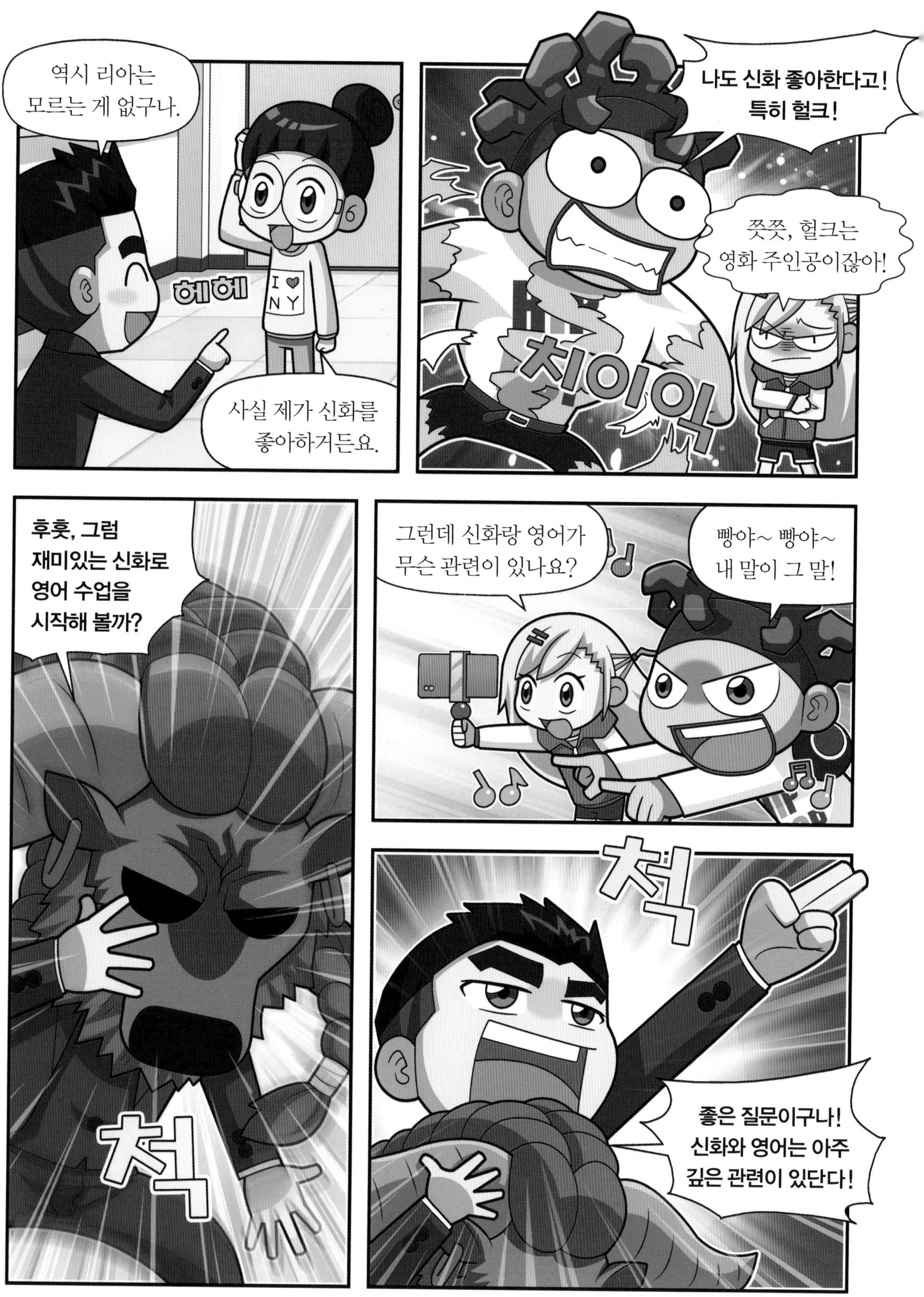
역시 리아는
모르는 게 없구나.
헤헤
I ♥ NY
사실 제가 신화를
좋아하거든요.
나도 신화 좋아한다고!
특히 헐크!
쯧쯧, 헐크는
영화 주인공이잖아!
칙이익
후훗, 그럼
재미있는 신화로
영어 수업을
시작해 볼까?
척
그런데 신화랑 영어가
무슨 관련이 있나요?
빵야~ 빵야~
내 말이 그 말!
척
좋은 질문이구나!
신화와 영어는 아주
깊은 관련이 있단다!

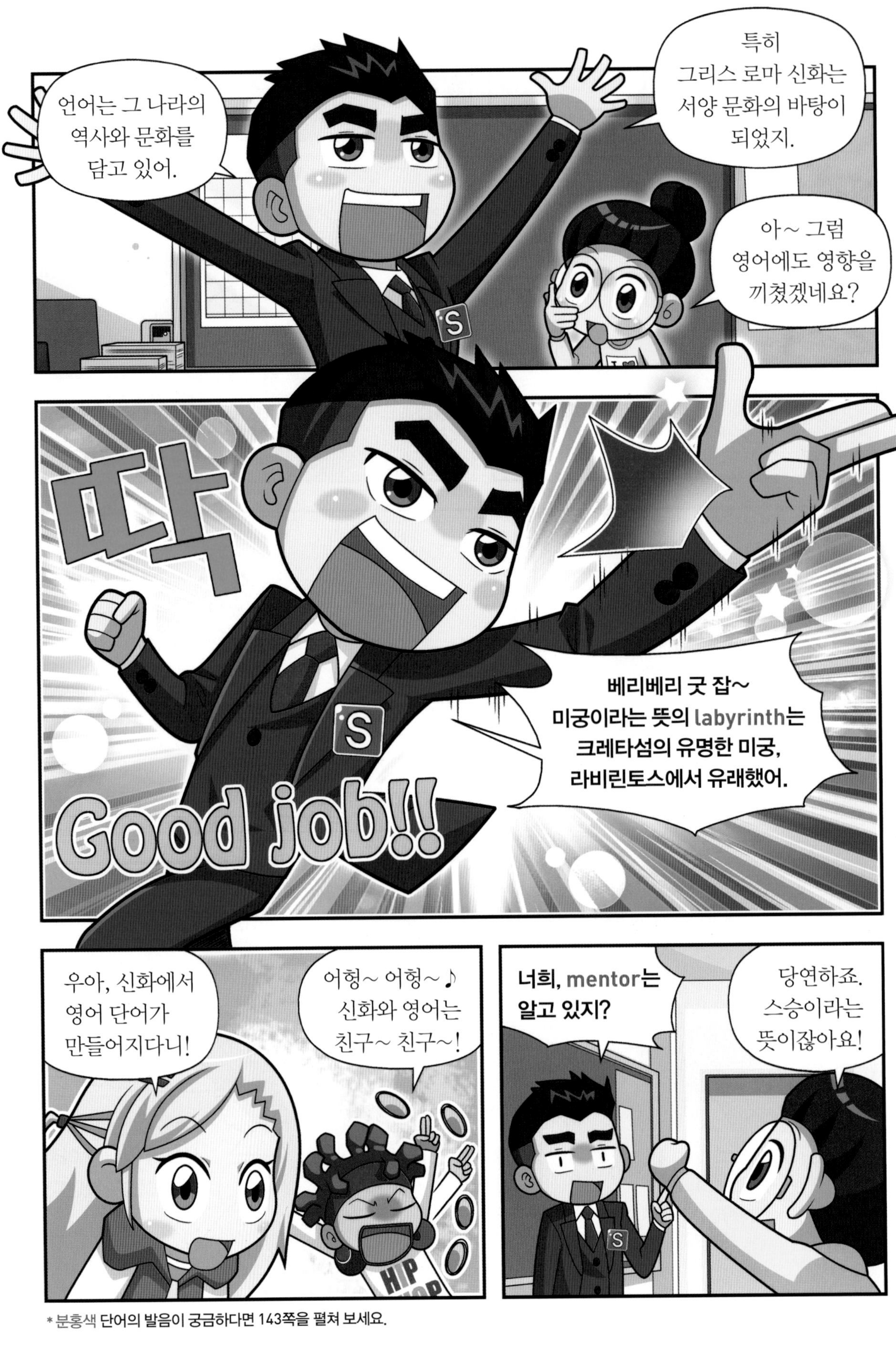
언어는 그 나라의 역사와 문화를 담고 있어.
특히 그리스 로마 신화는 서양 문화의 바탕이 되었지.
아~ 그럼 영어에도 영향을 끼쳤겠네요?
딱
베리베리 굿 잡~ 미궁이라는 뜻의 labyrinth는 크레타섬의 유명한 미궁, 라비린토스에서 유래했어.
Good job!!
우아, 신화에서 영어 단어가 만들어지다니!
어헝~ 어헝~♪ 신화와 영어는 친구~ 친구~!
너희, mentor는 알고 있지?
당연하죠. 스승이라는 뜻이잖아요!

* 분홍색 단어의 발음이 궁금하다면 143쪽을 펼쳐 보세요.

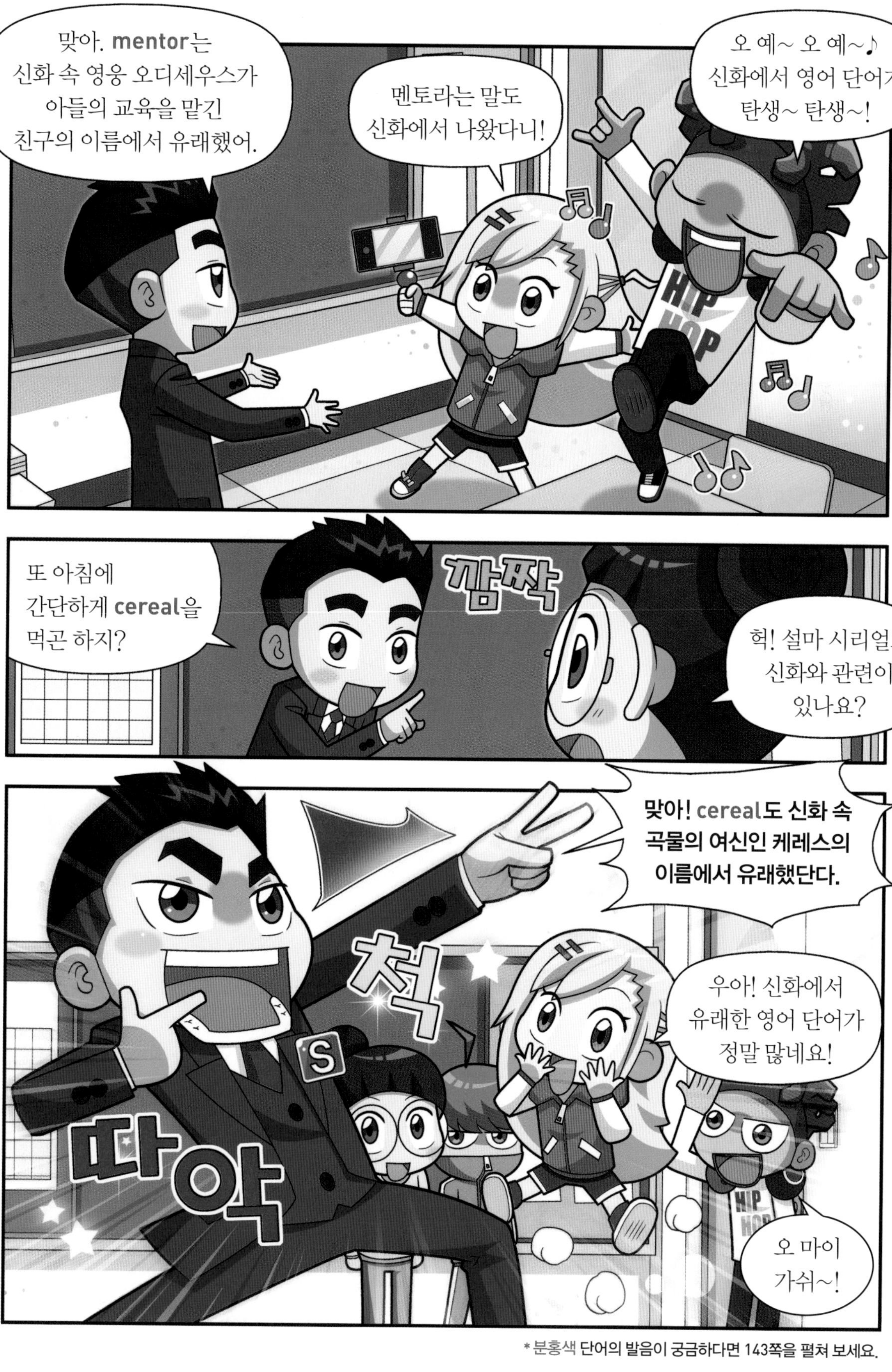

맞아. mentor는 신화 속 영웅 오디세우스가 아들의 교육을 맡긴 친구의 이름에서 유래했어.
멘토라는 말도 신화에서 나왔다니!
오 예~ 오 예~♪ 신화에서 영어 단어가 탄생~ 탄생~!
또 아침에 간단하게 cereal을 먹곤 하지?
깜짝
헉! 설마 시리얼도 신화와 관련이 있나요?
맞아! cereal도 신화 속 곡물의 여신인 케레스의 이름에서 유래했단다.
척
따악
우아! 신화에서 유래한 영어 단어가 정말 많네요!
오 마이 가쉬~!

* 분홍색 단어의 발음이 궁금하다면 143쪽을 펼쳐 보세요.

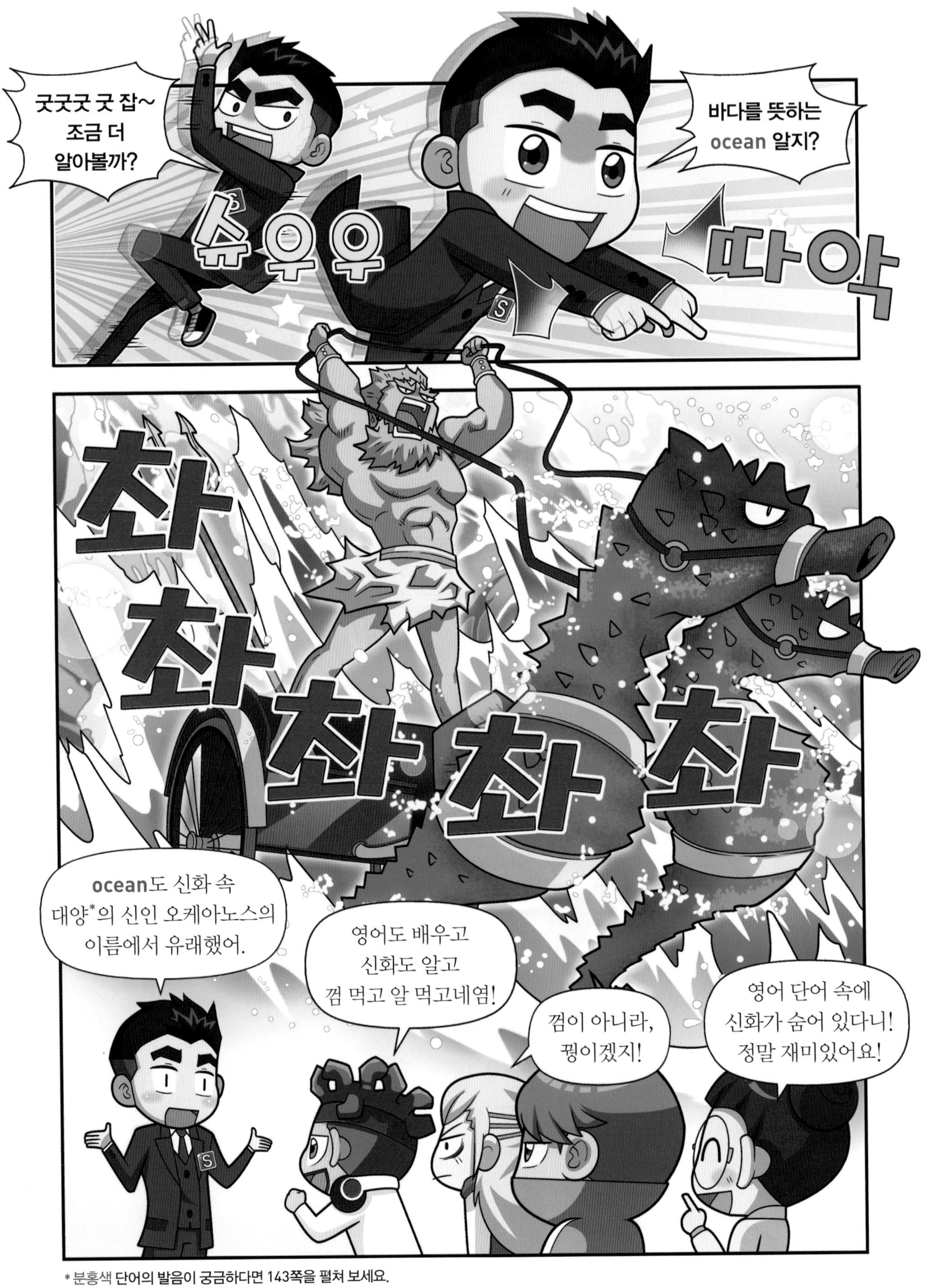
굿굿굿 굿 잡~
조금 더
알아볼까?
바다를 뜻하는
ocean 알지?
슈우우
따악
촤
촤
촤
촤
촤
ocean도 신화 속
대양*의 신인 오케아노스의
이름에서 유래했어.
영어도 배우고
신화도 알고
껌 먹고 알 먹고네염!
껌이 아니라,
꿩이겠지!
영어 단어 속에
신화가 숨어 있다니!
정말 재미있어요!

* 분홍색 단어의 발음이 궁금하다면 143쪽을 펼쳐 보세요.
* 대양: 넓은 해역을 차지하는 대규모의 바다.

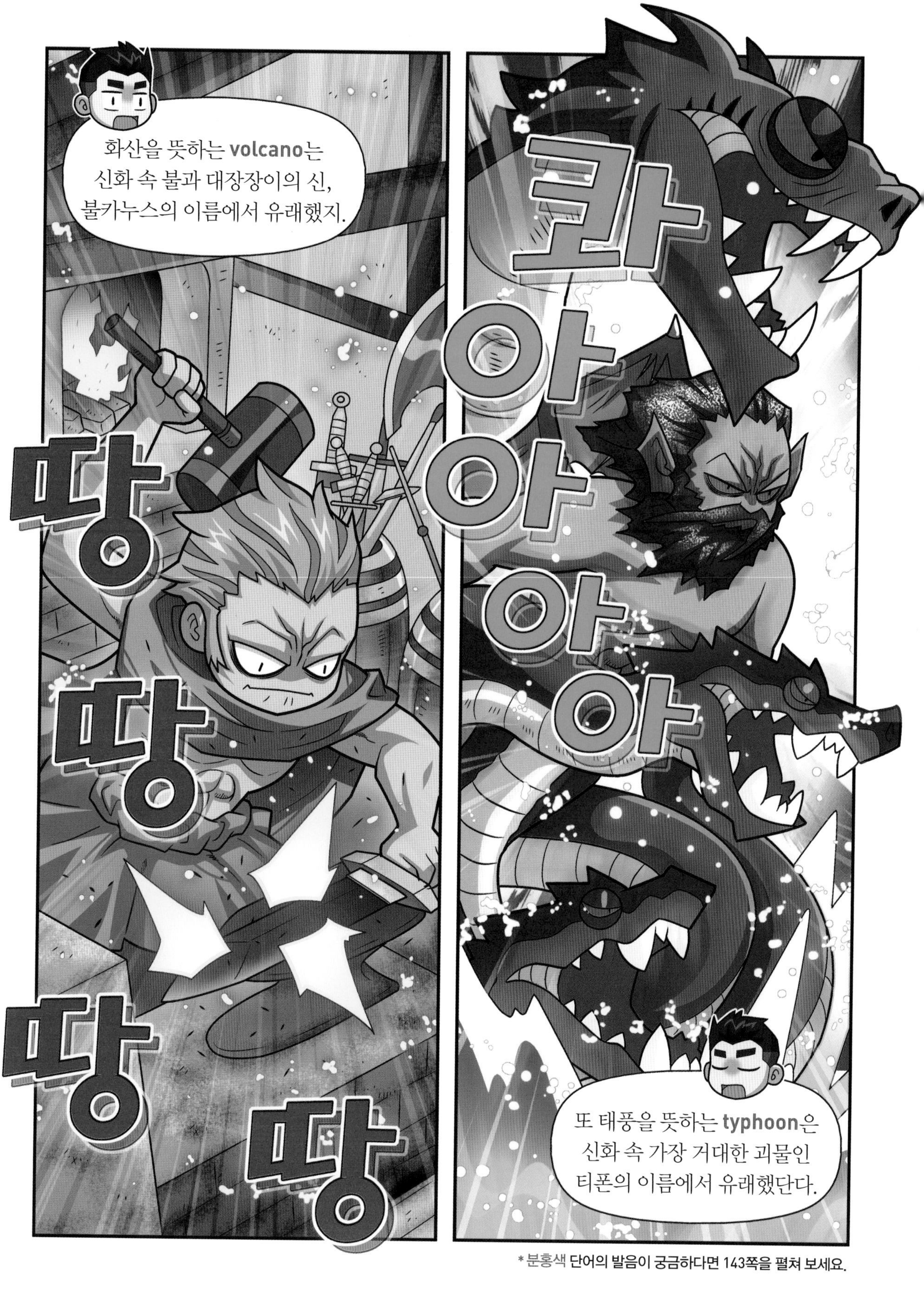
화산을 뜻하는 volcano는 신화 속 불과 대장장이의 신, 불카누스의 이름에서 유래했지.
땅
땅
땅
땅
콰아아아아
또 태풍을 뜻하는 typhoon은 신화 속 가장 거대한 괴물인 티폰의 이름에서 유래했단다.

* 분홍색 단어의 발음이 궁금하다면 143쪽을 펼쳐 보세요.

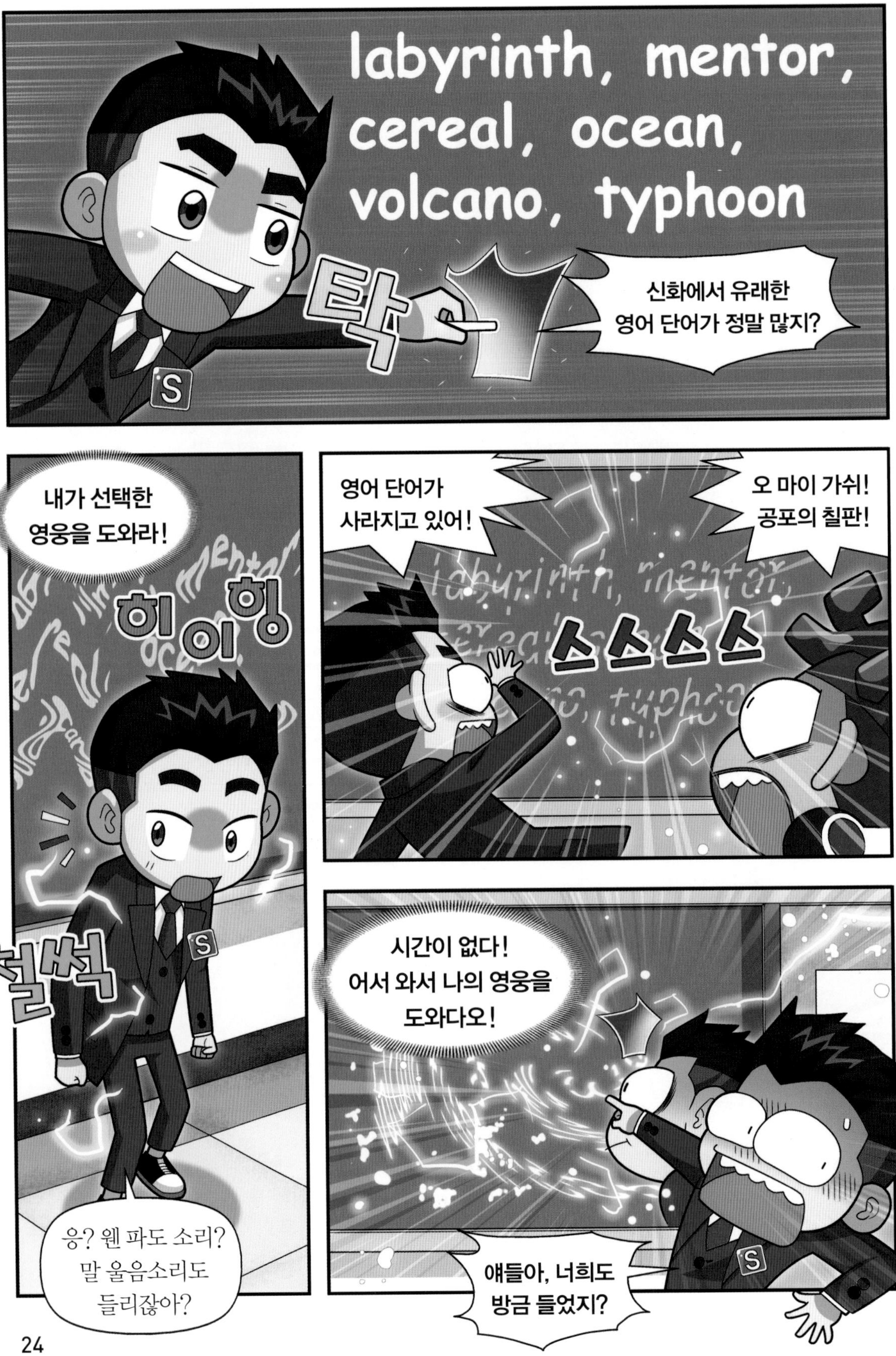

labyrinth, mentor, cereal, ocean, volcano, typhoon
탁
신화에서 유래한 영어 단어가 정말 많지?
내가 선택한 영웅을 도와라!
히이힝
철썩
응? 웬 파도 소리? 말 울음소리도 들리잖아?
영어 단어가 사라지고 있어!
오 마이 가쉬! 공포의 칠판!
스스스스
시간이 없다! 어서 와서 나의 영웅을 도와다오!
얘들아, 너희도 방금 들었지?

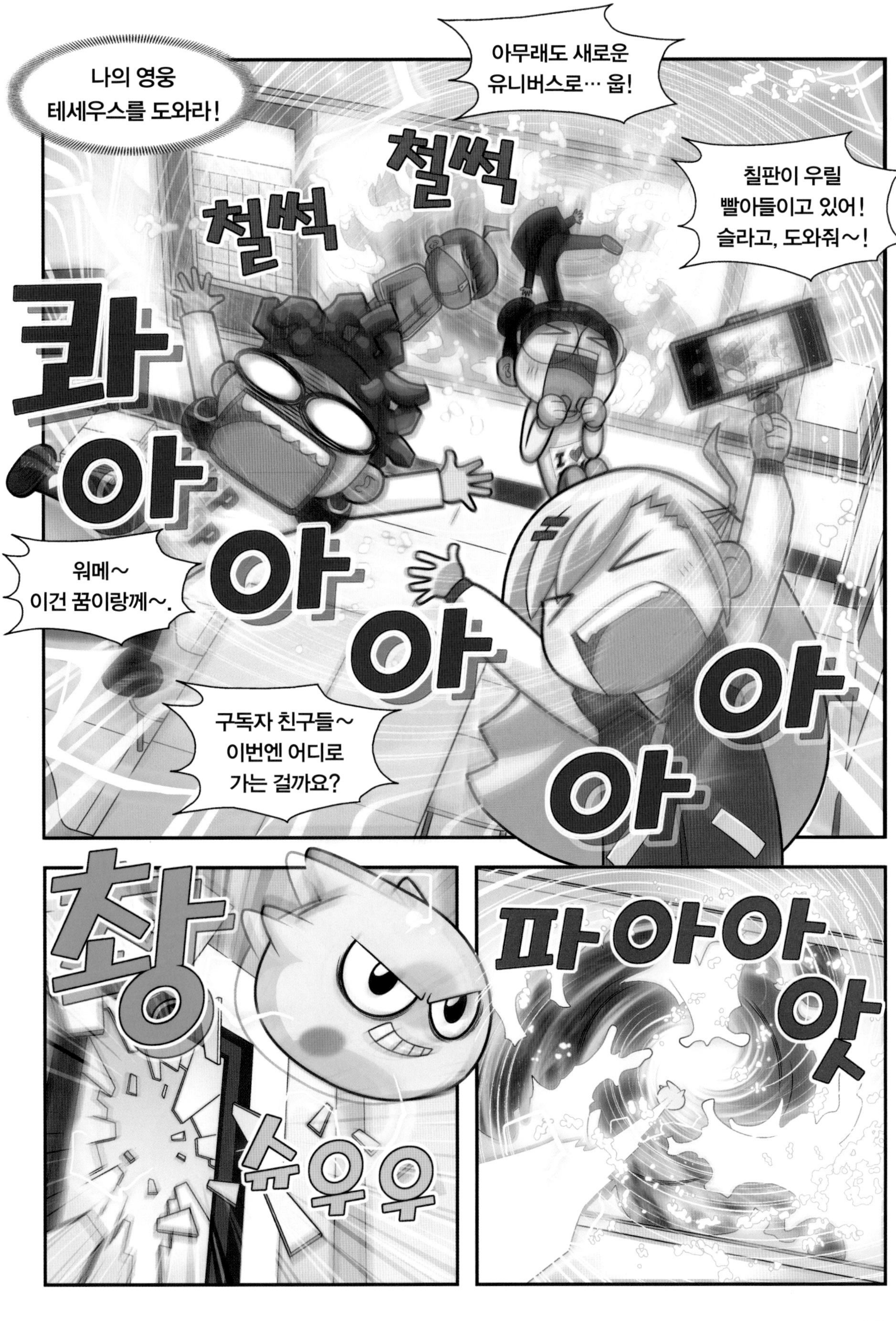
나의 영웅
테세우스를 도와라!
아무래도 새로운
유니버스로… 웁!
철썩 철썩
칠판이 우릴
빨아들이고 있어!
슬라고, 도와줘~!
콰아아아아아
워메~
이건 꿈이랑께~.
구독자 친구들~
이번엔 어디로
가는 걸까요?
창
슈우우
파아아아앗

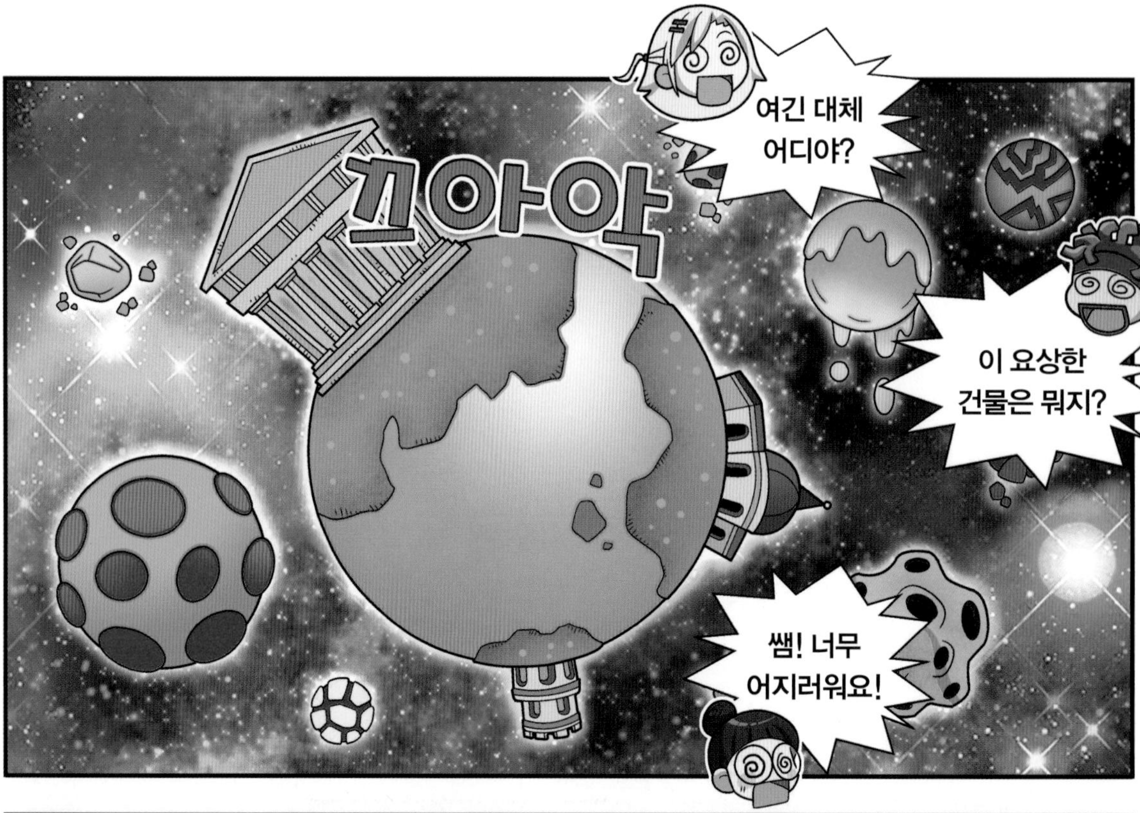
여긴 대체
어디야?
끄아악
이 요상한
건물은 뭐지?
쌤! 너무
어지러워요!

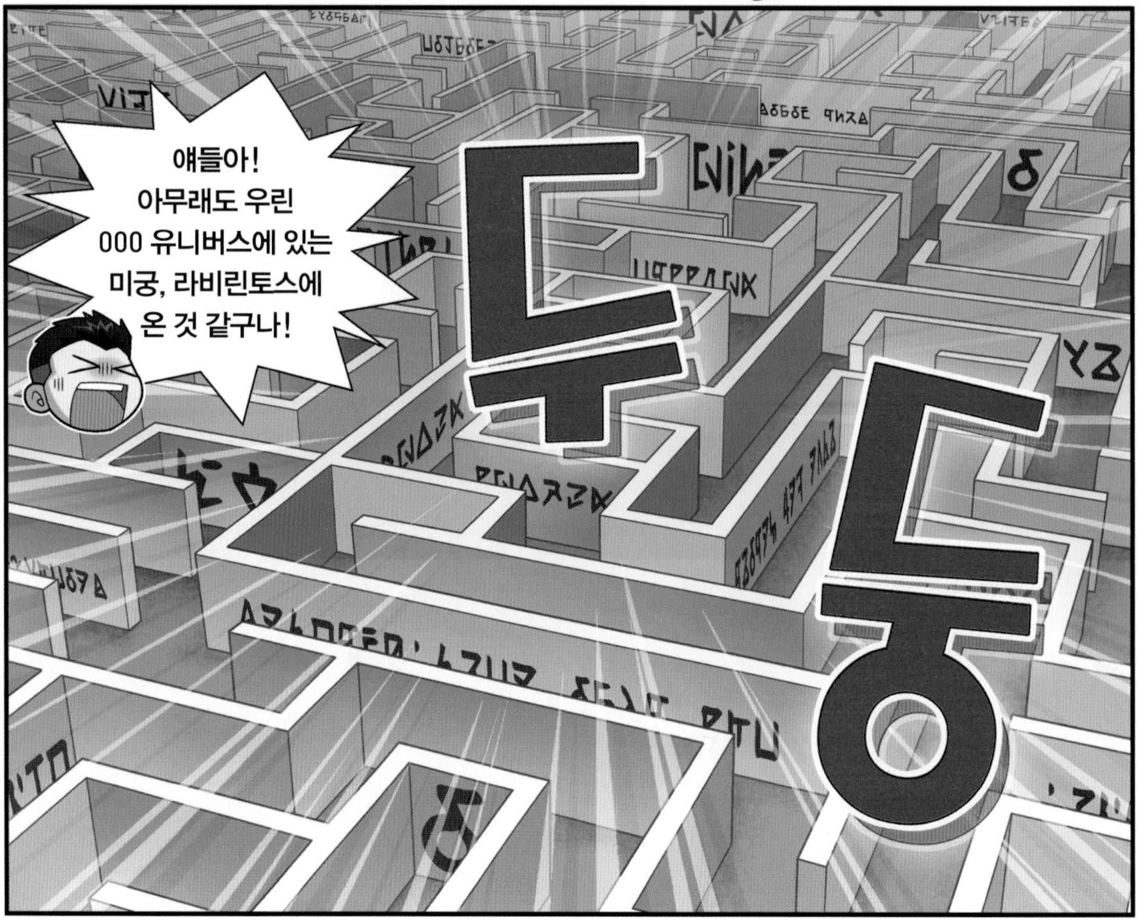
얘들아!
아무래도 우린
000 유니버스에 있는
미궁, 라비린토스에
온 것 같구나!
두둥

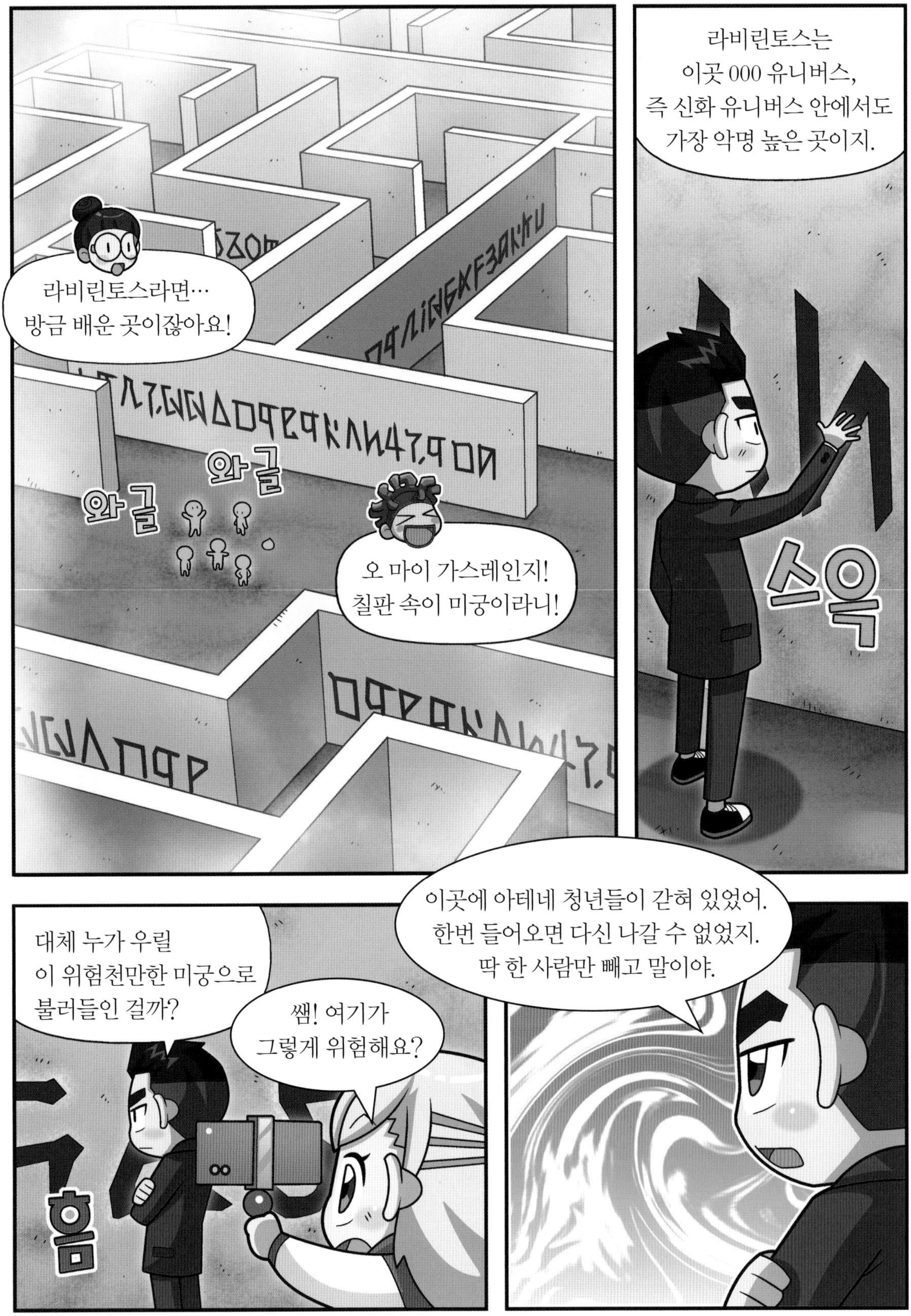
라비린토스라면…
방금 배운 곳이잖아요!
와글
와글
오 마이 가스레인지!
칠판 속이 미궁이라니!
라비린토스는
이곳 000 유니버스,
즉 신화 유니버스 안에서도
가장 악명 높은 곳이지.
스윽
대체 누가 우릴
이 위험천만한 미궁으로
불러들인 걸까?
쌤! 여기가
그렇게 위험해요?
흠
이곳에 아테네 청년들이 갇혀 있었어.
한번 들어오면 다신 나갈 수 없었지.
딱 한 사람만 빼고 말이야.

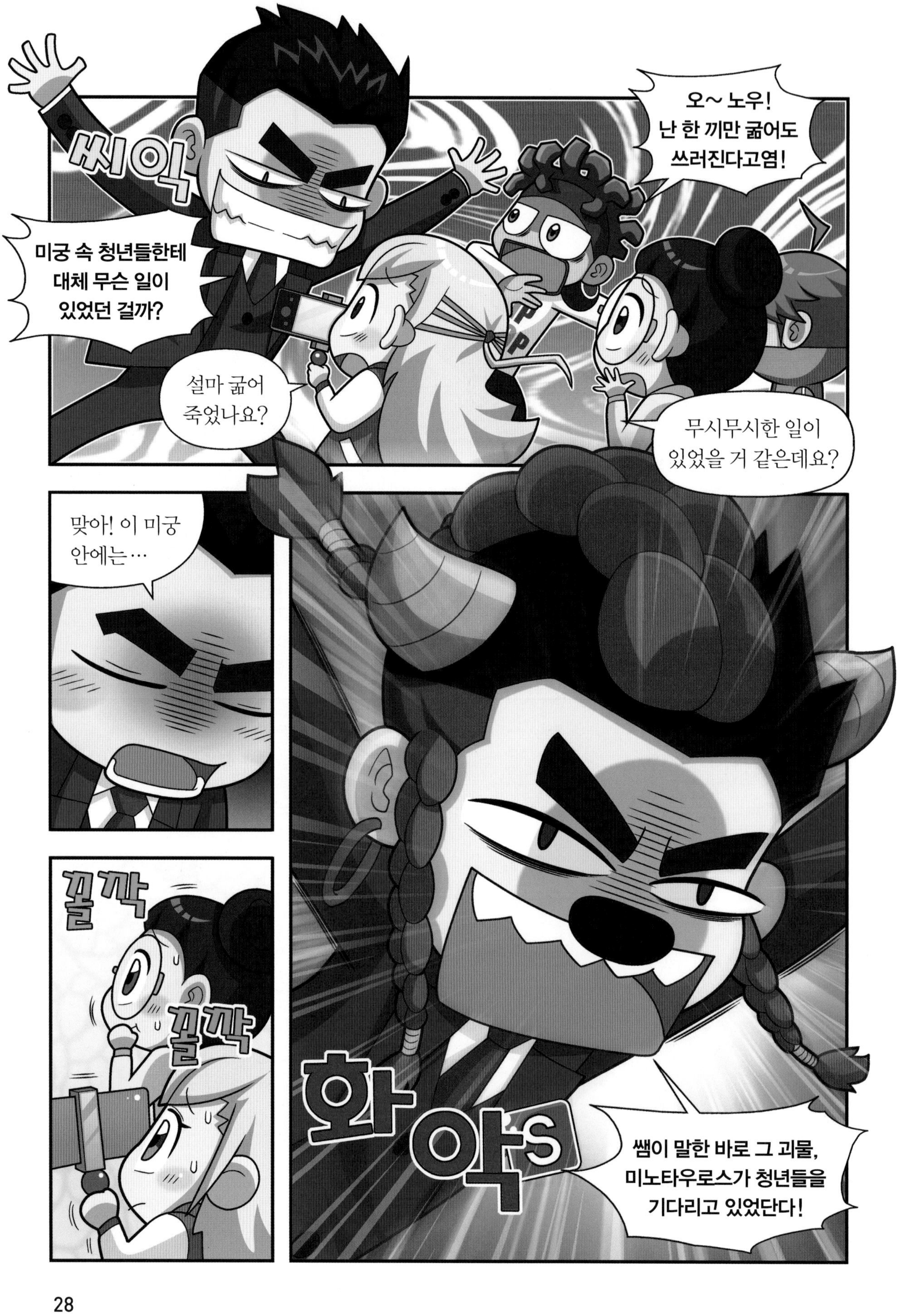
씨익
오~ 노우!
난 한 끼만 굶어도
쓰러진다고염!
미궁 속 청년들한테
대체 무슨 일이
있었던 걸까?
설마 굶어
죽었나요?
무시무시한 일이
있었을 거 같은데요?
맞아! 이 미궁
안에는…
꼴깍
꼴깍
화악
쌤이 말한 바로 그 괴물,
미노타우로스가 청년들을
기다리고 있었단다!

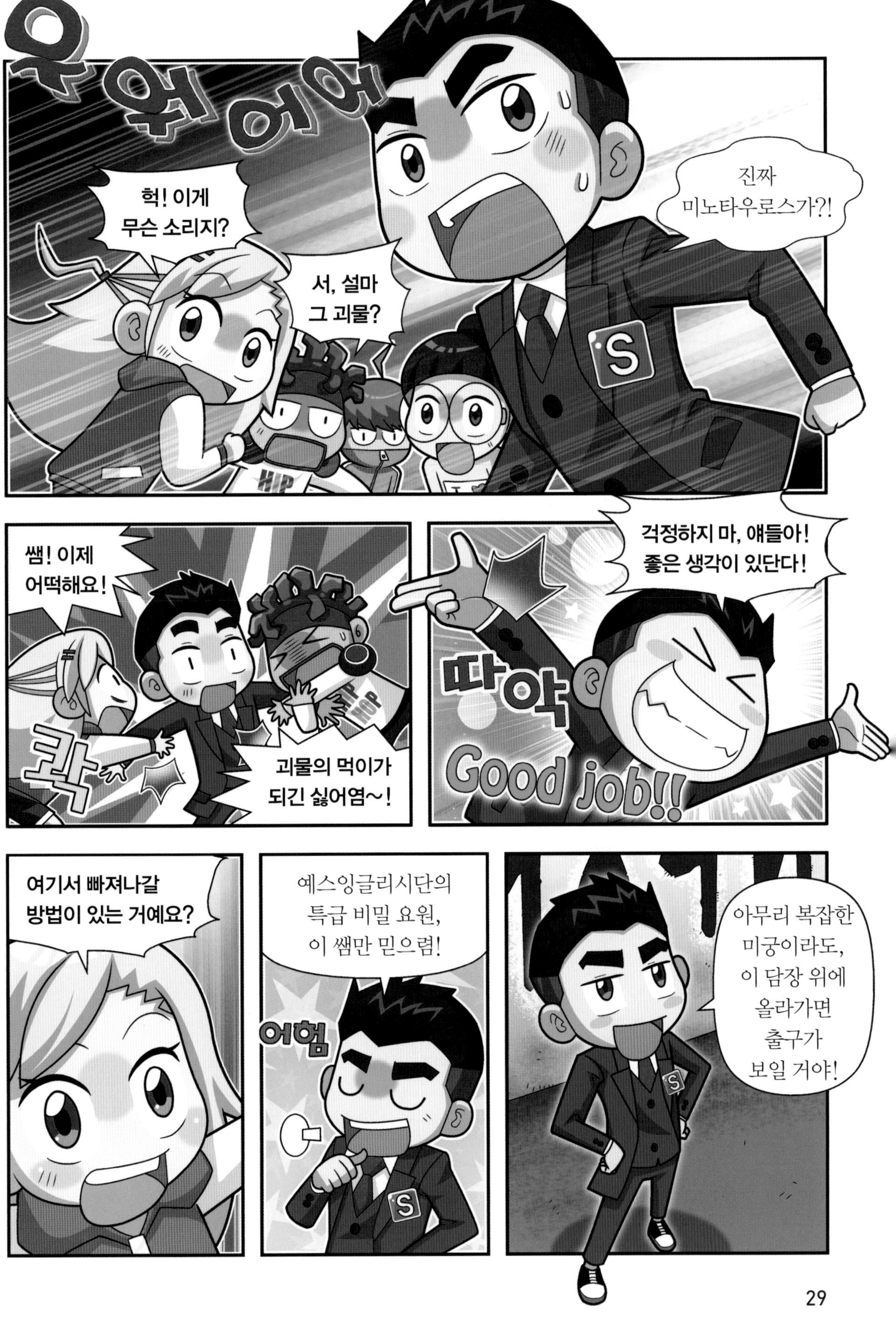
우워어어
헉! 이게 무슨 소리지?
서, 설마 그 괴물?
진짜 미노타우로스가?!
쌤! 이제 어떡해요!
콱
괴물의 먹이가 되긴 싫어염~!
걱정하지 마, 얘들아! 좋은 생각이 있단다!
따악
Good job!!
여기서 빠져나갈 방법이 있는 거예요?
예스잉글리시단의 특급 비밀 요원, 이 쌤만 믿으렴!
어험
아무리 복잡한 미궁이라도, 이 담장 위에 올라가면 출구가 보일 거야!

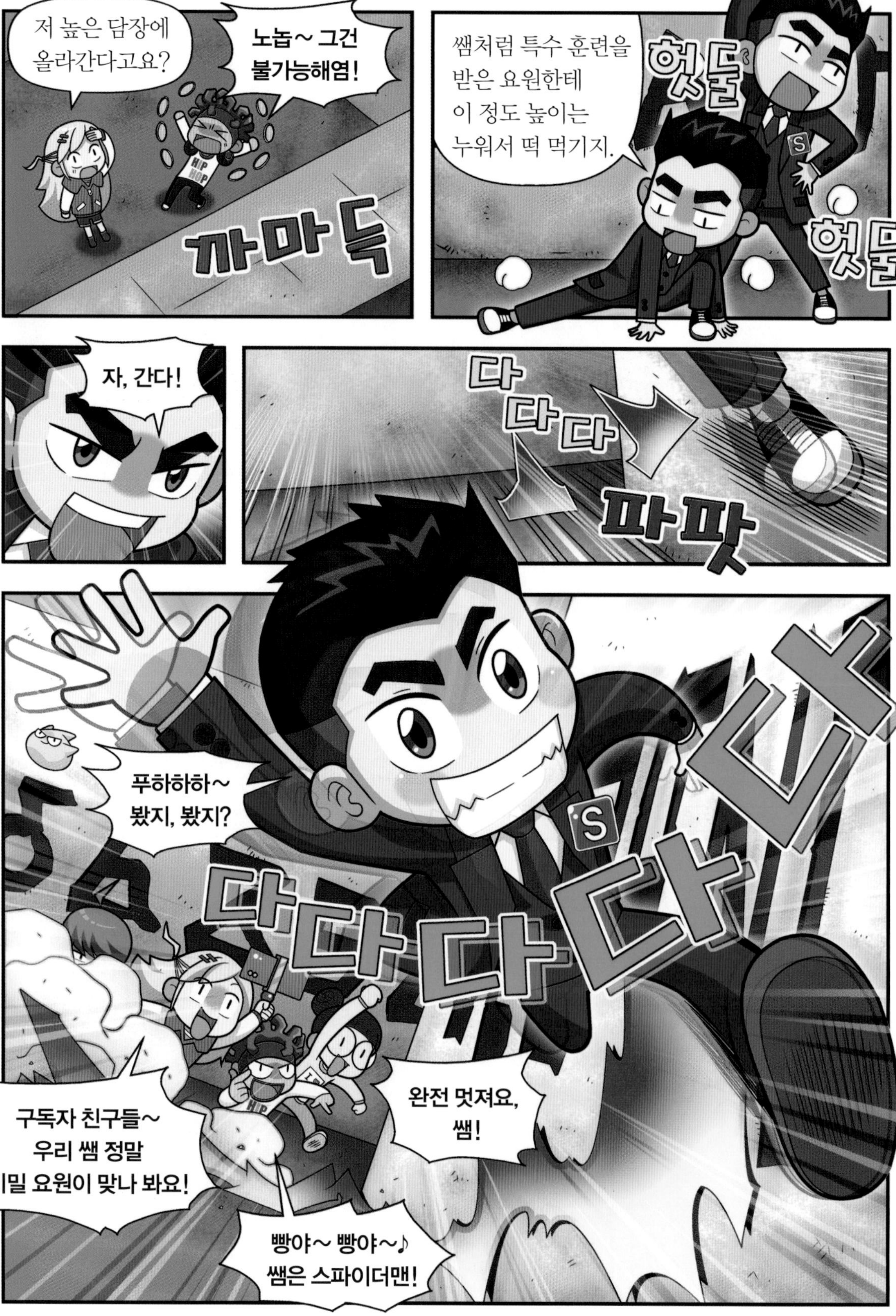

저 높은 담장에 올라간다고요?
노놉~ 그건 불가능해염!
까마득
쌤처럼 특수 훈련을 받은 요원한테 이 정도 높이는 누워서 떡 먹기지.
헛둘
헛둘
자, 간다!
다
다다
파팟
푸하하하~ 봤지, 봤지?
다다다다
완전 멋져요, 쌤!
구독자 친구들~ 우리 쌤 정말 비밀 요원이 맞나 봐요!
빵야~ 빵야~♪ 쌤은 스파이더맨!

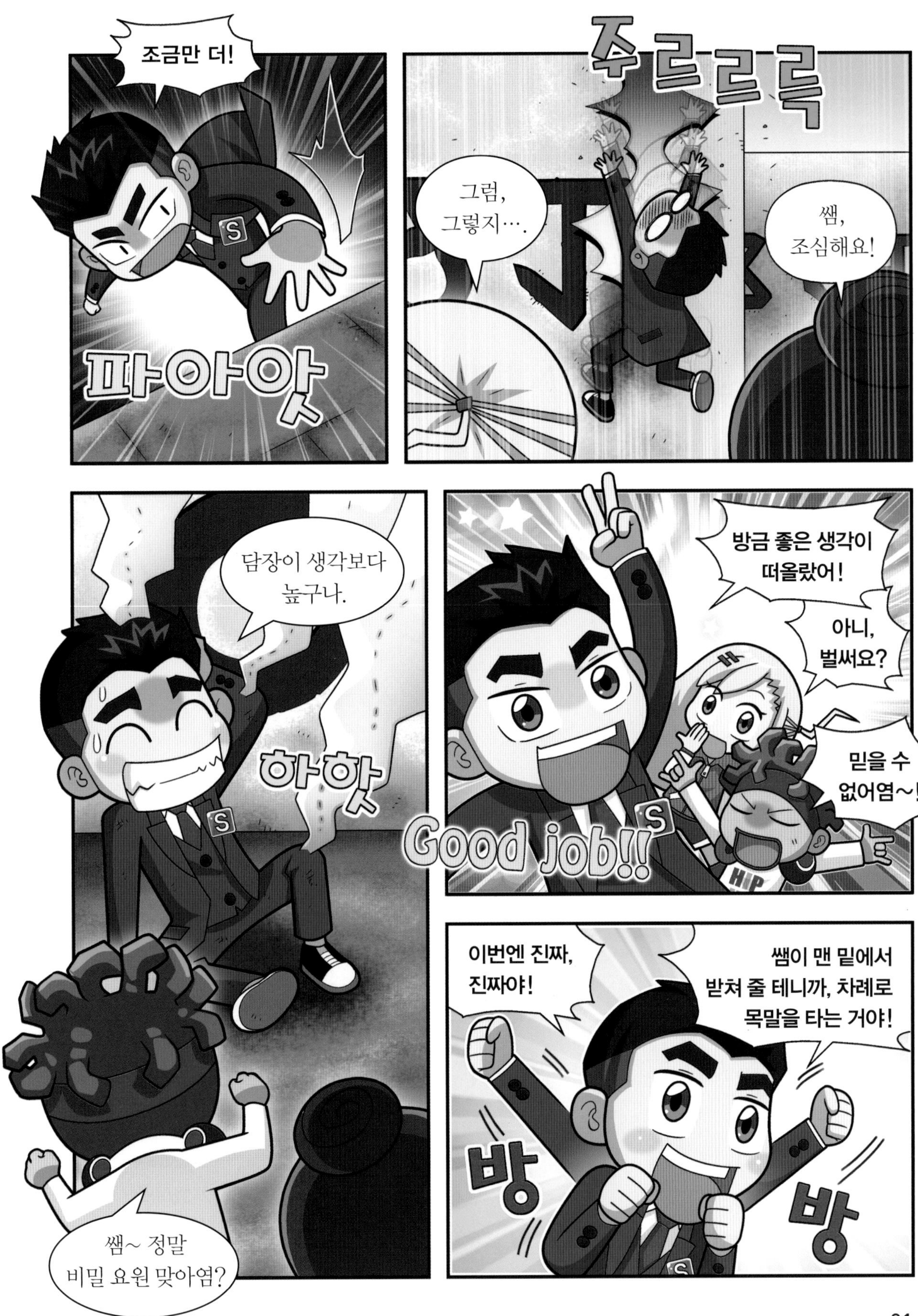

조금만 더!
파아앗
주르르륵
그럼,
그렇지….
쌤,
조심해요!
담장이 생각보다
높구나.
하핫
쌤~ 정말
비밀 요원 맞아염?
방금 좋은 생각이
떠올랐어!
아니,
벌써요?
믿을 수
없어염~!
Good job!!
이번엔 진짜,
진짜야!
쌤이 맨 밑에서
받쳐 줄 테니까, 차례로
목말을 타는 거야!
방
방

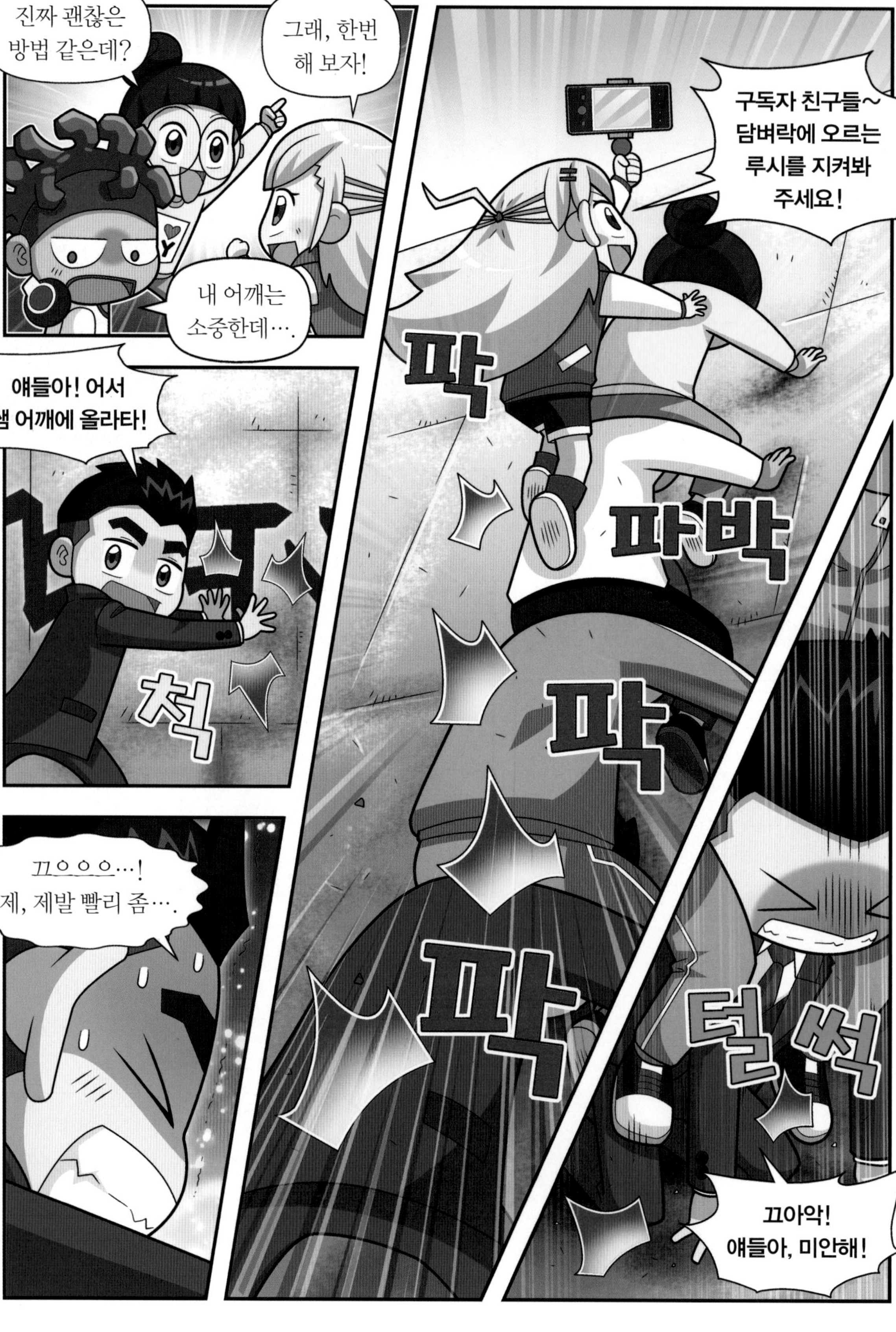
진짜 괜찮은 방법 같은데?
그래, 한번 해 보자!
내 어깨는 소중한데….
얘들아! 어서 쌤 어깨에 올라타!
척
끄으으으…! 제, 제발 빨리 좀….
구독자 친구들~ 담벼락에 오르는 루시를 지켜봐 주세요!
팍
파박
팍
팍
털썩
끄아악! 얘들아, 미안해!

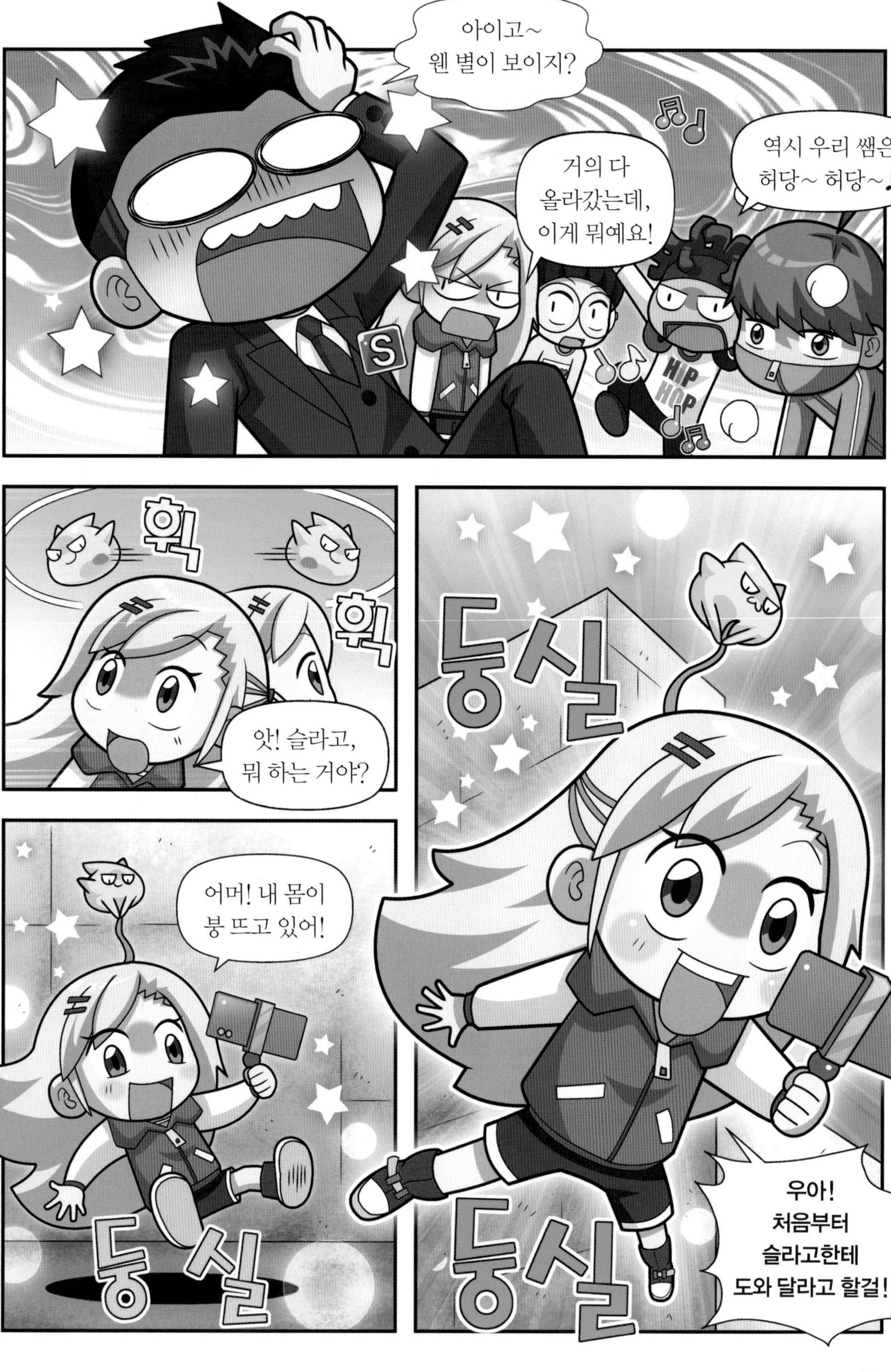

아이고~
웬 별이 보이지?
거의 다
올라갔는데,
이게 뭐예요!
역시 우리 쌤은
허당~ 허당~♪
HIP HOP
휙
휙
앗! 슬라고,
뭐 하는 거야?
둥실
어머! 내 몸이
붕 뜨고 있어!
둥실
둥실
우아!
처음부터
슬라고한테
도와 달라고 할걸!

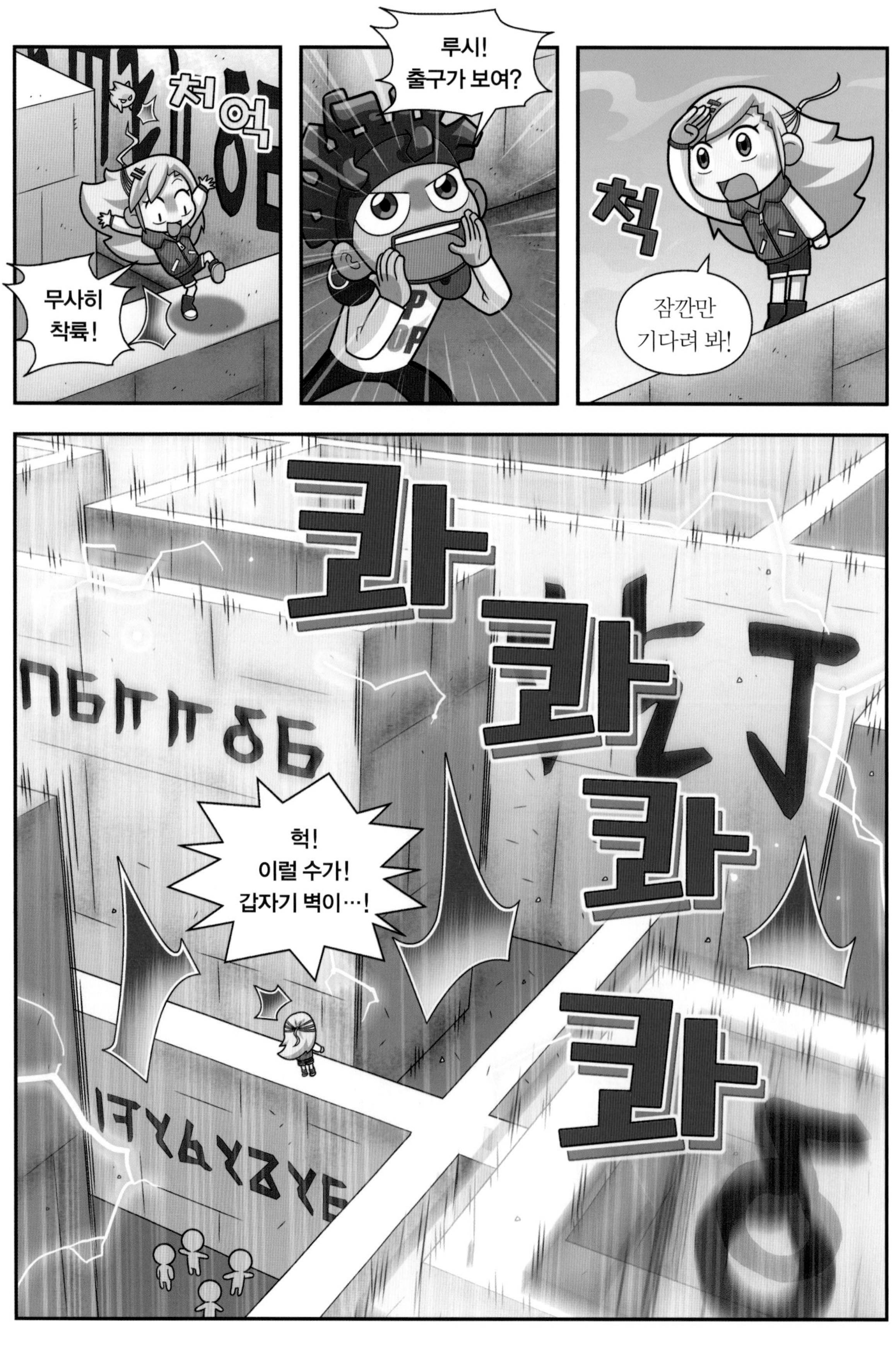
처억
무사히 착륙!
루시! 출구가 보여?
척
잠깐만 기다려 봐!
콰콰콰콰
헉! 이럴 수가! 갑자기 벽이…!

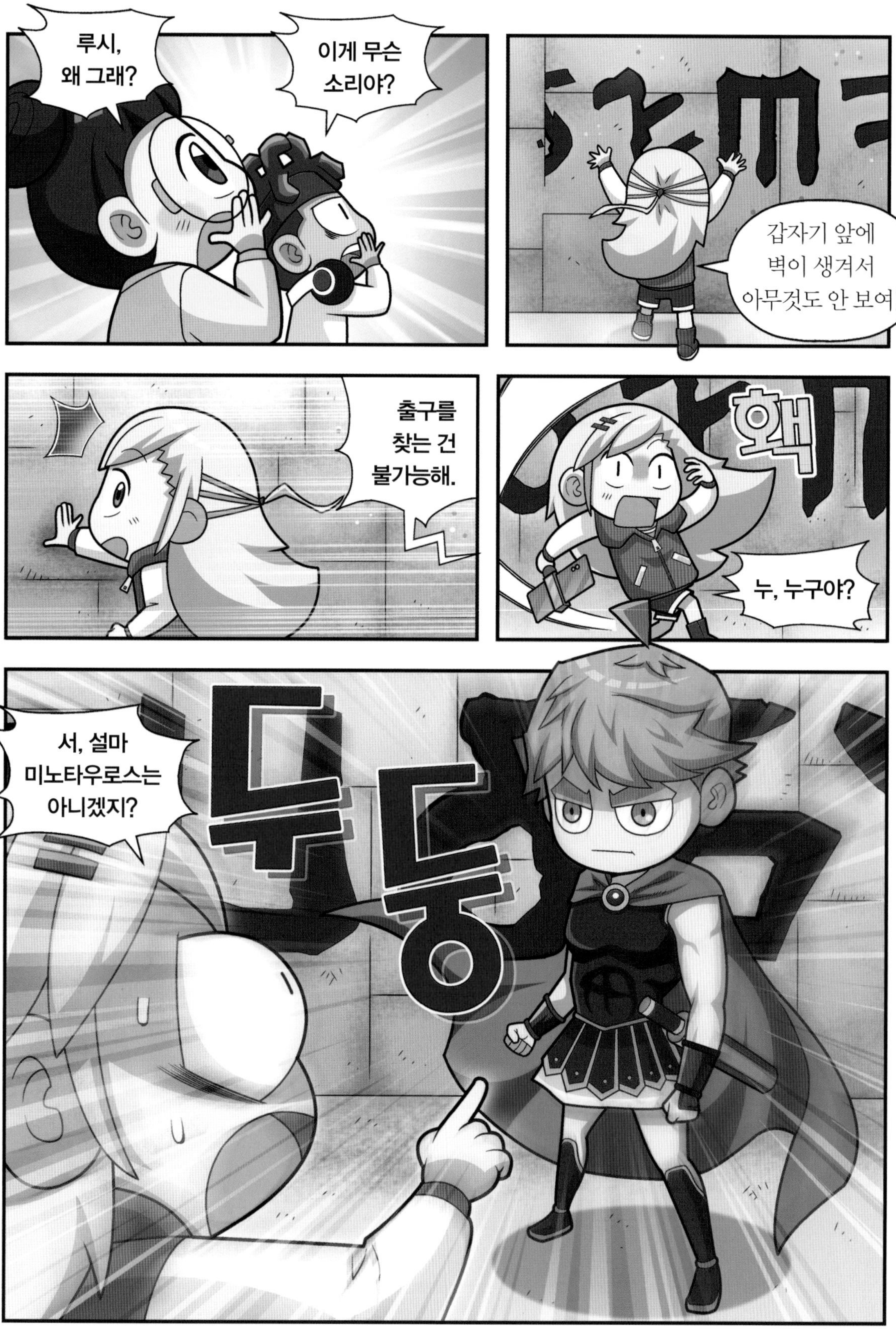
루시,
왜 그래?
이게 무슨
소리야?
갑자기 앞에
벽이 생겨서
아무것도 안 보여!
출구를
찾는 건
불가능해.
홱
누, 누구야?
서, 설마
미노타우로스는
아니겠지?
두둥

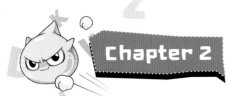

Chapter 2

테세우스와의 만남

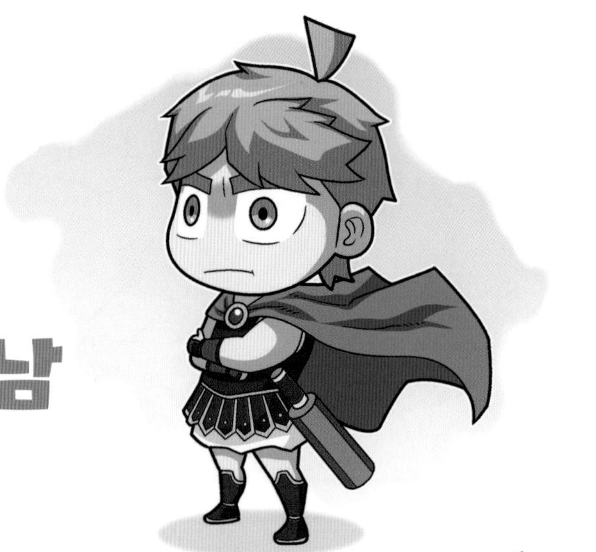

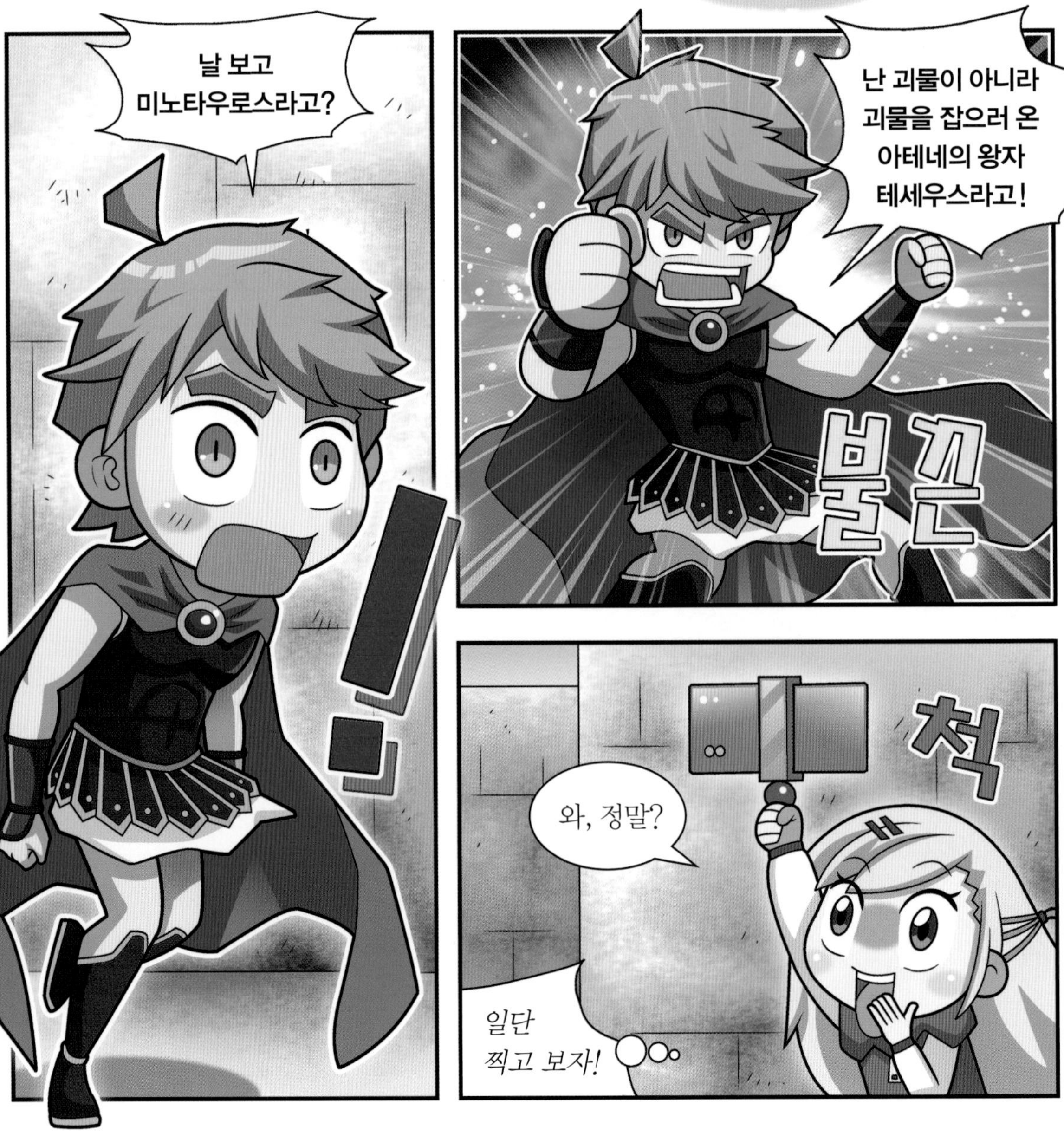
날 보고 미노타우로스라고?
!
난 괴물이 아니라 괴물을 잡으러 온 아테네의 왕자 테세우스라고!
불끈
척
와, 정말?
일단 찍고 보자!

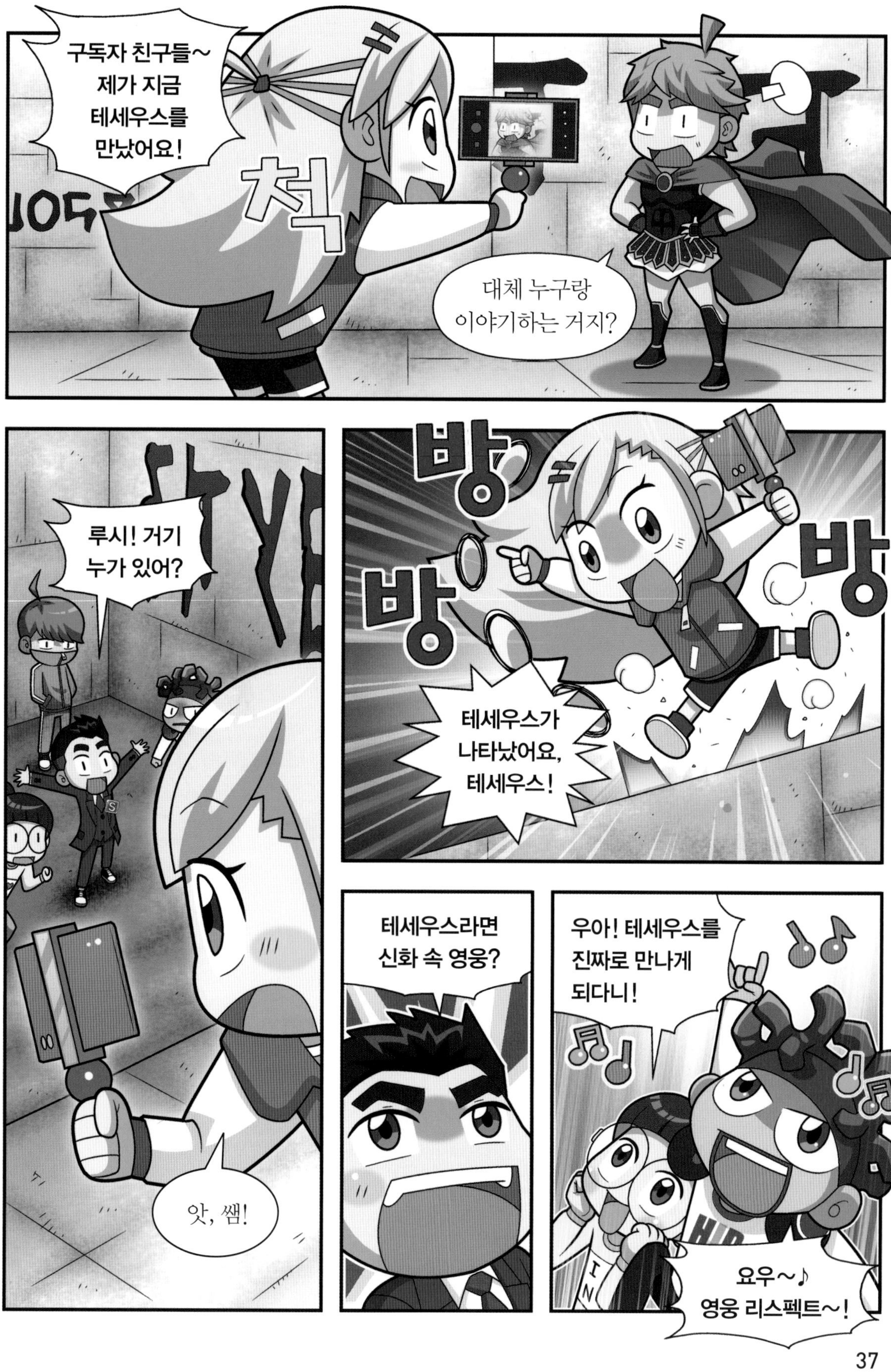

구독자 친구들~ 제가 지금 테세우스를 만났어요!
척
대체 누구랑 이야기하는 거지?
루시! 거기 누가 있어?
앗, 쌤!
방
방
방
테세우스가 나타났어요, 테세우스!
테세우스라면 신화 속 영웅?
우아! 테세우스를 진짜로 만나게 되다니!
요우~♪ 영웅 리스펙트~!

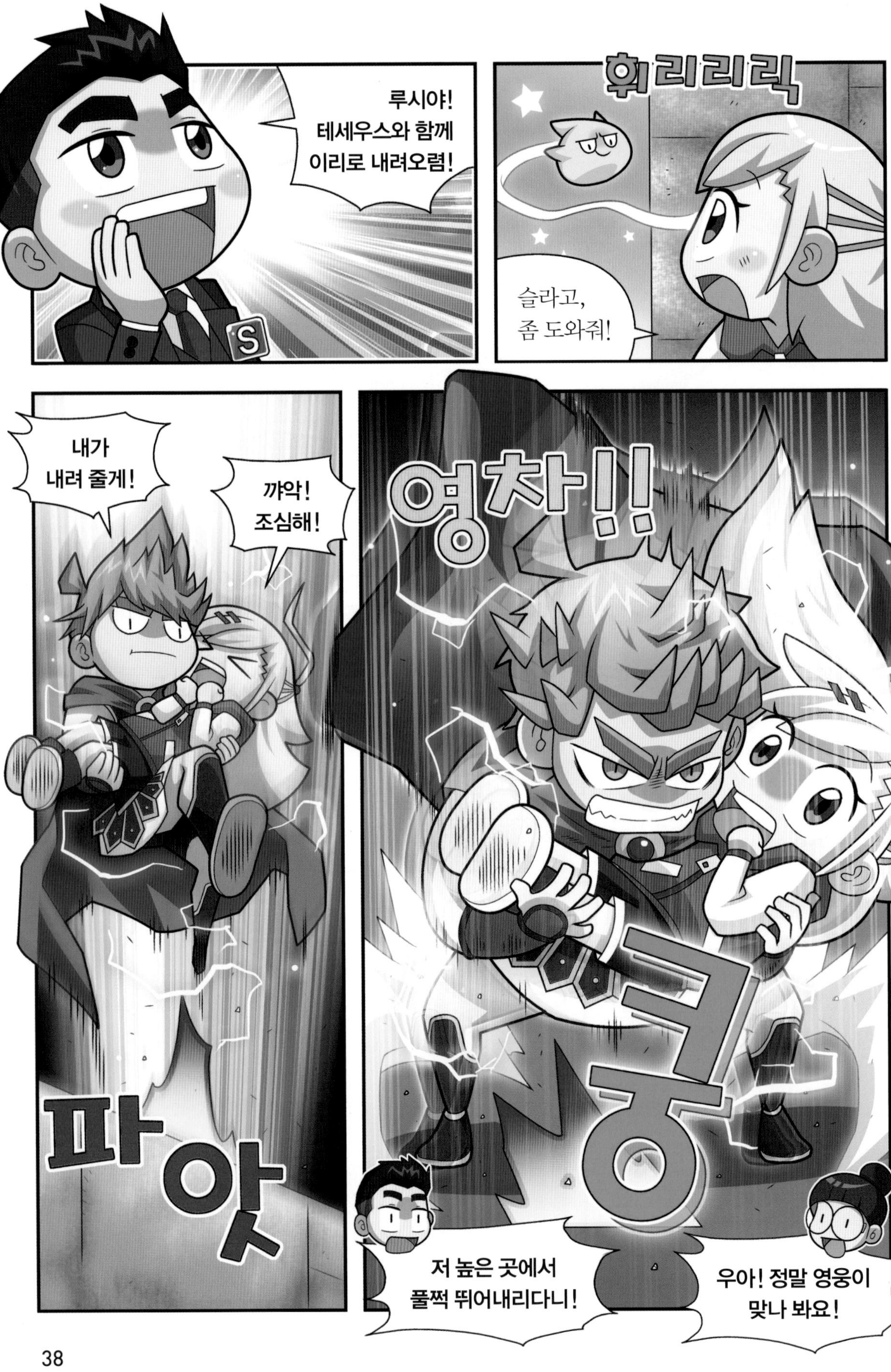

루시야!
테세우스와 함께
이리로 내려오렴!
휘리리릭
슬라고,
좀 도와줘!
내가
내려 줄게!
꺄악!
조심해!
파앗
영차!!
쿵
저 높은 곳에서
풀쩍 뛰어내리다니!
우아! 정말 영웅이
맞나 봐요!

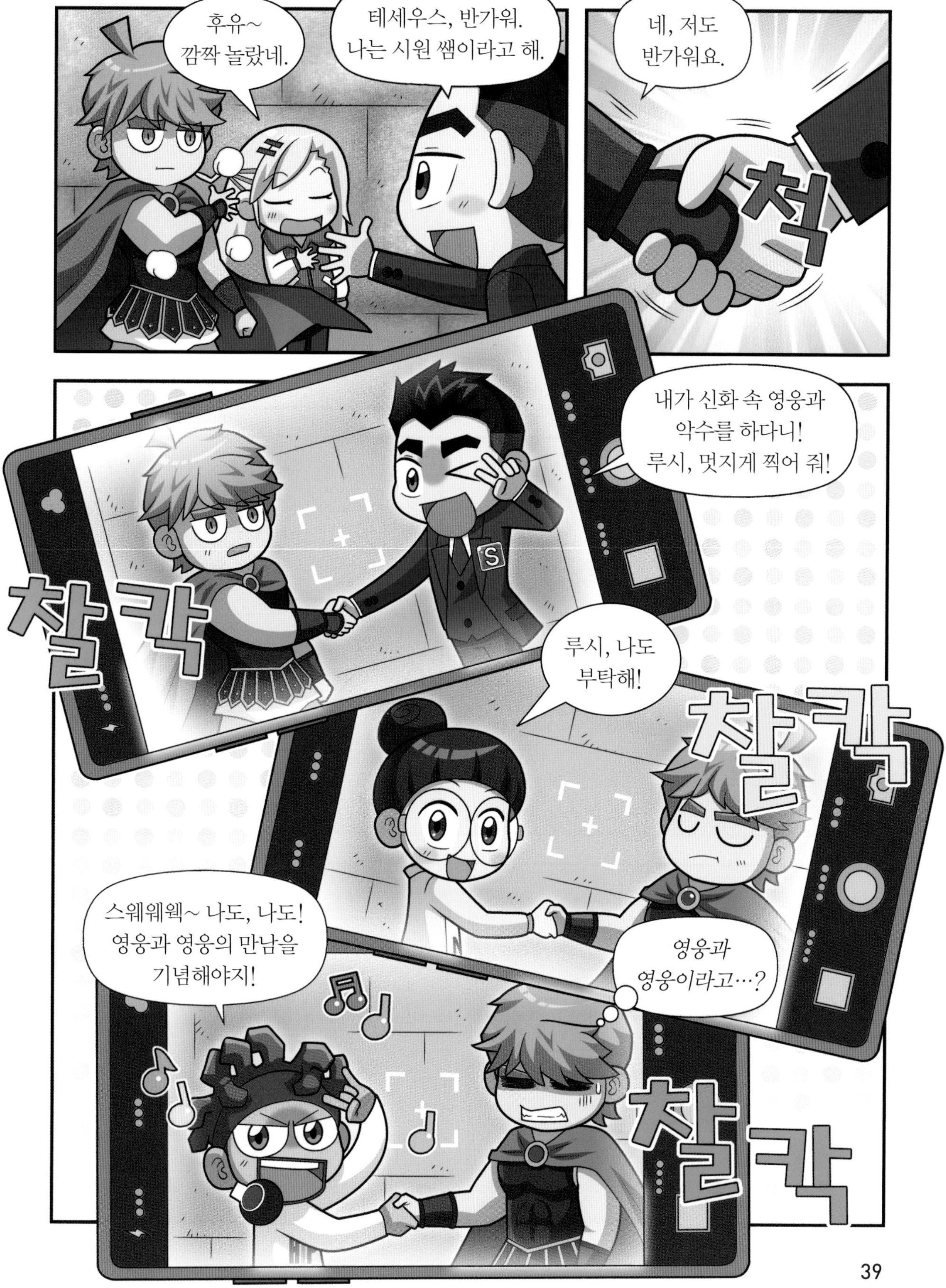
후유~
깜짝 놀랐네.
테세우스, 반가워.
나는 시원 쌤이라고 해.
네, 저도
반가워요.
척
내가 신화 속 영웅과
악수를 하다니!
루시, 멋지게 찍어 줘!
찰칵
루시, 나도
부탁해!
찰칵
스웨웨웩~ 나도, 나도!
영웅과 영웅의 만남을
기념해야지!
영웅과
영웅이라고…?
찰칵

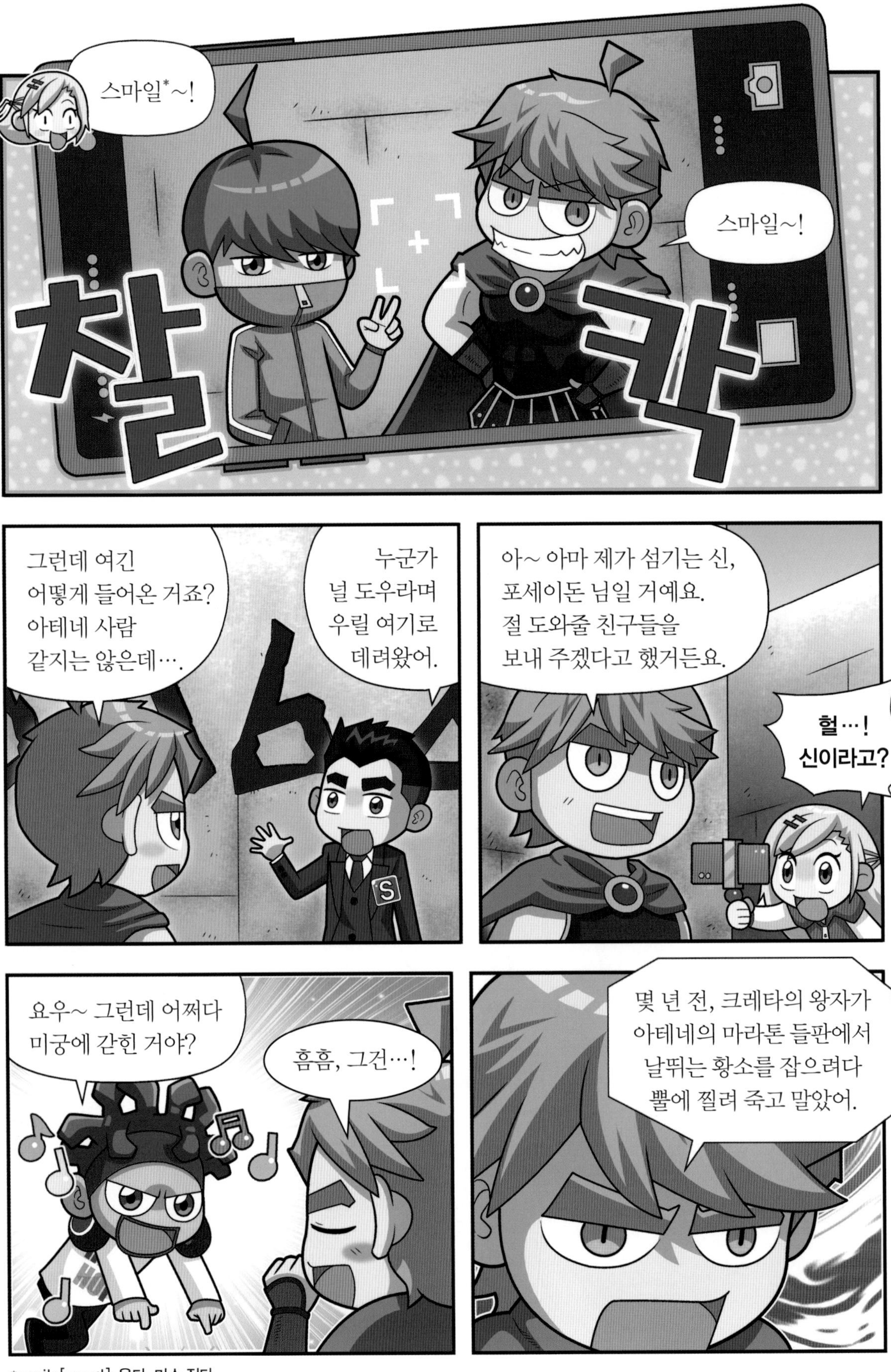
스마일*~!
스마일~!
찰칵
그런데 여긴 어떻게 들어온 거죠? 아테네 사람 같지는 않은데….
누군가 널 도우라며 우릴 여기로 데려왔어.
아~ 아마 제가 섬기는 신, 포세이돈 님일 거예요. 절 도와줄 친구들을 보내 주겠다고 했거든요.
헐…! 신이라고?
요우~ 그런데 어쩌다 미궁에 갇힌 거야?
흠흠, 그건…!
몇 년 전, 크레타의 왕자가 아테네의 마라톤 들판에서 날뛰는 황소를 잡으려다 뿔에 찔려 죽고 말았어.

* smile[smaɪl]: 웃다, 미소 짓다.

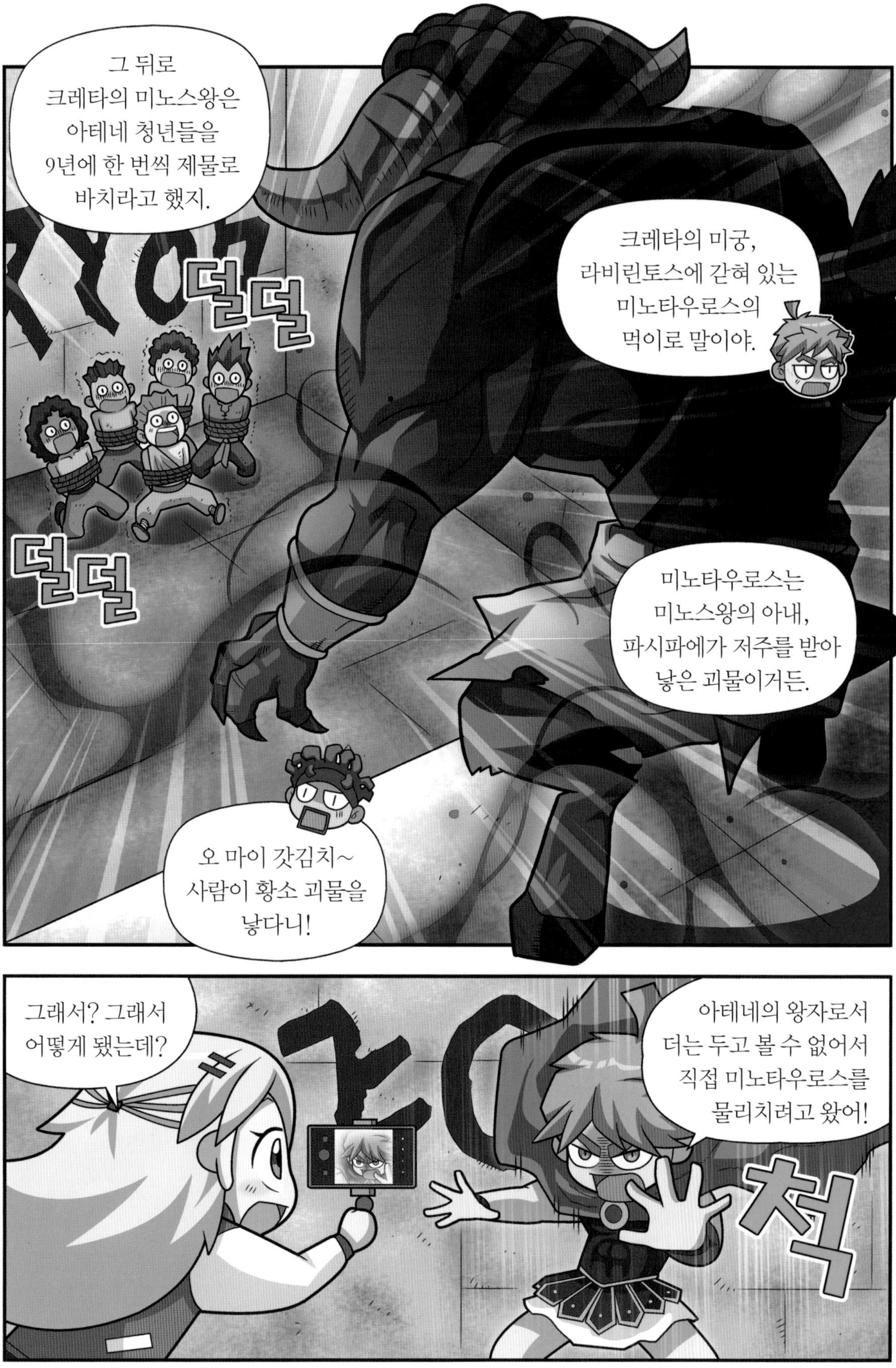
그 뒤로
크레타의 미노스왕은
아테네 청년들을
9년에 한 번씩 제물로
바치라고 했지.
크레타의 미궁,
라비린토스에 갇혀 있는
미노타우로스의
먹이로 말이야.
덜덜
덜덜
미노타우로스는
미노스왕의 아내,
파시파에가 저주를 받아
낳은 괴물이거든.
오 마이 갓김치~
사람이 황소 괴물을
낳다니!
그래서? 그래서
어떻게 됐는데?
아테네의 왕자로서
더는 두고 볼 수 없어서
직접 미노타우로스를
물리치려고 왔어!
척

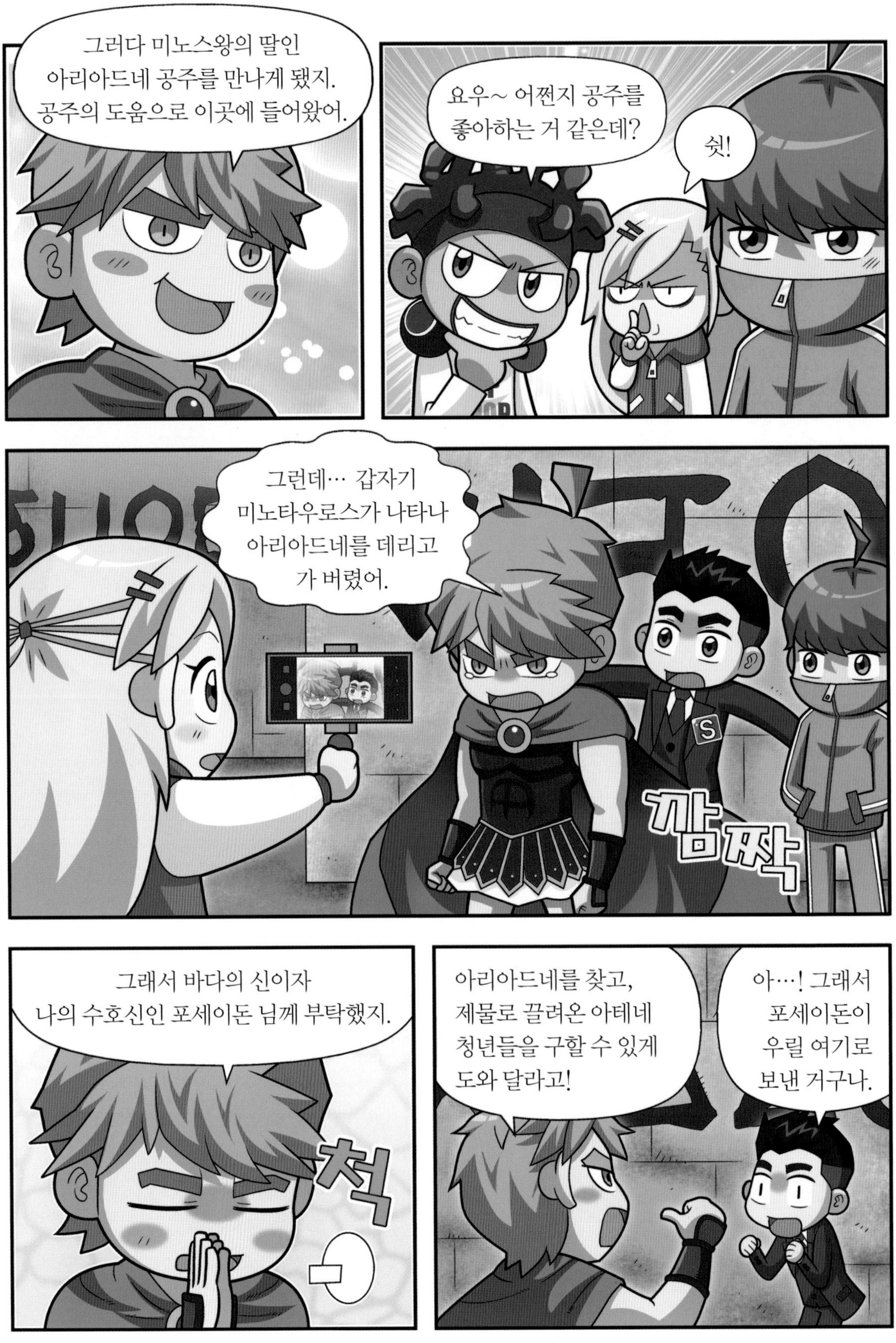
그러다 미노스왕의 딸인 아리아드네 공주를 만나게 됐지. 공주의 도움으로 이곳에 들어왔어.
요우~ 어쩐지 공주를 좋아하는 거 같은데?
쉿!
그런데… 갑자기 미노타우로스가 나타나 아리아드네를 데리고 가 버렸어.
깜짝
그래서 바다의 신이자 나의 수호신인 포세이돈 님께 부탁했지.
척
아리아드네를 찾고, 제물로 끌려온 아테네 청년들을 구할 수 있게 도와 달라고!
아…! 그래서 포세이돈이 우릴 여기로 보낸 거구나.

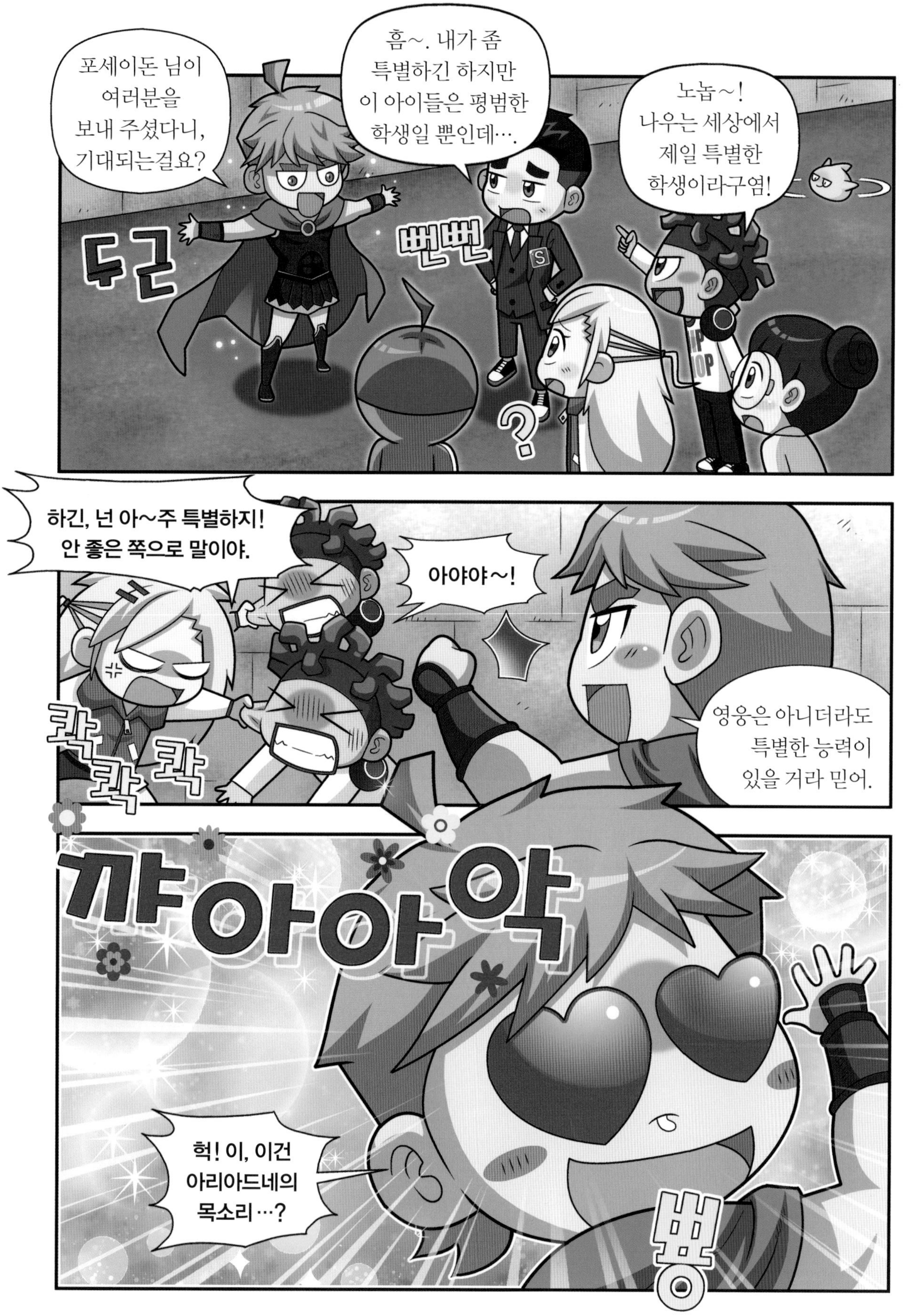
포세이돈 님이
여러분을
보내 주셨다니,
기대되는걸요?
두근
흠~. 내가 좀
특별하긴 하지만
이 아이들은 평범한
학생일 뿐인데….
뻔뻔
노놉~!
나우는 세상에서
제일 특별한
학생이라구염!
?
하긴, 넌 아~주 특별하지!
안 좋은 쪽으로 말이야.
아야야~!
콱 콱 콱
영웅은 아니더라도
특별한 능력이
있을 거라 믿어.
꺄아아악
헉! 이, 이건
아리아드네의
목소리…?
뿅

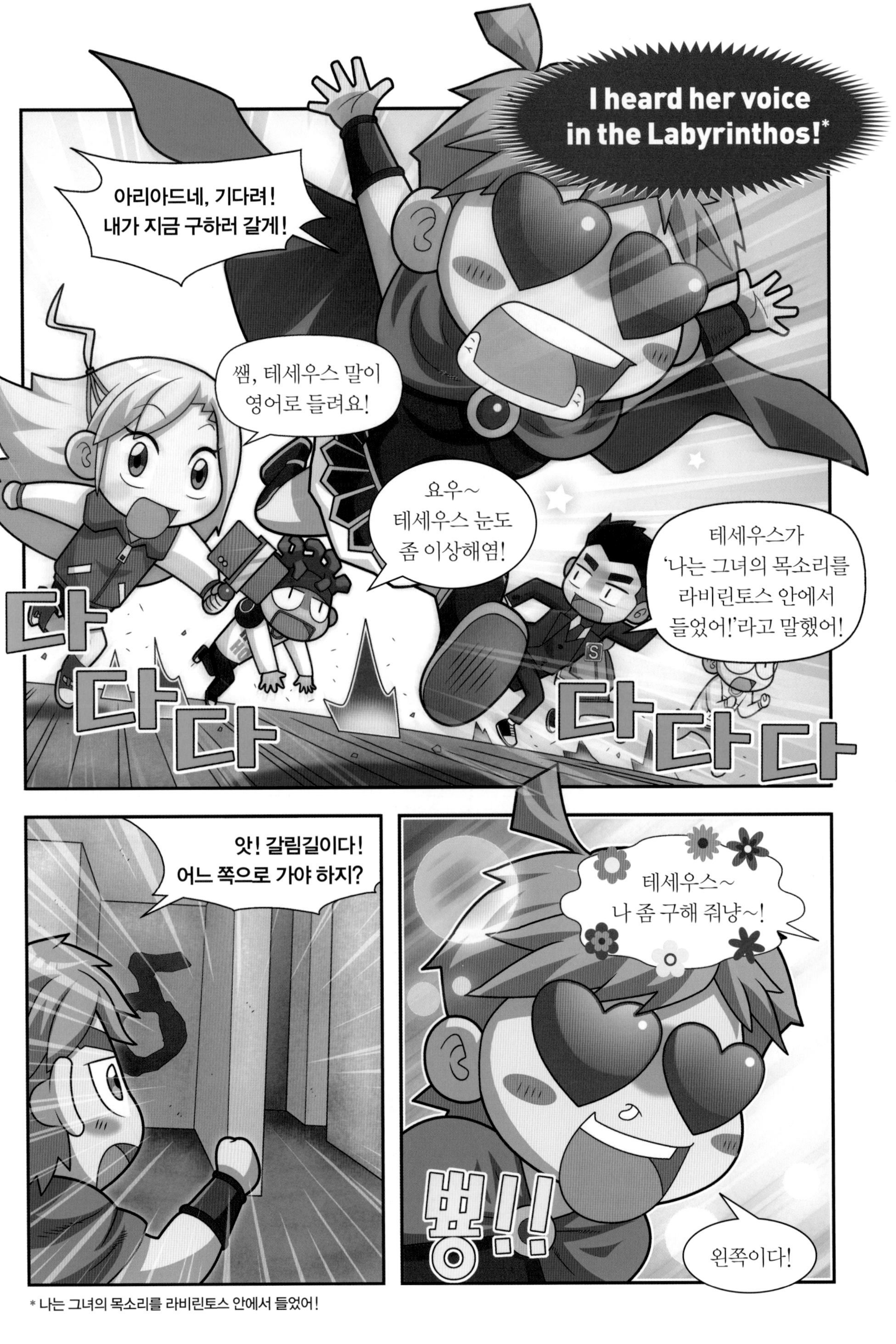
I heard her voice in the Labyrinthos!*
아리아드네, 기다려!
내가 지금 구하러 갈게!
쌤, 테세우스 말이 영어로 들려요!
요우~ 테세우스 눈도 좀 이상해염!
테세우스가 '나는 그녀의 목소리를 라비린토스 안에서 들었어!'라고 말했어!
다다다
다다다다
앗! 갈림길이다! 어느 쪽으로 가야 하지?
테세우스~ 나 좀 구해 줘냥~!
뿅!!
왼쪽이다!

* 나는 그녀의 목소리를 라비린토스 안에서 들었어!

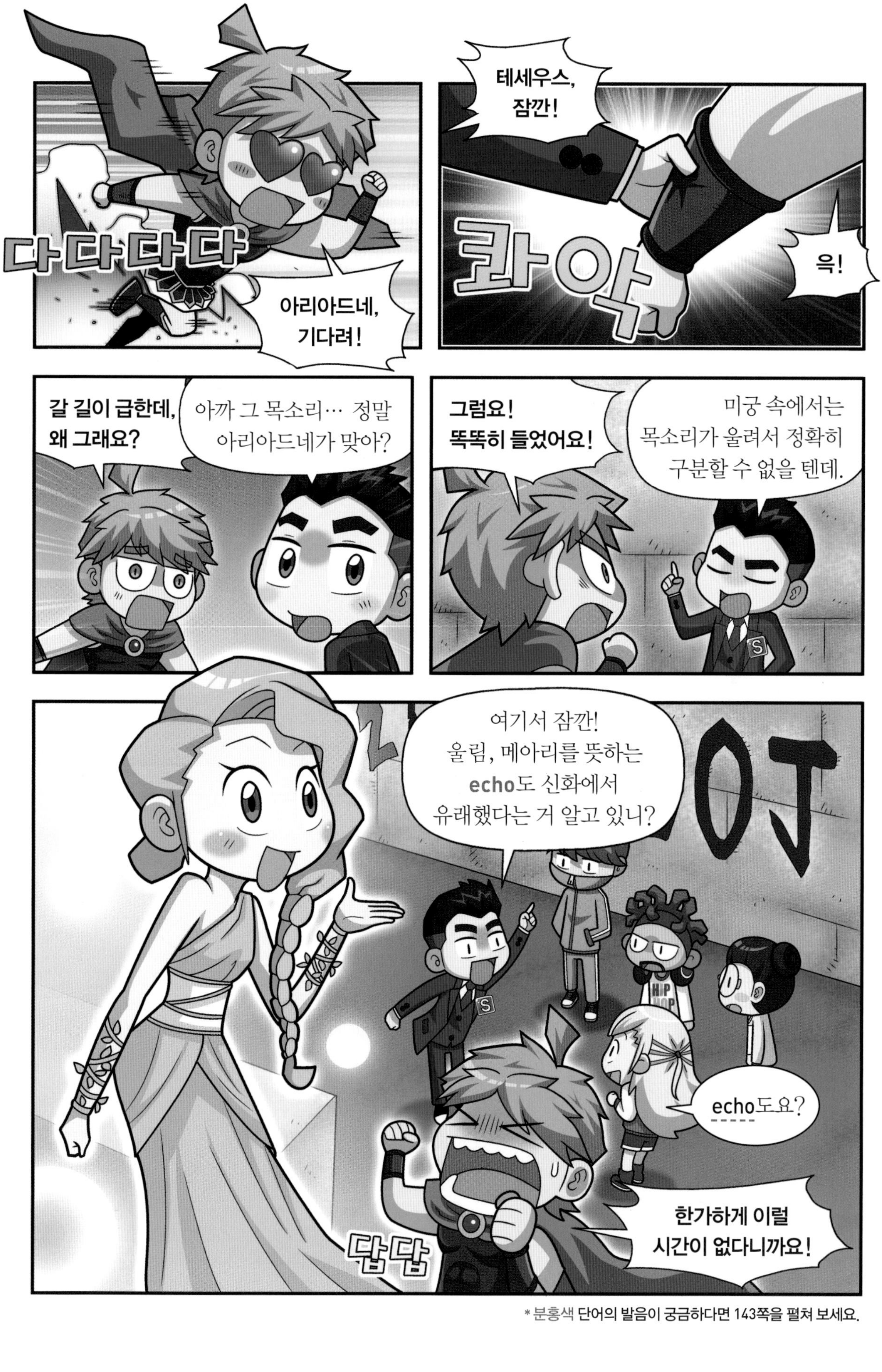
다다다다다
아리아드네, 기다려!
테세우스, 잠깐!
콰악
윽!
갈 길이 급한데, 왜 그래요?
아까 그 목소리… 정말 아리아드네가 맞아?
그럼요! 똑똑히 들었어요!
미궁 속에서는 목소리가 울려서 정확히 구분할 수 없을 텐데.
여기서 잠깐! 울림, 메아리를 뜻하는 echo도 신화에서 유래했다는 거 알고 있니?
echo도요?
답답
한가하게 이럴 시간이 없다니까요!

* 분홍색 단어의 발음이 궁금하다면 143쪽을 펼쳐 보세요.

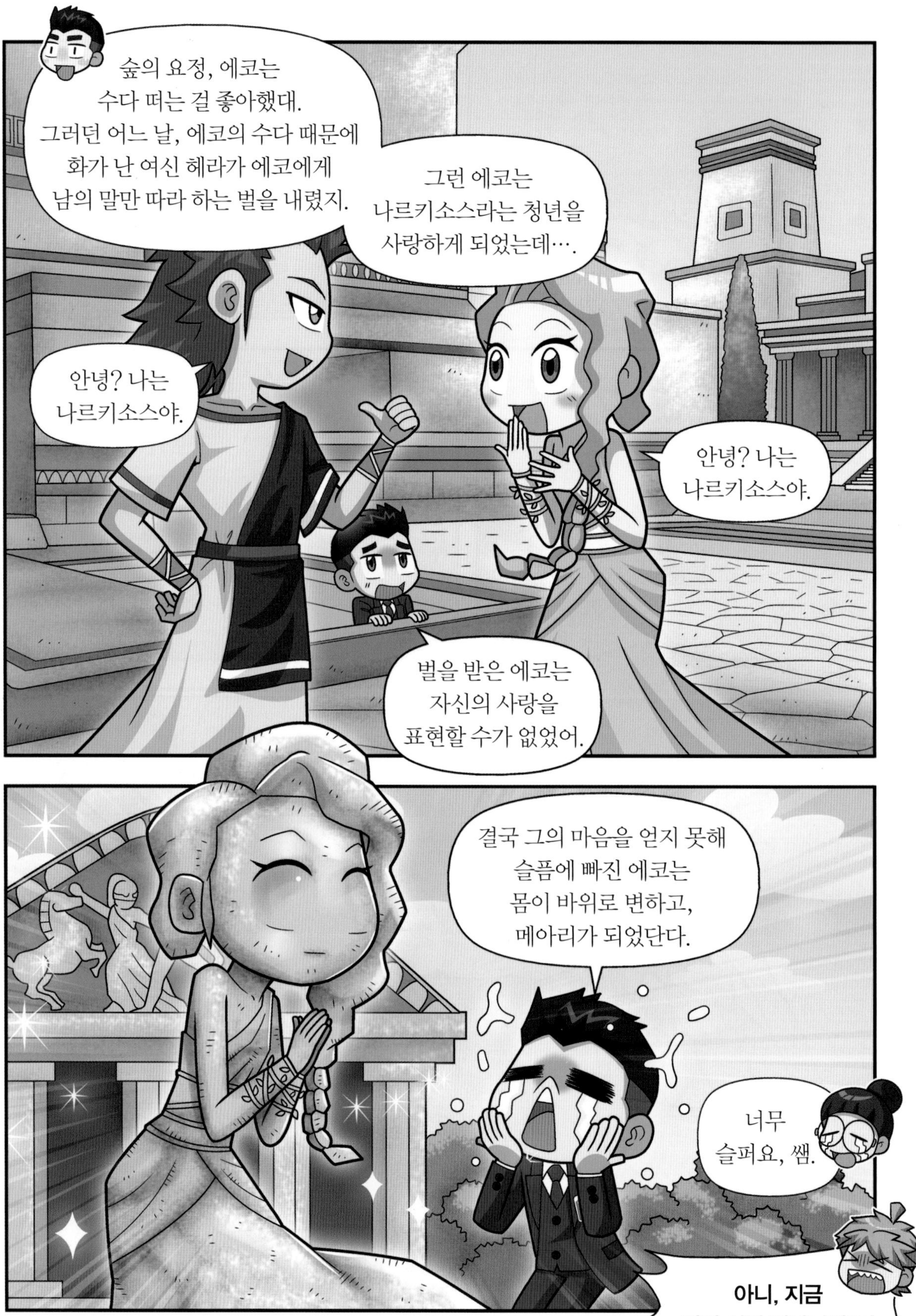
숲의 요정, 에코는 수다 떠는 걸 좋아했대. 그러던 어느 날, 에코의 수다 때문에 화가 난 여신 헤라가 에코에게 남의 말만 따라 하는 벌을 내렸지.
그런 에코는 나르키소스라는 청년을 사랑하게 되었는데….
안녕? 나는 나르키소스야.
안녕? 나는 나르키소스야.
벌을 받은 에코는 자신의 사랑을 표현할 수가 없었어.
결국 그의 마음을 얻지 못해 슬픔에 빠진 에코는 몸이 바위로 변하고, 메아리가 되었단다.
너무 슬퍼요, 쌤.
아니, 지금 이럴 시간 없다니까요!

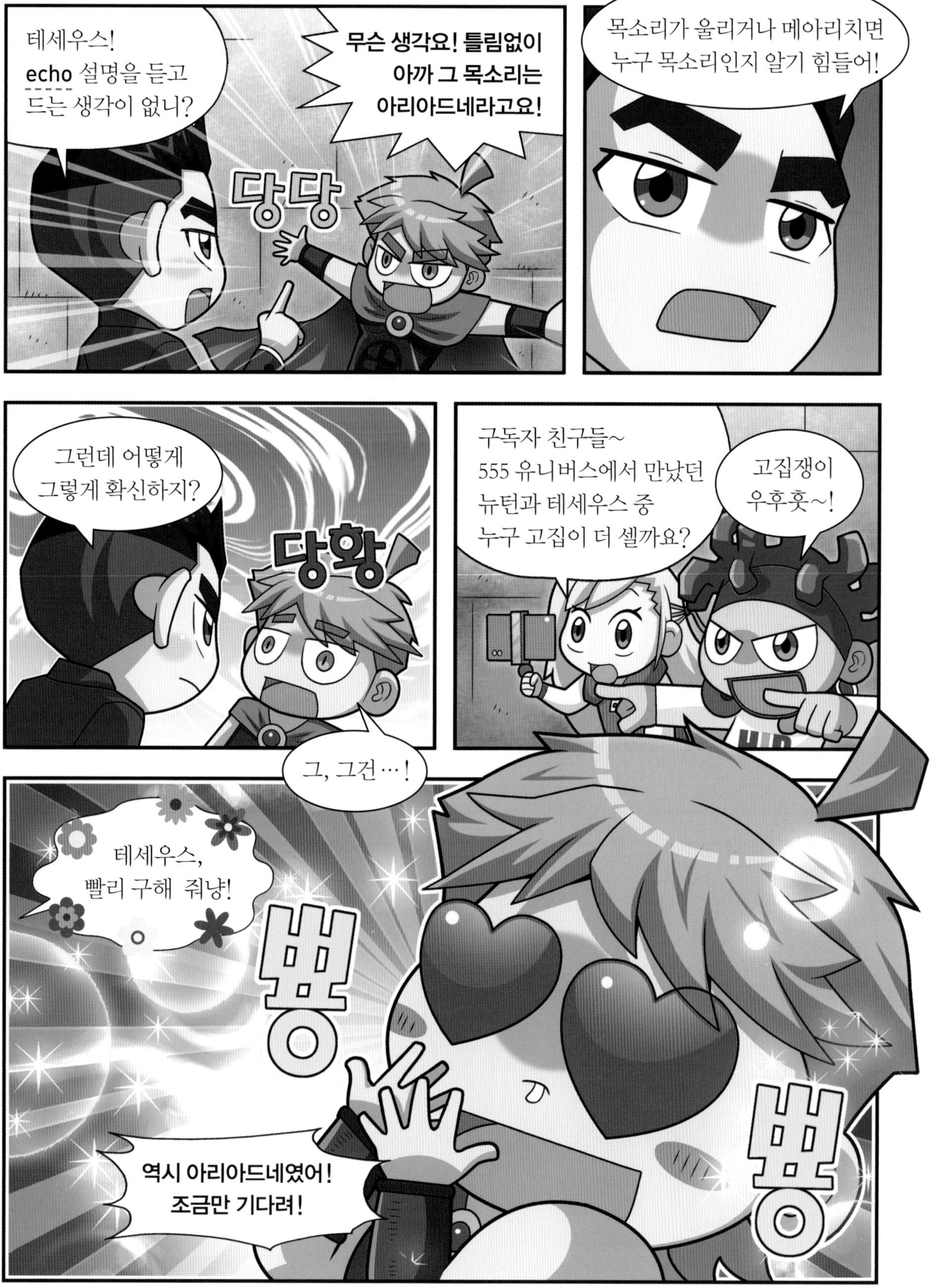
테세우스!
echo 설명을 듣고
드는 생각이 없니?
무슨 생각요! 틀림없이
아까 그 목소리는
아리아드네라고요!
당당
목소리가 울리거나 메아리치면
누구 목소리인지 알기 힘들어!
그런데 어떻게
그렇게 확신하지?
당황
그, 그건…!
구독자 친구들~
555 유니버스에서 만났던
뉴턴과 테세우스 중
누구 고집이 더 셀까요?
고집쟁이
우후훗~!
테세우스,
빨리 구해 줘냥!
뿅
뿅
역시 아리아드네였어!
조금만 기다려!

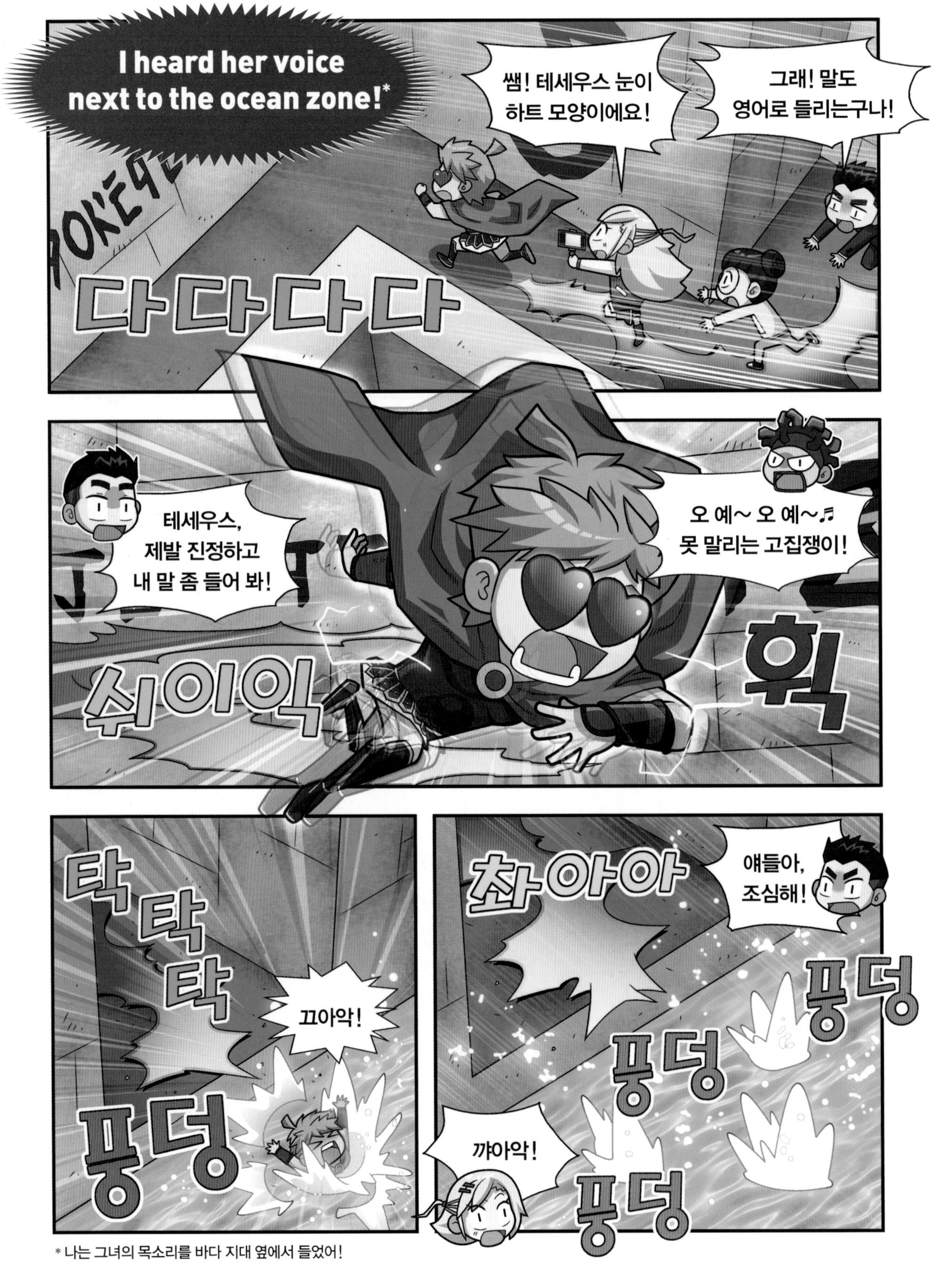
I heard her voice next to the ocean zone!*
쌤! 테세우스 눈이 하트 모양이에요!
그래! 말도 영어로 들리는구나!
다다다다다
테세우스, 제발 진정하고 내 말 좀 들어 봐!
오 예~ 오 예~♬ 못 말리는 고집쟁이!
쉬이익
휙
탁 탁 탁
끄아악!
풍덩
촤아아
얘들아, 조심해!
풍덩
풍덩
꺄아악!
풍덩

* 나는 그녀의 목소리를 바다 지대 옆에서 들었어!

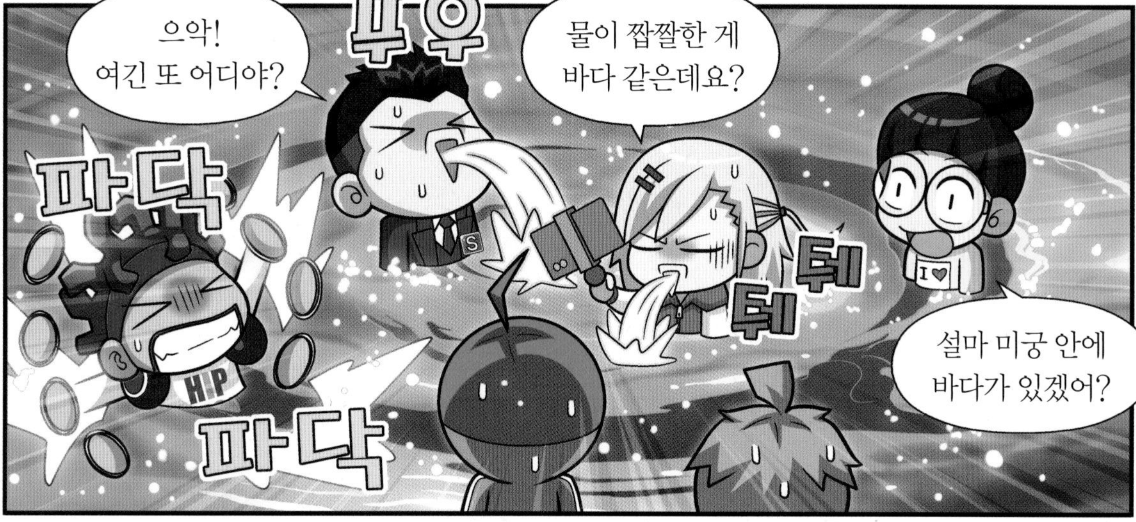

으악!
여긴 또 어디야?
푸우
물이 짭짤한 게
바다 같은데요?
파닥
파닥
퉤
퉤
설마 미궁 안에
바다가 있겠어?

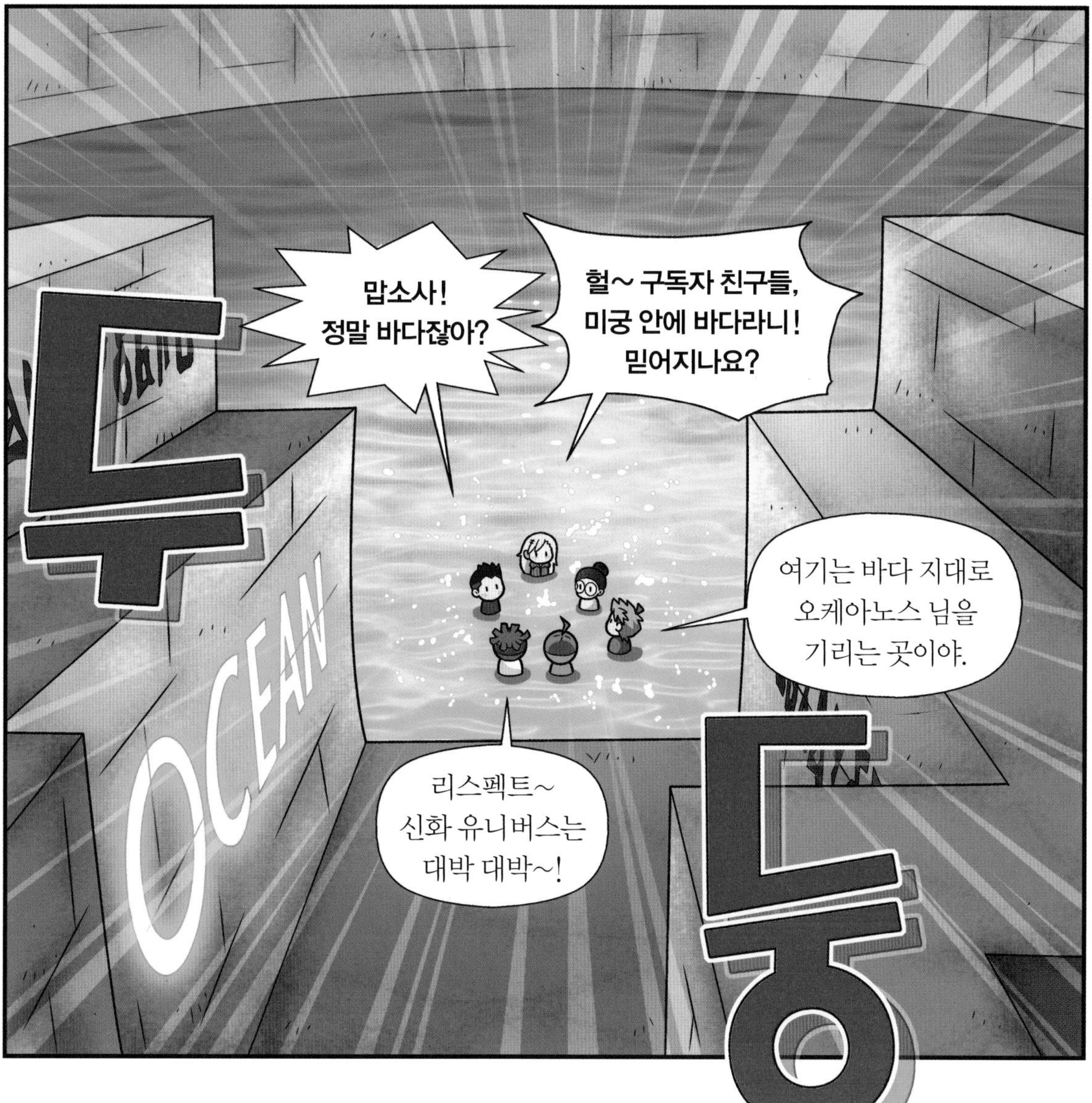

맙소사!
정말 바다잖아?
헐~ 구독자 친구들,
미궁 안에 바다라니!
믿어지나요?
두
OCEAN
여기는 바다 지대로
오케아노스 님을
기리는 곳이야.
리스펙트~
신화 유니버스는
대박 대박~!
둥

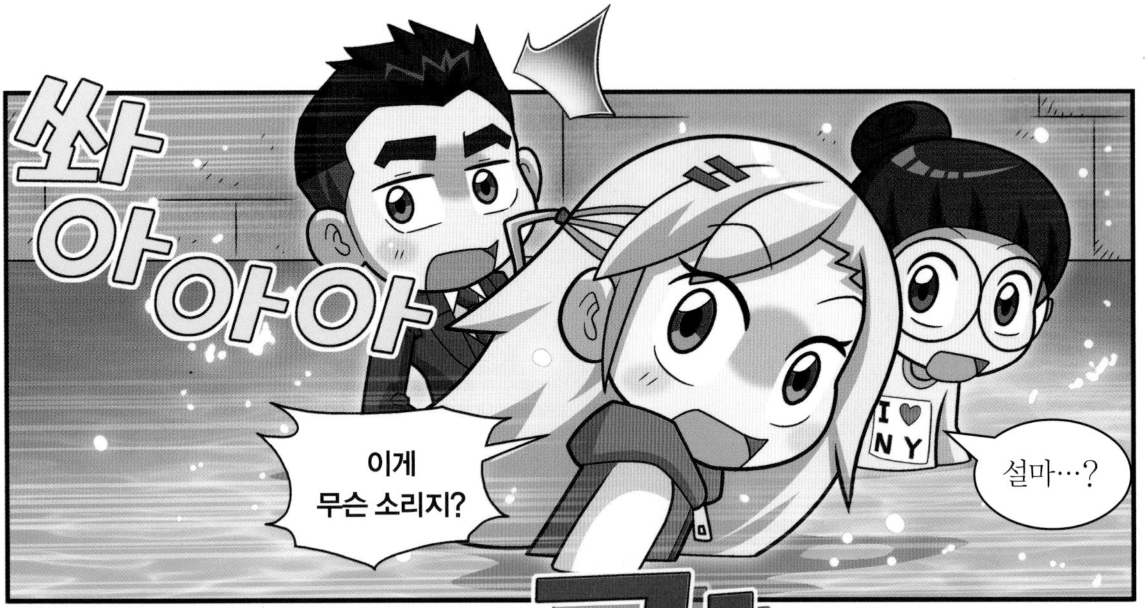
쏴아아아
이게 무슨 소리지?
설마…?

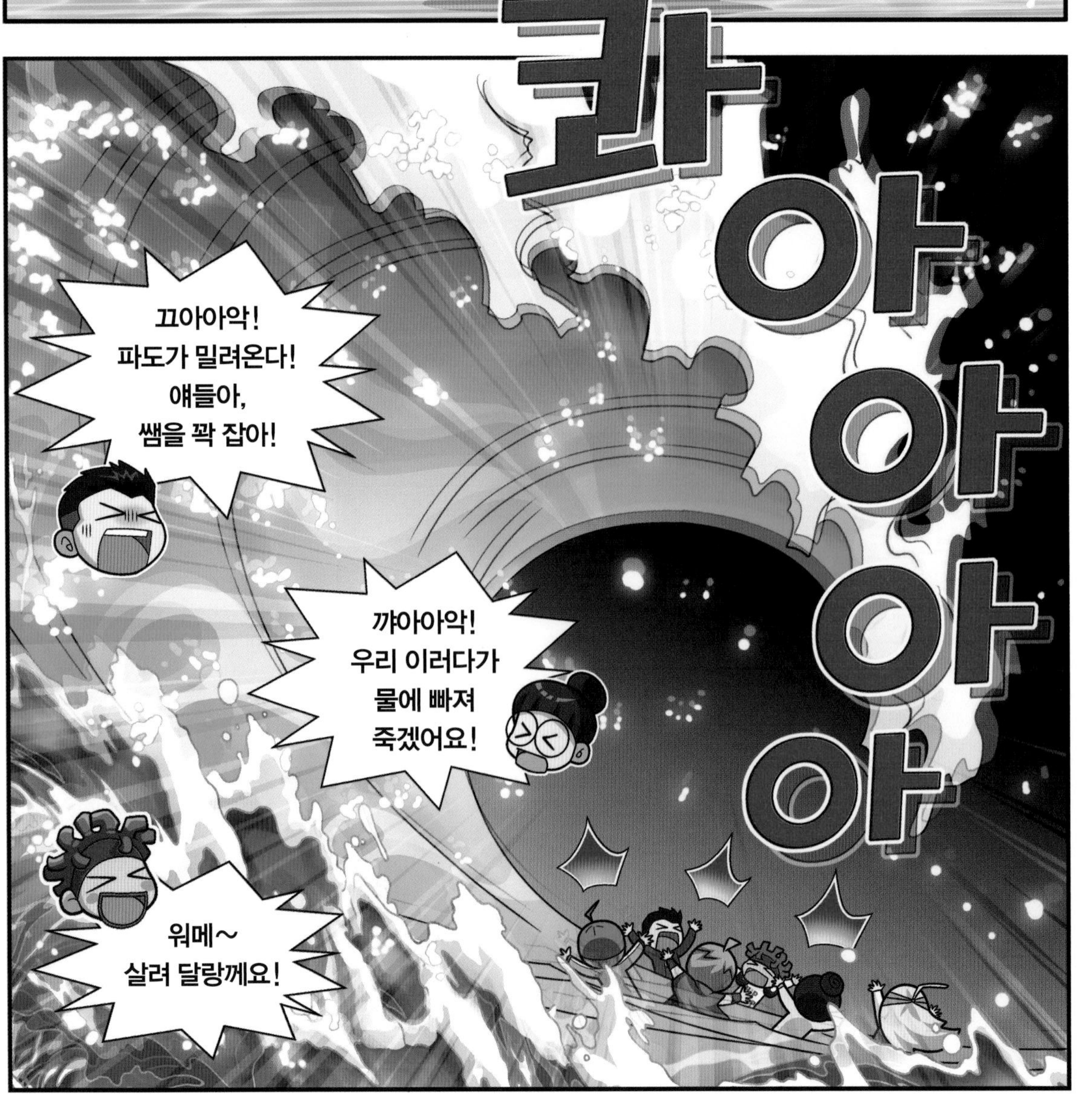
콰아아아아
끄아아악! 파도가 밀려온다! 얘들아, 쌤을 꽉 잡아!
꺄아아악! 우리 이러다가 물에 빠져 죽겠어요!
워메~ 살려 달랑께요!

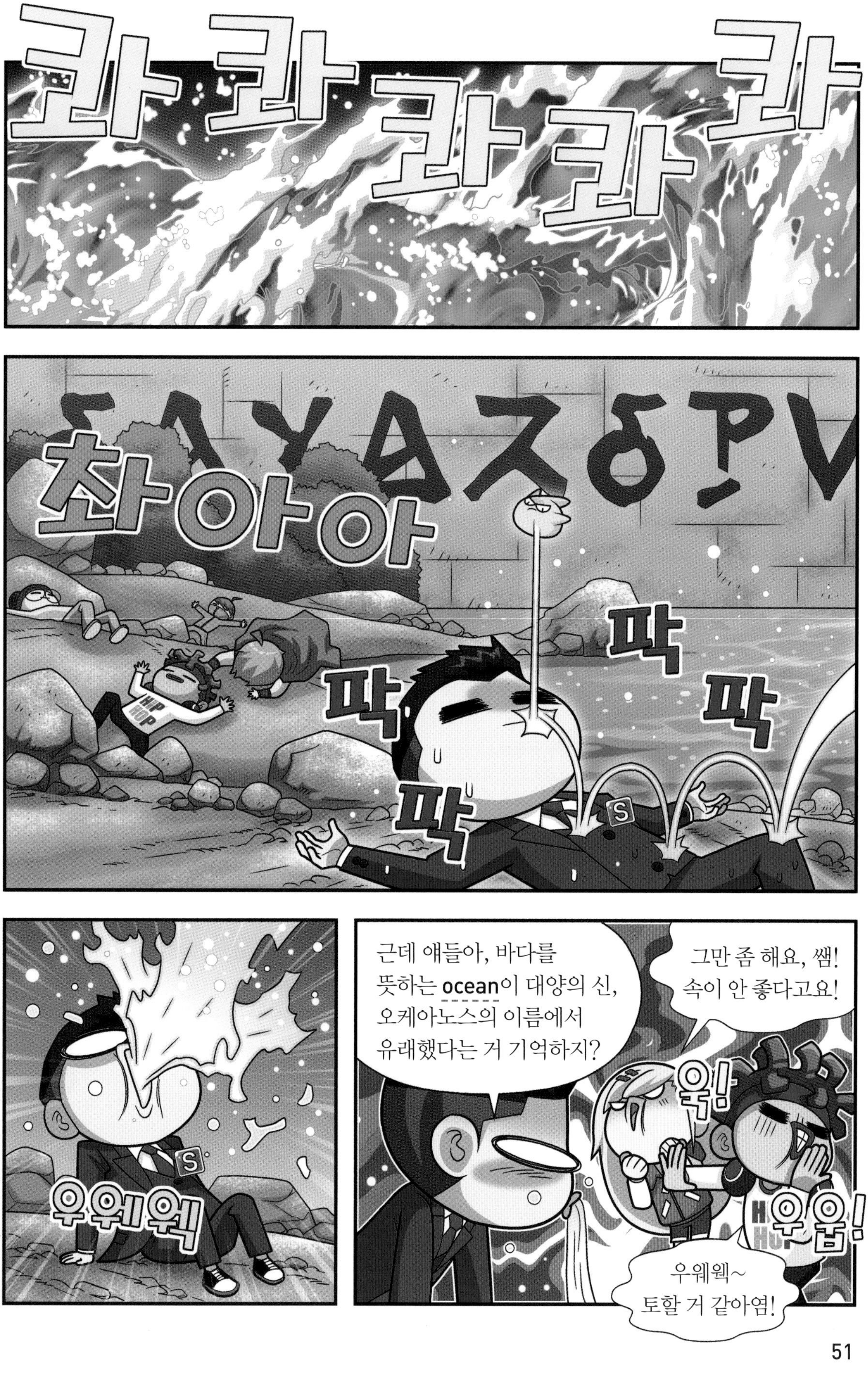
콰콰콰콰콰
촤아아
팍
팍
팍
팍
우웨웩
근데 얘들아, 바다를 뜻하는 ocean이 대양의 신, 오케아노스의 이름에서 유래했다는 거 기억하지?
그만 좀 해요, 쌤! 속이 안 좋다고요!
욱!
우웁!!
우웨웩~ 토할 거 같아염!

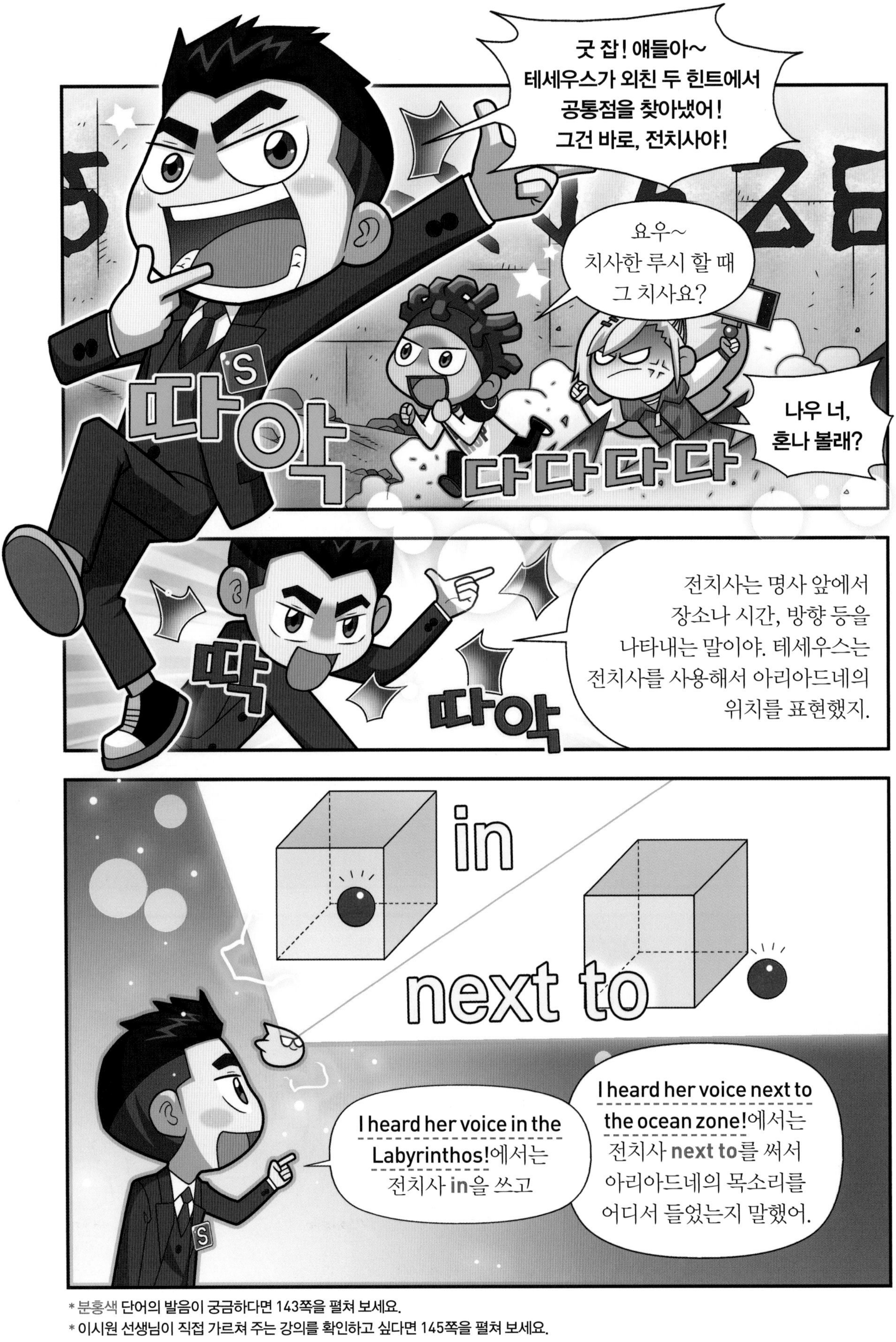
굿 잡! 얘들아~ 테세우스가 외친 두 힌트에서 공통점을 찾아냈어! 그건 바로, 전치사야!
요우~ 치사한 루시 할 때 그 치사요?
나우 너, 혼나 볼래?
따악
다다다다다
딱
따악
전치사는 명사 앞에서 장소나 시간, 방향 등을 나타내는 말이야. 테세우스는 전치사를 사용해서 아리아드네의 위치를 표현했지.
in
next to
I heard her voice in the Labyrinthos!에서는 전치사 in을 쓰고
I heard her voice next to the ocean zone!에서는 전치사 next to를 써서 아리아드네의 목소리를 어디서 들었는지 말했어.

* 분홍색 단어의 발음이 궁금하다면 143쪽을 펼쳐 보세요.
* 이시원 선생님이 직접 가르쳐 주는 강의를 확인하고 싶다면 145쪽을 펼쳐 보세요.

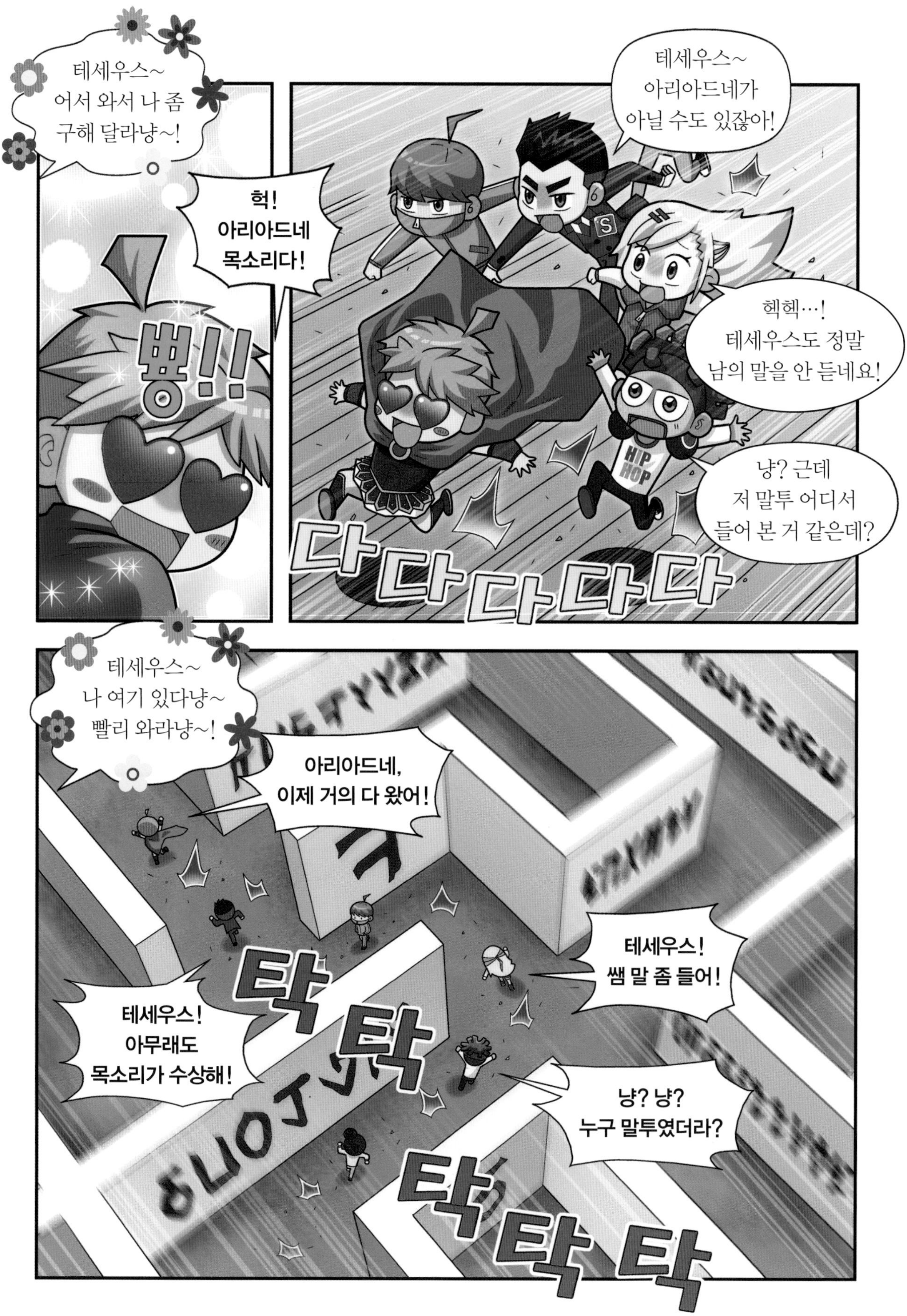
테세우스~ 어서 와서 나 좀 구해 달라냥~!
헉! 아리아드네 목소리다!
뿅!!
테세우스~ 아리아드네가 아닐 수도 있잖아!
헥헥…! 테세우스도 정말 남의 말을 안 듣네요!
냥? 근데 저 말투 어디서 들어 본 거 같은데?
다다다다다
테세우스~ 나 여기 있다냥~ 빨리 와라냥~!
아리아드네, 이제 거의 다 왔어!
테세우스! 쌤 말 좀 들어!
테세우스! 아무래도 목소리가 수상해!
냥? 냥? 누구 말투였더라?
탁 탁 탁 탁 탁

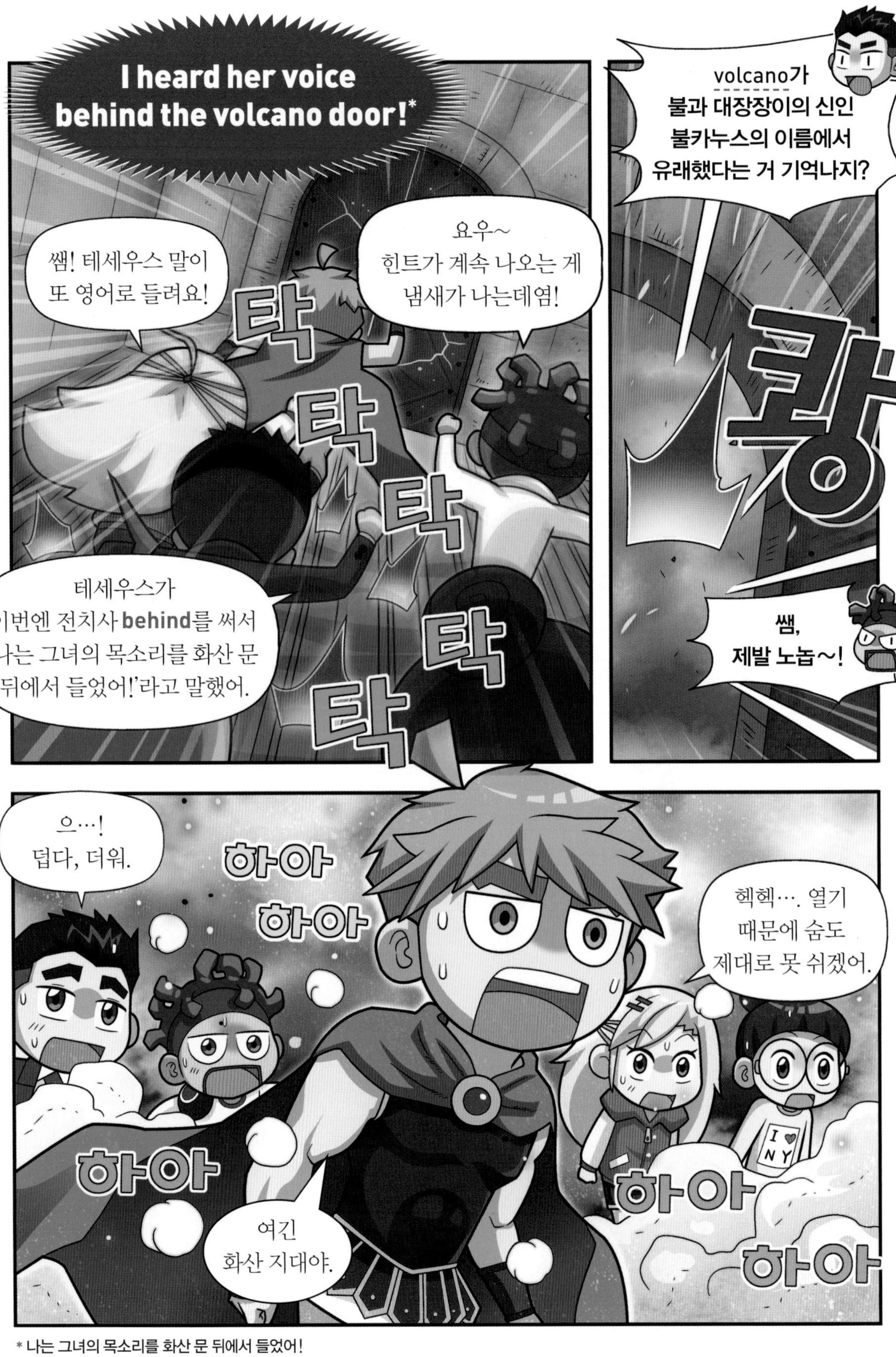
I heard her voice behind the volcano door!*
쌤! 테세우스 말이 또 영어로 들려요!
요우~ 힌트가 계속 나오는 게 냄새가 나는데염!
탁
탁
탁
테세우스가 이번엔 전치사 behind를 써서 '나는 그녀의 목소리를 화산 문 뒤에서 들었어!'라고 말했어.
탁
탁
volcano가 불과 대장장이의 신인 불카누스의 이름에서 유래했다는 거 기억나지?
쾅
쌤, 제발 노놉~!
으…! 덥다, 더워.
하아
하아
헥헥…. 열기 때문에 숨도 제대로 못 쉬겠어.
하아
하아
여긴 화산 지대야.
하아

* 나는 그녀의 목소리를 화산 문 뒤에서 들었어!

* 분홍색 단어의 발음이 궁금하다면 143쪽을 펼쳐 보세요.

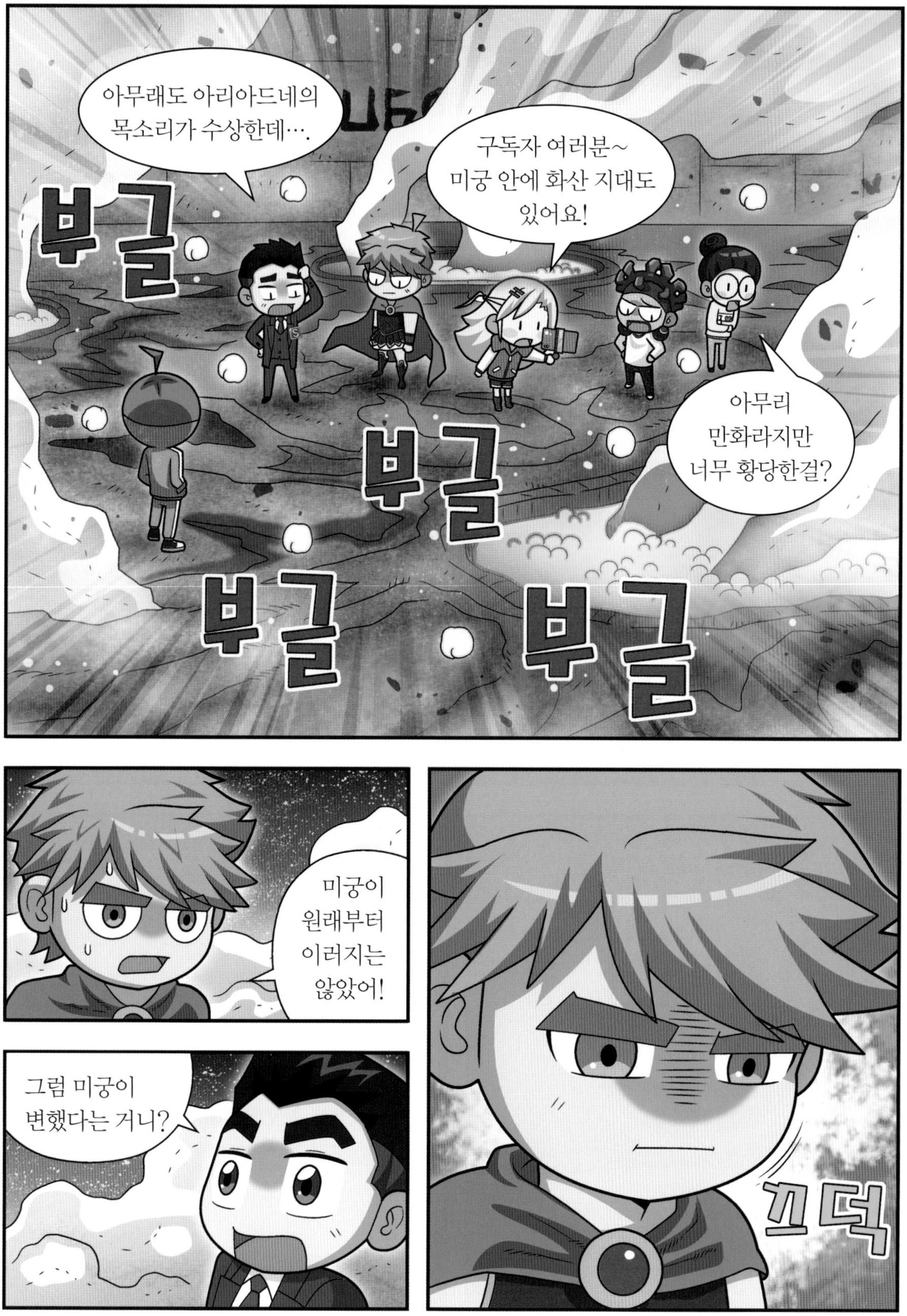
아무래도 아리아드네의 목소리가 수상한데….
구독자 여러분~ 미궁 안에 화산 지대도 있어요!
부글
부글
부글 부글
아무리 만화라지만 너무 황당한걸?
미궁이 원래부터 이러지는 않았어!
그럼 미궁이 변했다는 거니?
끄덕

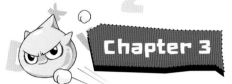

Chapter 3

위험천만한 미궁

Labyrinth Maze

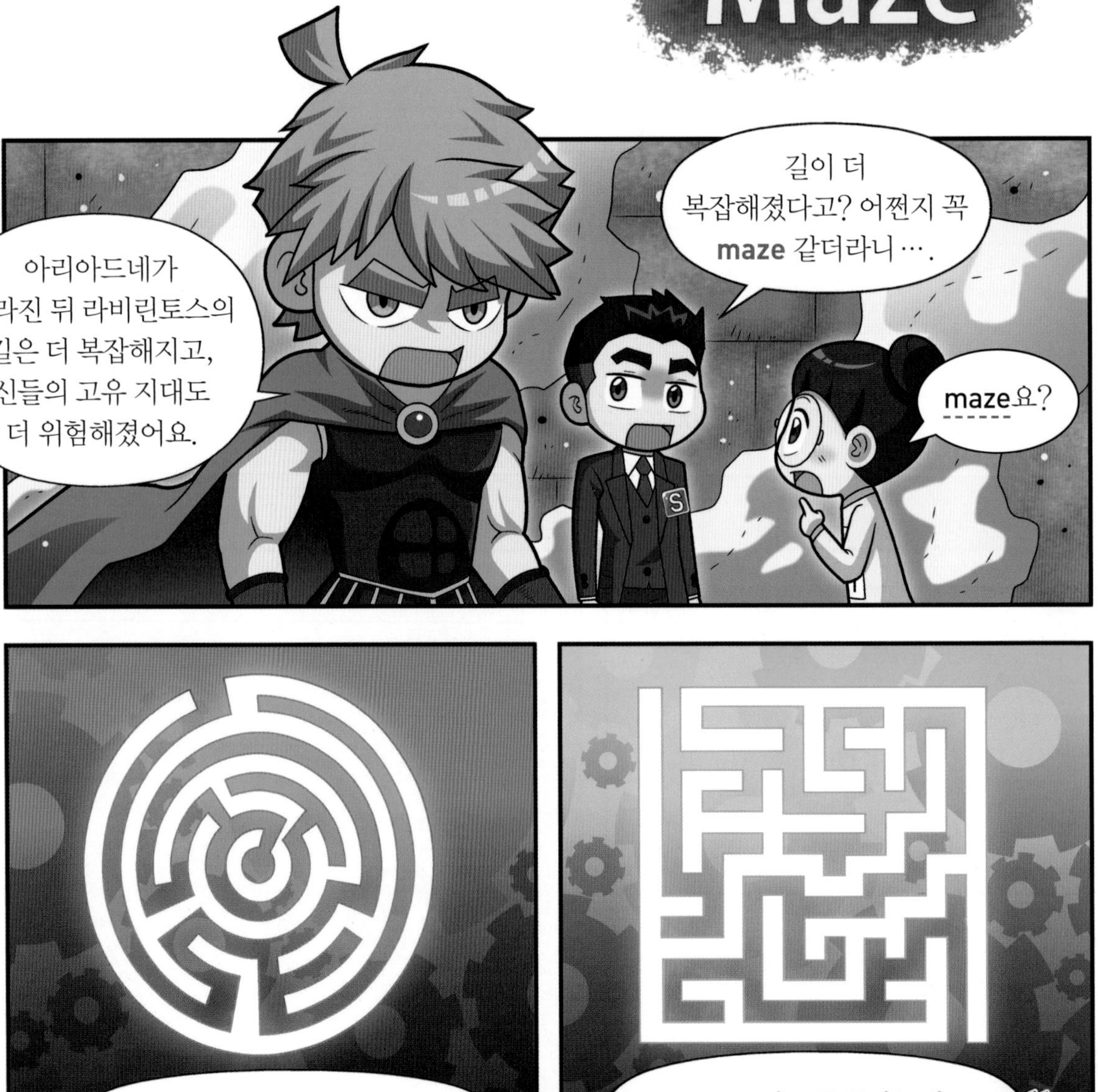

아리아드네가 사라진 뒤 라비린토스의 길은 더 복잡해지고, 신들의 고유 지대도 더 위험해졌어요.
길이 더 복잡해졌다고? 어쩐지 꼭 maze 같더라니….
maze요?
labyrinth는 둥근 형태의 미궁으로, 한 개의 길을 쭉 따라 나가면 탈출할 수 있지.
maze는 미로를 뜻하는데 여러 갈래의 길들이 나뉘어 있어 탈출하기 더 어렵단다.

* 분홍색 단어의 발음이 궁금하다면 143쪽을 펼쳐 보세요.

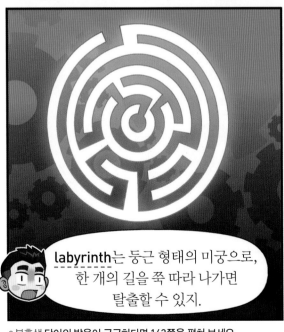

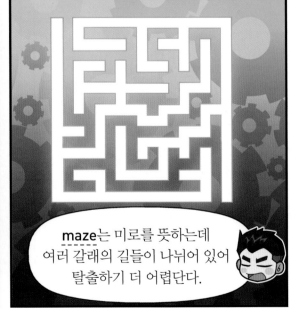

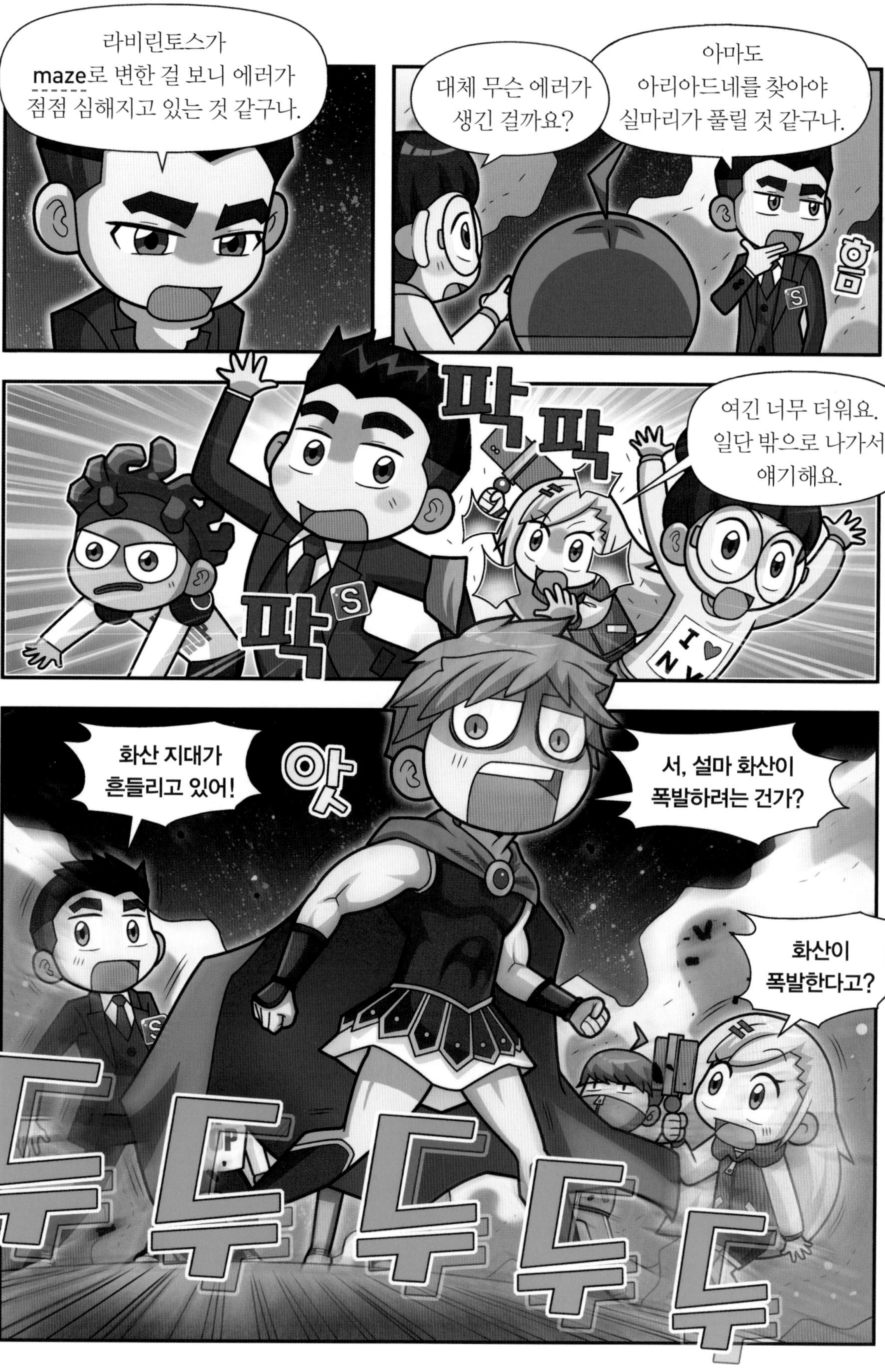
라비린토스가 maze로 변한 걸 보니 에러가 점점 심해지고 있는 것 같구나.
대체 무슨 에러가 생긴 걸까요?
아마도 아리아드네를 찾아야 실마리가 풀릴 것 같구나.
흠
팍
팍
팍
여긴 너무 더워요. 일단 밖으로 나가서 얘기해요.
화산 지대가 흔들리고 있어!
앗
서, 설마 화산이 폭발하려는 건가?
화산이 폭발한다고?
두두두두두두

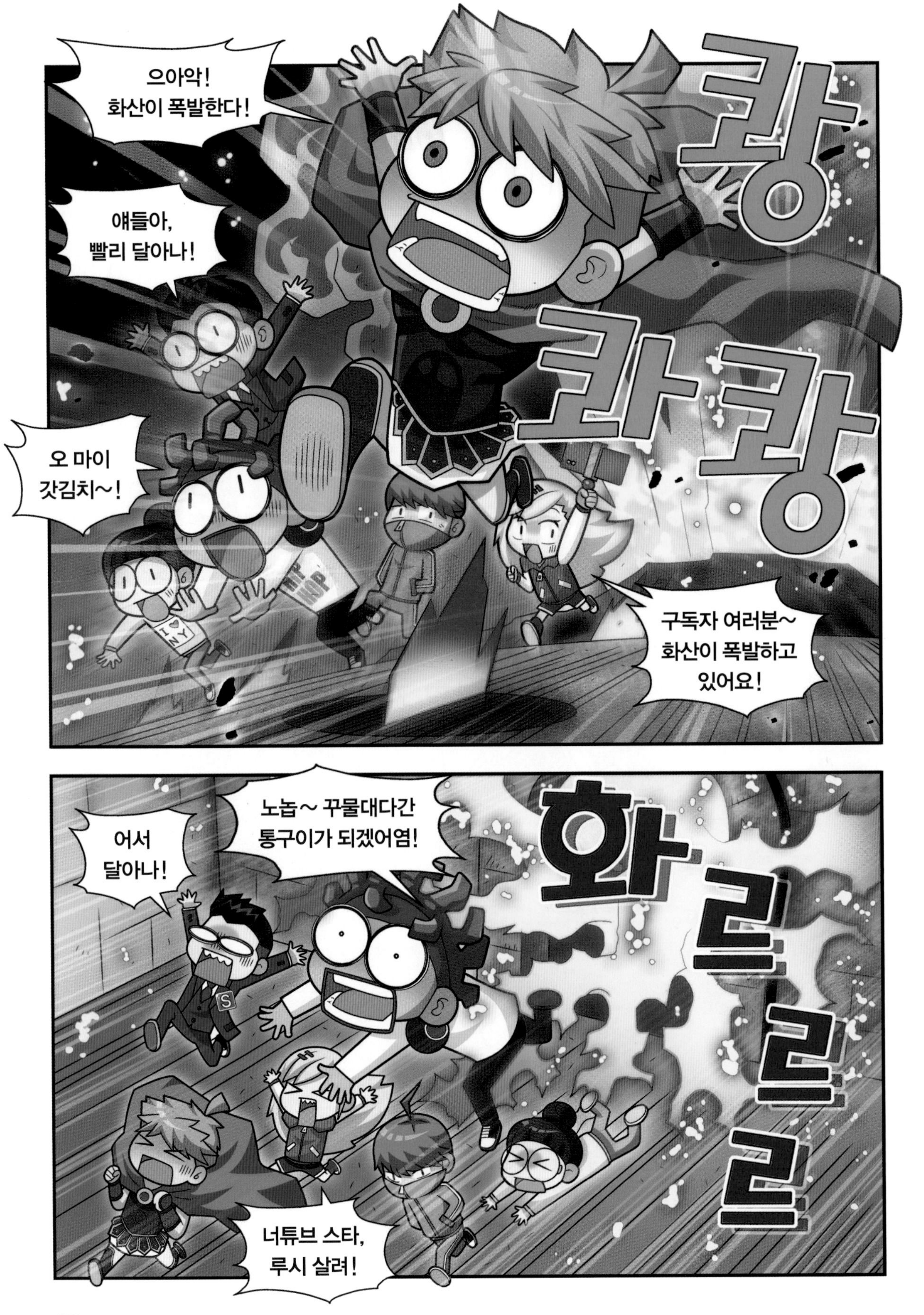

으아악!
화산이 폭발한다!
얘들아,
빨리 달아나!
콰
콰콰광
오 마이
갓김치~!
구독자 여러분~
화산이 폭발하고
있어요!
어서
달아나!
노놉~ 꾸물대다간
통구이가 되겠어염!
화르르르
너튜브 스타,
루시 살려!

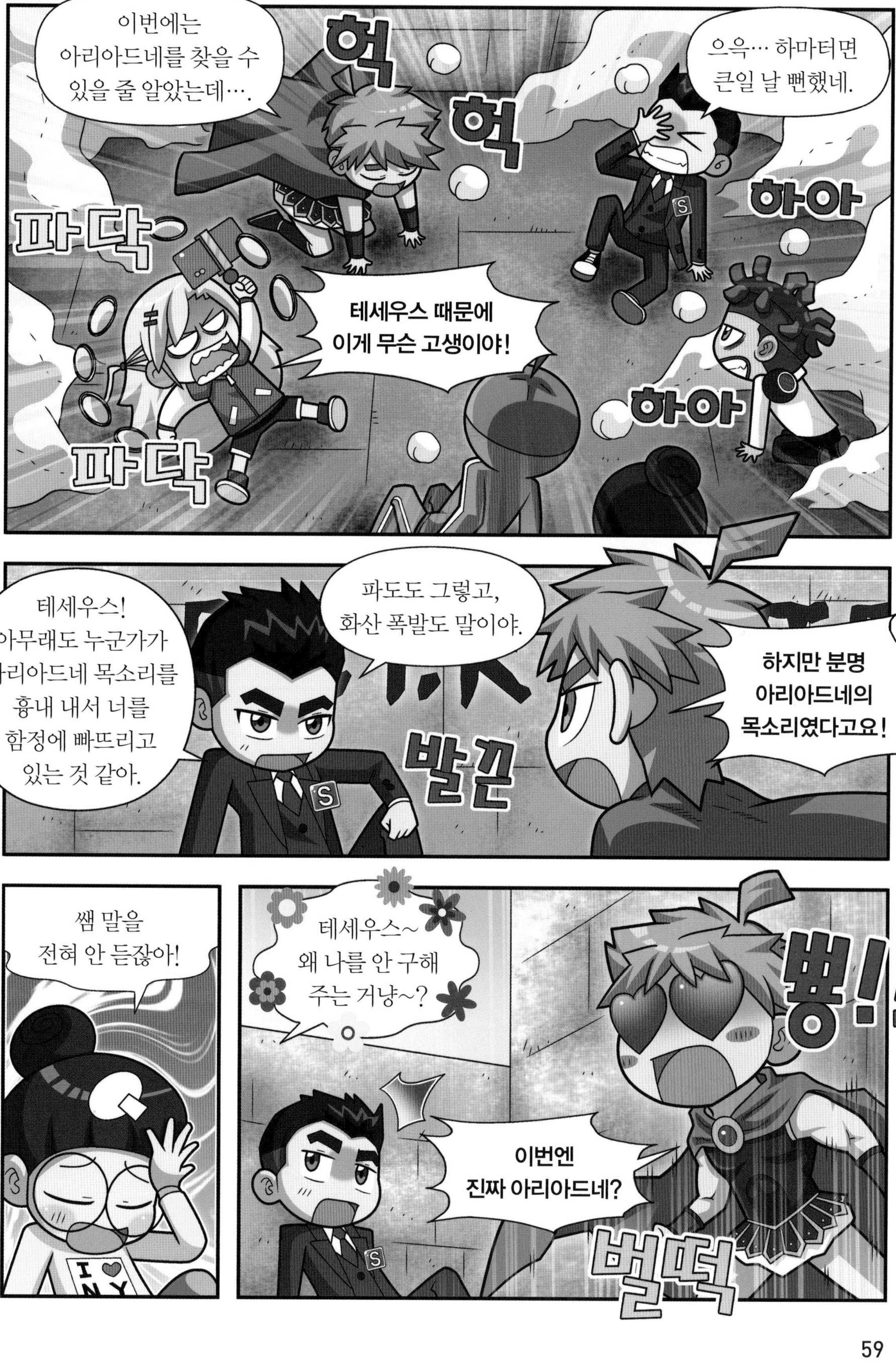
이번에는
아리아드네를 찾을 수
있을 줄 알았는데….
헉
헉
으윽… 하마터면
큰일 날 뻔했네.
하아
파닥
테세우스 때문에
이게 무슨 고생이야!
하아
파닥
테세우스!
아무래도 누군가가
아리아드네 목소리를
흉내 내서 너를
함정에 빠뜨리고
있는 것 같아.
파도도 그렇고,
화산 폭발도 말이야.
발끈
하지만 분명
아리아드네의
목소리였다고요!
쌤 말을
전혀 안 듣잖아!
테세우스~
왜 나를 안 구해
주는 거냥~?
뿅!!
이번엔
진짜 아리아드네?
벌떡

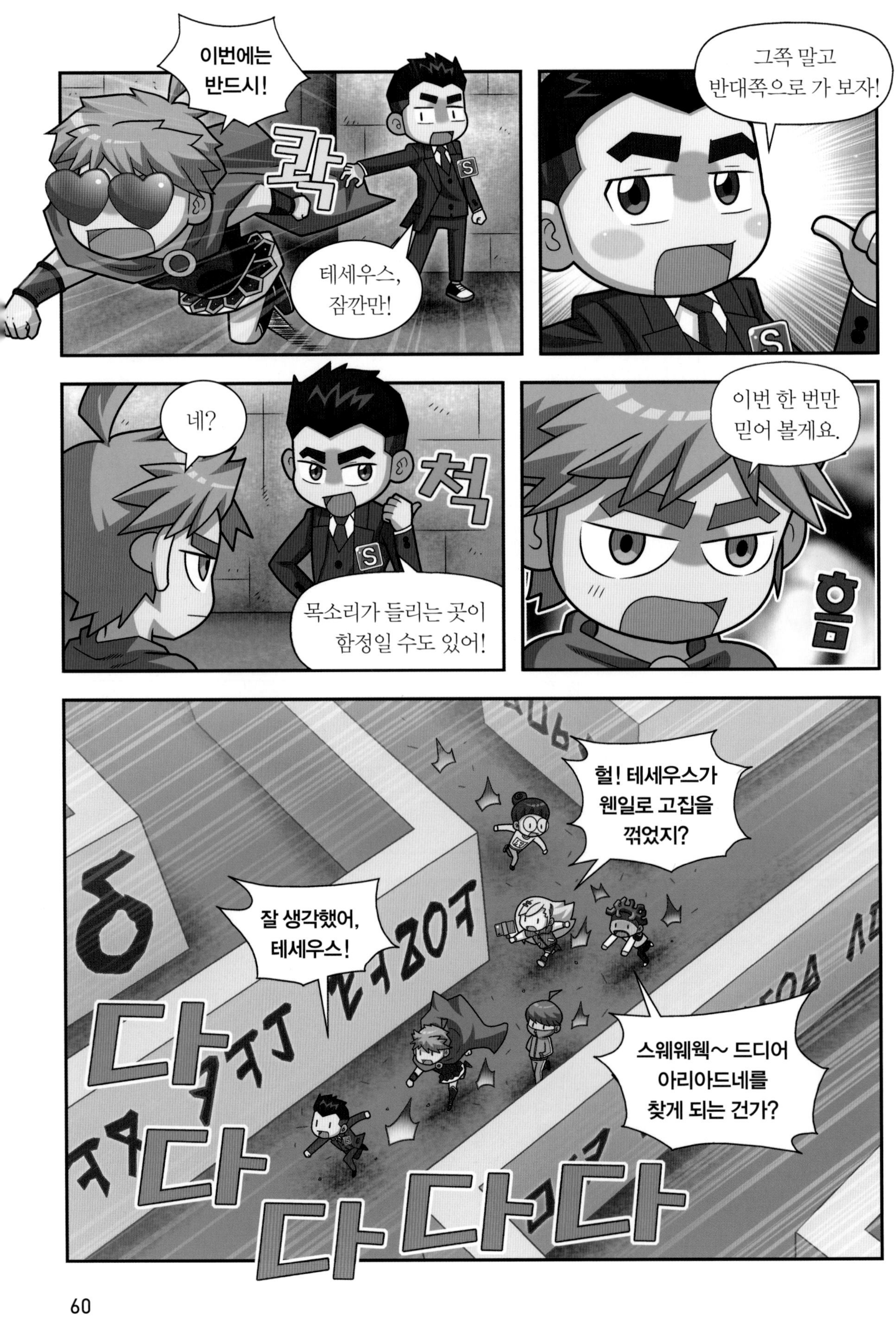
이번에는 반드시!
콱
테세우스, 잠깐만!
그쪽 말고 반대쪽으로 가 보자!
네?
척
목소리가 들리는 곳이 함정일 수도 있어!
이번 한 번만 믿어 볼게요.
흠
헐! 테세우스가 웬일로 고집을 꺾었지?
잘 생각했어, 테세우스!
스웨웨웩~ 드디어 아리아드네를 찾게 되는 건가?
다다다다다다

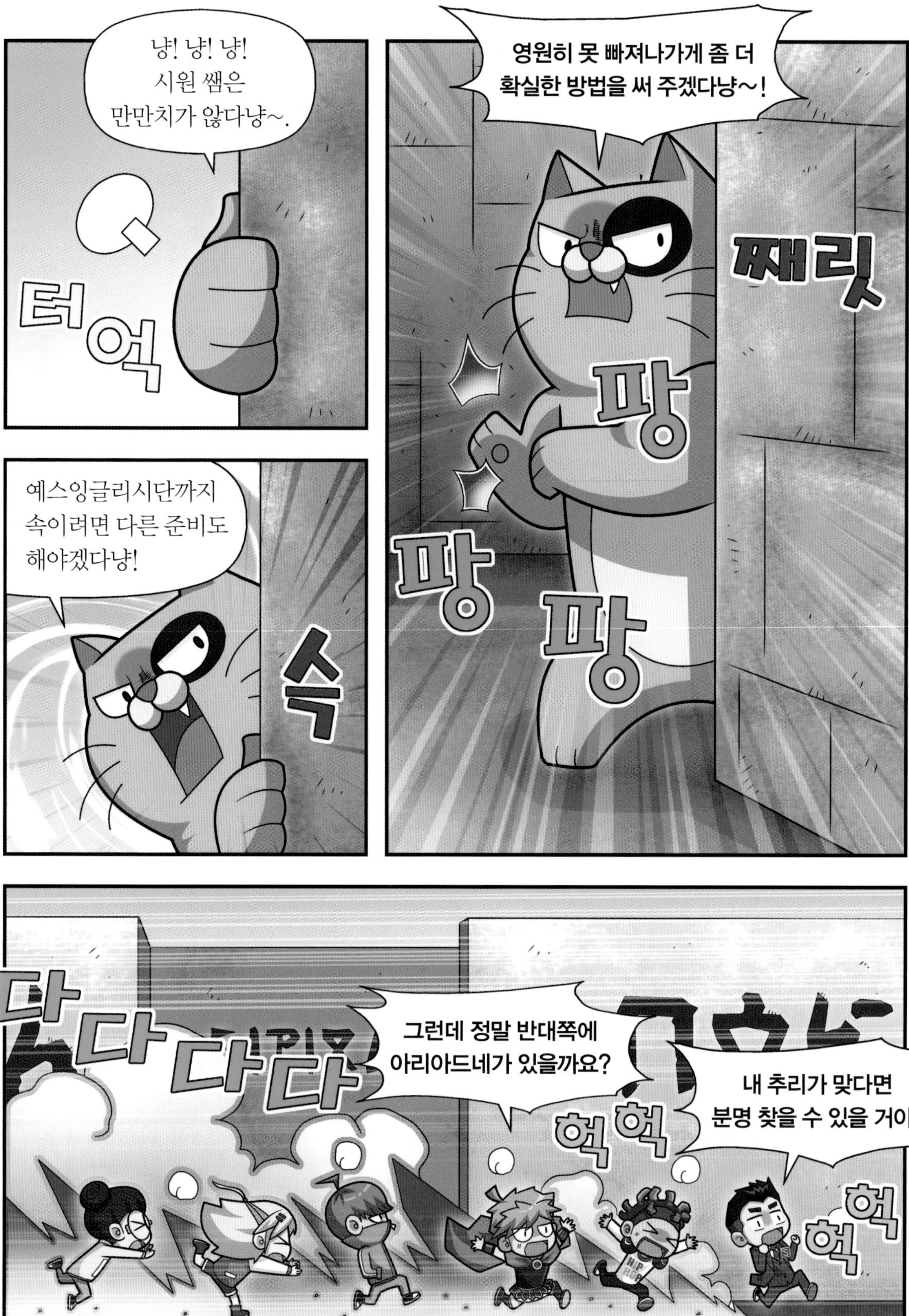
냥! 냥! 냥!
시원 쌤은
만만치가 않다냥~.
터억
예스잉글리시단까지
속이려면 다른 준비도
해야겠다냥!
쓱
영원히 못 빠져나가게 좀 더
확실한 방법을 써 주겠다냥~!
째릿
팡
팡
팡
다다다다
그런데 정말 반대쪽에
아리아드네가 있을까요?
헉헉
내 추리가 맞다면
분명 찾을 수 있을 거야!
헉헉

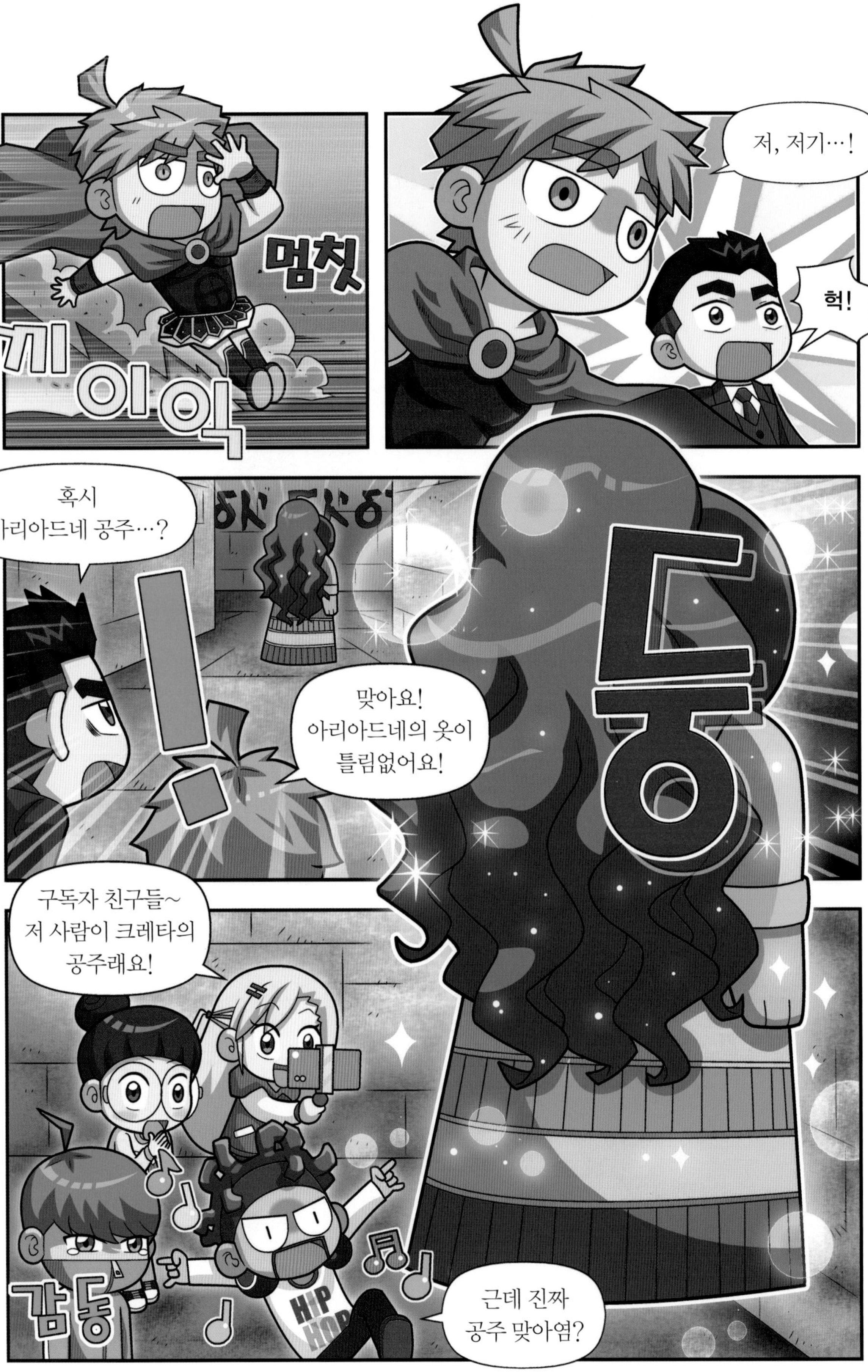

멈칫
끼이익
저, 저기…!
헉!
혹시
아리아드네 공주…?
맞아요!
아리아드네의 옷이
틀림없어요!
동
구독자 친구들~
저 사람이 크레타의
공주래요!
감동
HIP HOP
근데 진짜
공주 맞아염?

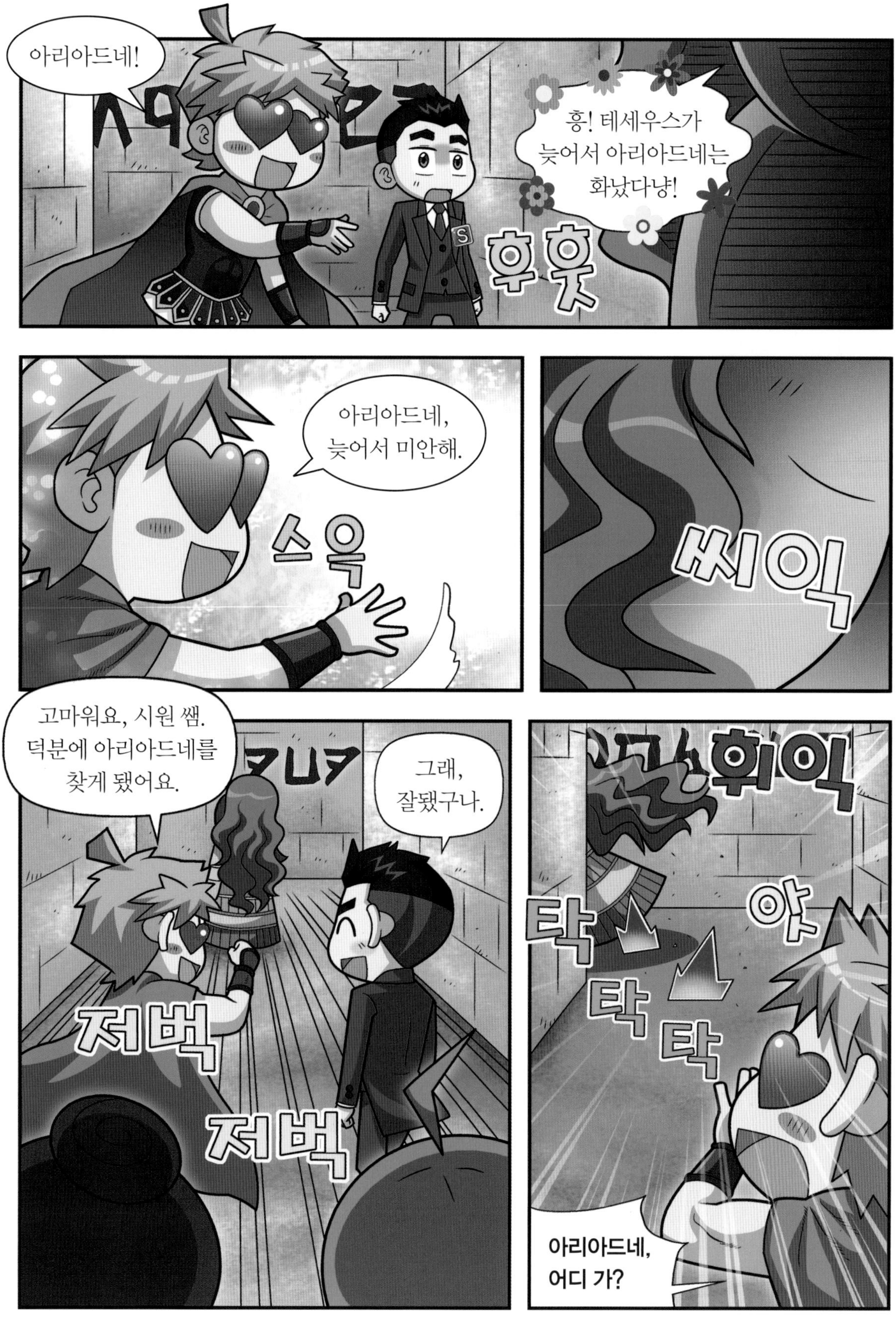
아리아드네!
흥! 테세우스가 늦어서 아리아드네는 화났다냥!
후훗
아리아드네, 늦어서 미안해.
스윽
씨익
고마워요, 시원 쌤. 덕분에 아리아드네를 찾게 됐어요.
그래, 잘됐구나.
저벅
저벅
휘익
탁
탁
탁
앗
아리아드네, 어디 가?

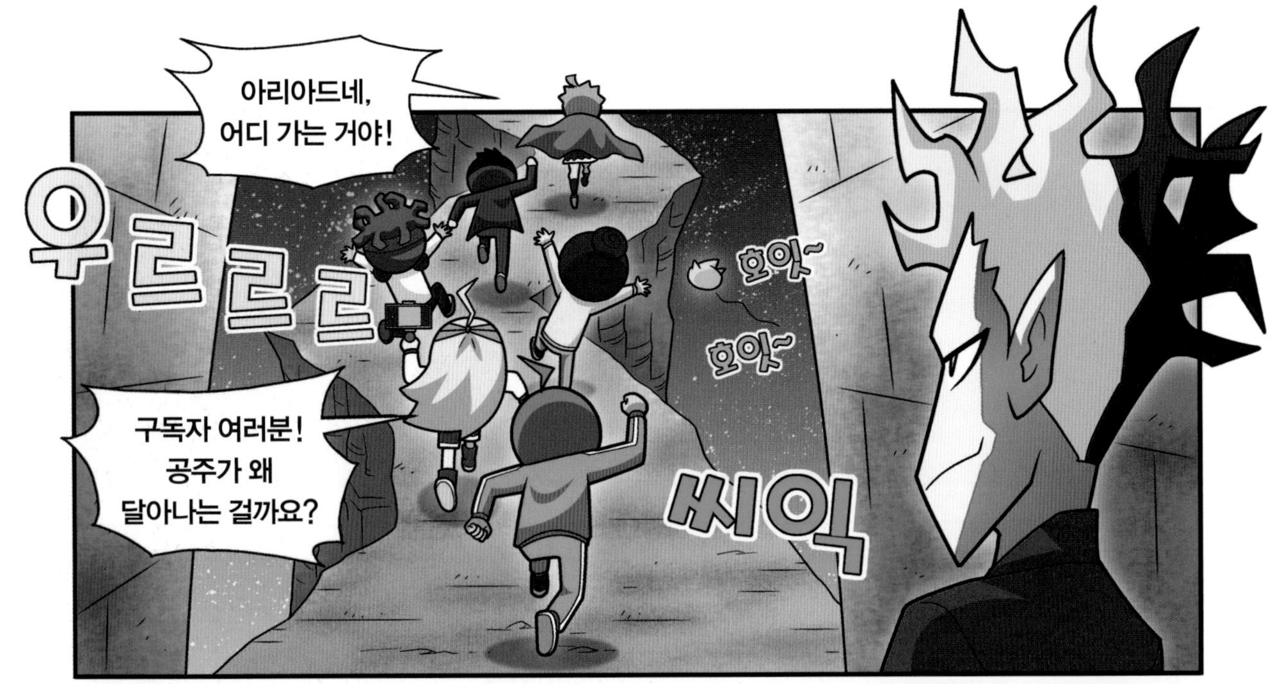

아리아드네,
어디 가는 거야!
우르르르
호익~
호익~
구독자 여러분!
공주가 왜
달아나는 걸까요?
씨익

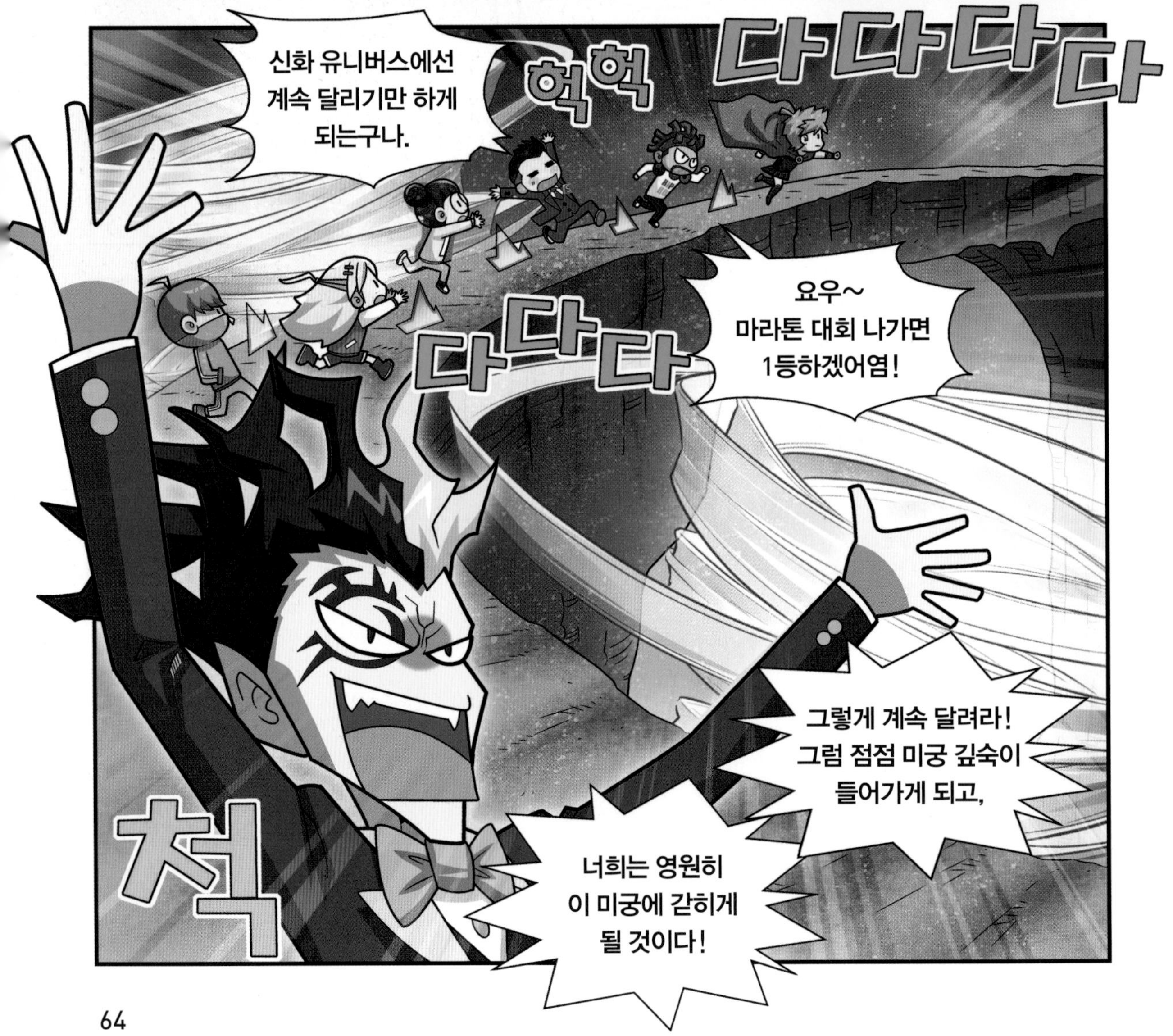

신화 유니버스에선
계속 달리기만 하게
되는구나.
헉헉
다다다다다
요우~
마라톤 대회 나가면
1등하겠어염!
다다다
그렇게 계속 달려라!
그럼 점점 미궁 깊숙이
들어가게 되고,
너희는 영원히
이 미궁에 갇히게
될 것이다!
척

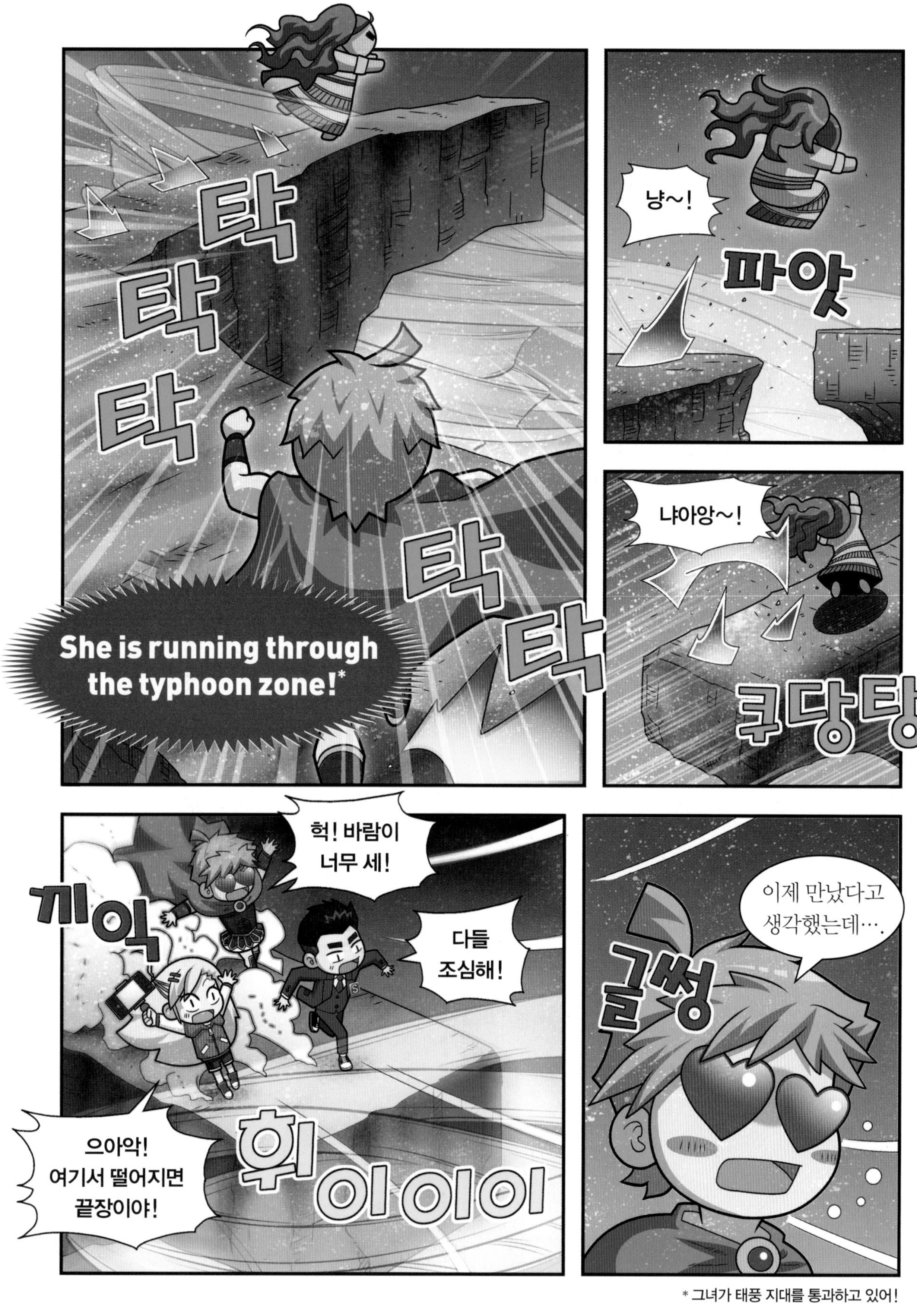
탁
탁
탁
탁
탁
She is running through the typhoon zone!*
냥~!
파얏
냐아앙~!
쿠당탕
헉! 바람이 너무 세!
끼익
다들 조심해!
으아악! 여기서 떨어지면 끝장이야!
휘이이이
이제 만났다고 생각했는데….
글썽

* 그녀가 태풍 지대를 통과하고 있어!

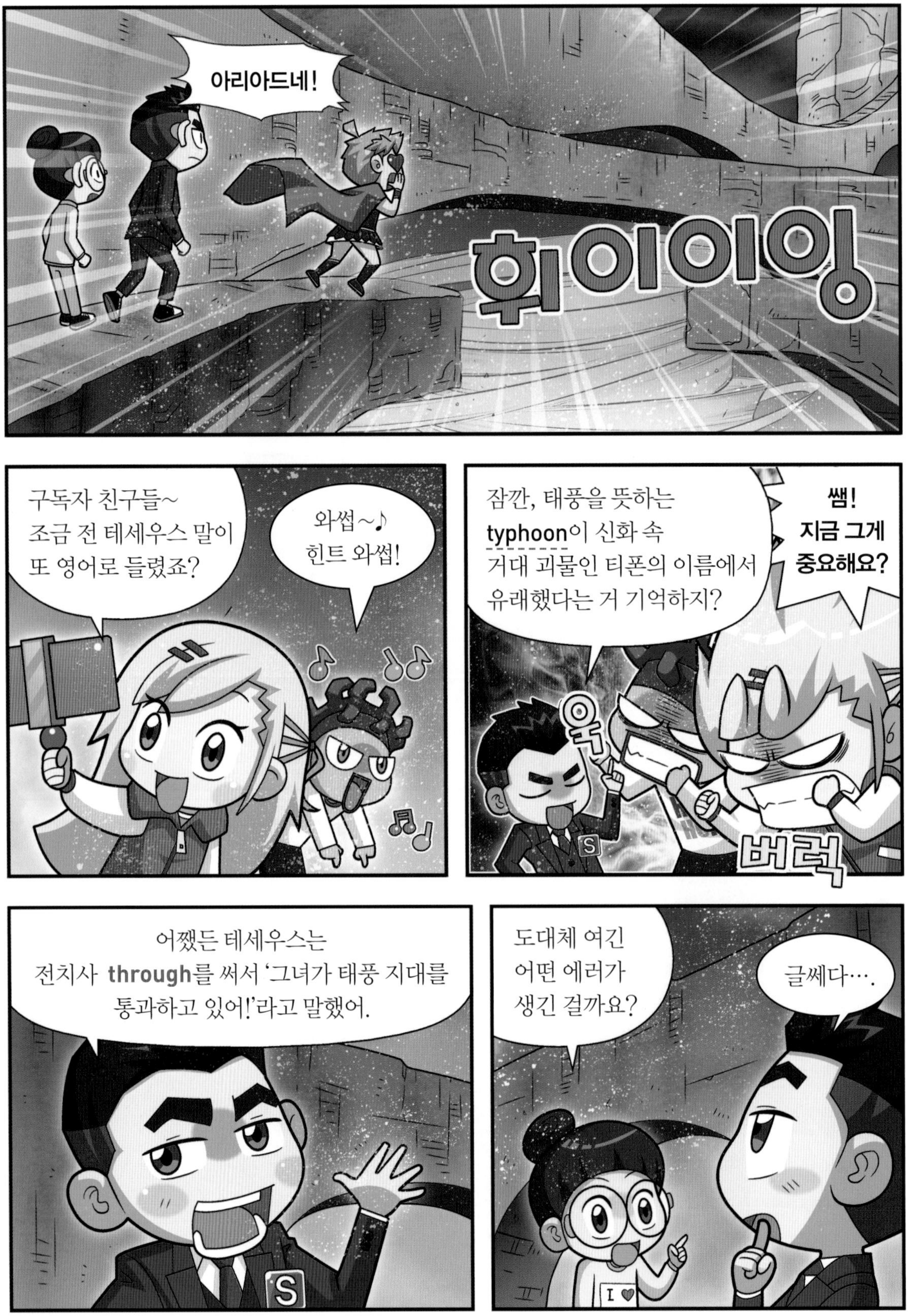

아리아드네!
휘이이잉
구독자 친구들~ 조금 전 테세우스 말이 또 영어로 들렸죠?
와썹~♪ 힌트 와썹!
잠깐, 태풍을 뜻하는 typhoon이 신화 속 거대 괴물인 티폰의 이름에서 유래했다는 거 기억하지?
쌤! 지금 그게 중요해요?
욱
버럭
어쨌든 테세우스는 전치사 through를 써서 '그녀가 태풍 지대를 통과하고 있어!'라고 말했어.
도대체 여긴 어떤 에러가 생긴 걸까요?
글쎄다….

* 분홍색 단어의 발음이 궁금하다면 143쪽을 펼쳐 보세요.
* 이시원 선생님이 직접 가르쳐 주는 강의를 확인하고 싶다면 149쪽을 펼쳐 보세요.

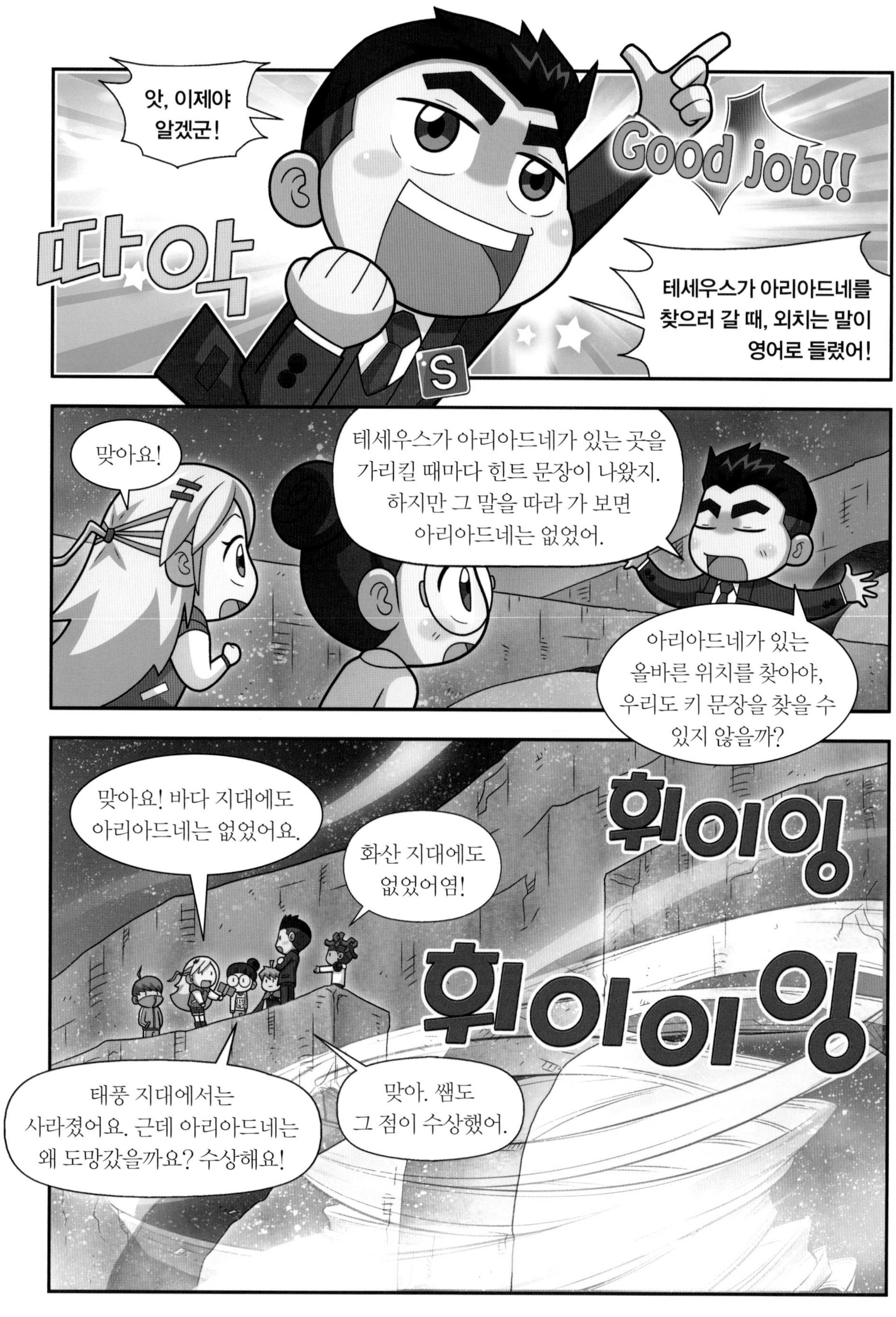
앗, 이제야 알겠군!
Good job!!
따악
테세우스가 아리아드네를 찾으러 갈 때, 외치는 말이 영어로 들렸어!
맞아요!
테세우스가 아리아드네가 있는 곳을 가리킬 때마다 힌트 문장이 나왔지. 하지만 그 말을 따라 가 보면 아리아드네는 없었어.
아리아드네가 있는 올바른 위치를 찾아야, 우리도 키 문장을 찾을 수 있지 않을까?
맞아요! 바다 지대에도 아리아드네는 없었어요.
화산 지대에도 없었어염!
휘이잉
휘이이잉
태풍 지대에서는 사라졌어요. 근데 아리아드네는 왜 도망갔을까요? 수상해요!
맞아. 쌤도 그 점이 수상했어.

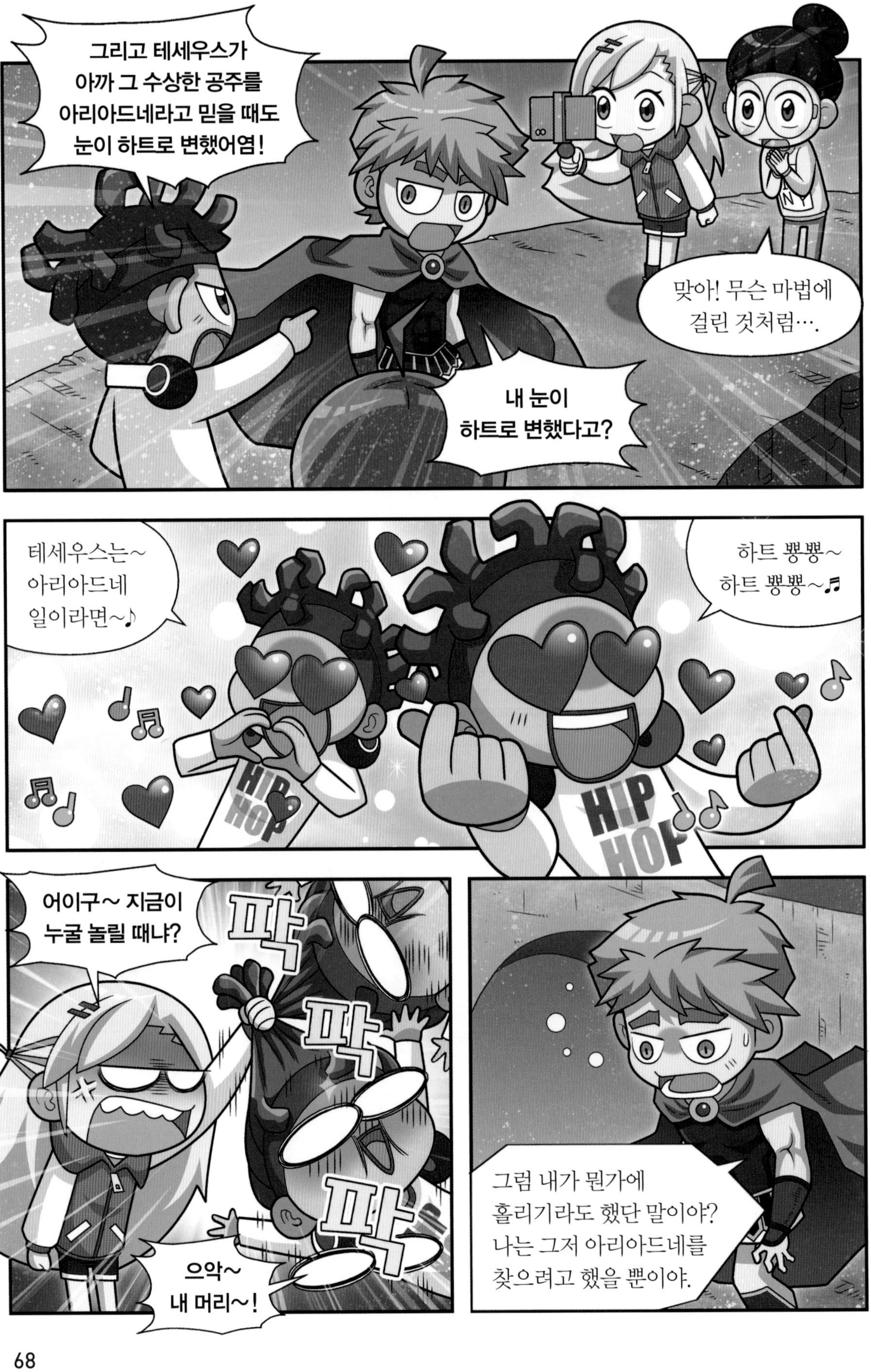
그리고 테세우스가 아까 그 수상한 공주를 아리아드네라고 믿을 때도 눈이 하트로 변했어염!
맞아! 무슨 마법에 걸린 것처럼….
내 눈이 하트로 변했다고?
테세우스는~ 아리아드네 일이라면~♪
하트 뿅뿅~ 하트 뿅뿅~♬
HIP HOP
HIP HOP
어이구~ 지금이 누굴 놀릴 때냐?
팍
팍
팍
으악~ 내 머리~!
그럼 내가 뭔가에 홀리기라도 했단 말이야? 나는 그저 아리아드네를 찾으려고 했을 뿐이야.

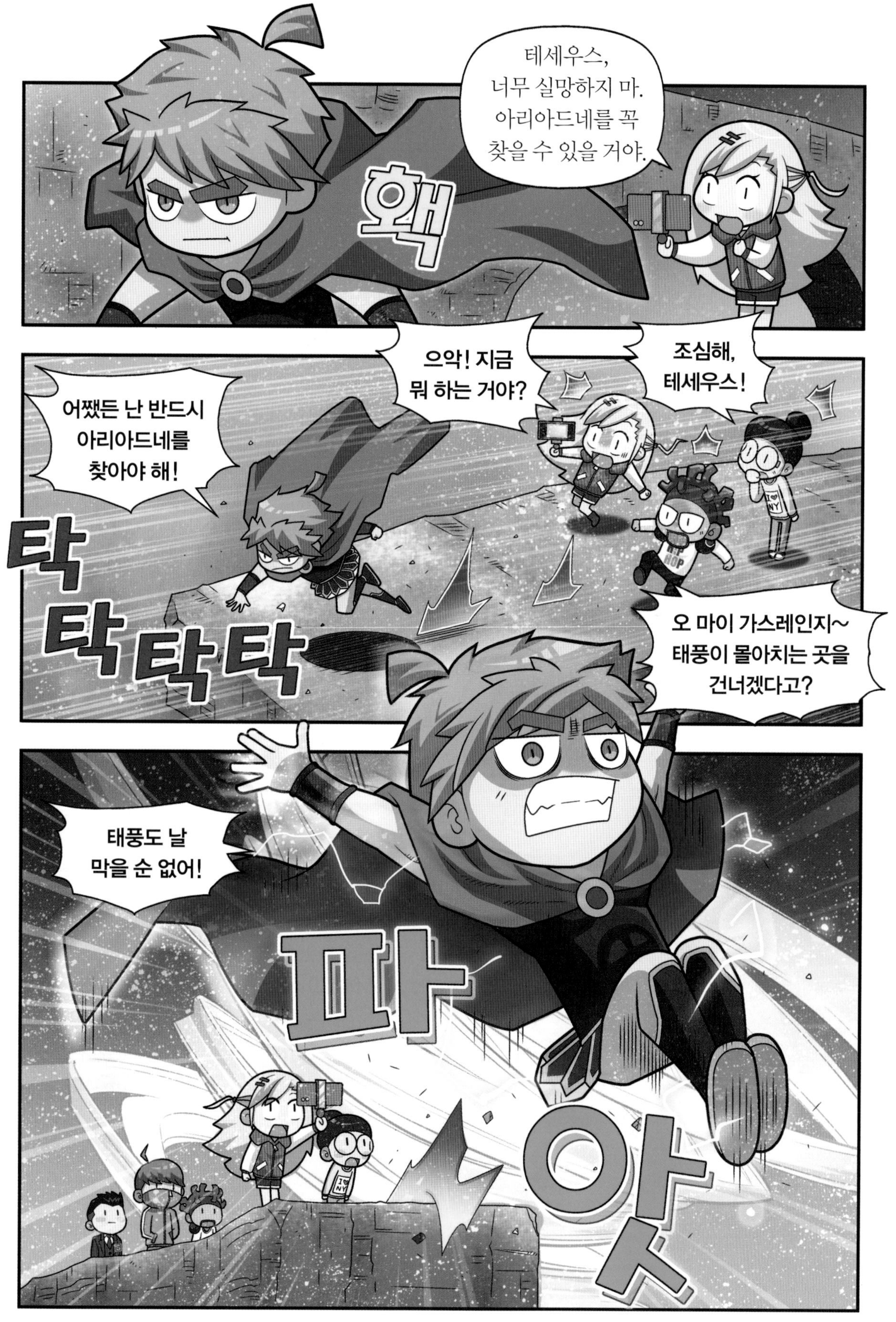
테세우스,
너무 실망하지 마.
아리아드네를 꼭
찾을 수 있을 거야.
홱
어쨌든 난 반드시
아리아드네를
찾아야 해!
으악! 지금
뭐 하는 거야?
조심해,
테세우스!
탁
탁 탁 탁
오 마이 가스레인지~
태풍이 몰아치는 곳을
건너겠다고?
태풍도 날
막을 순 없어!
파
아

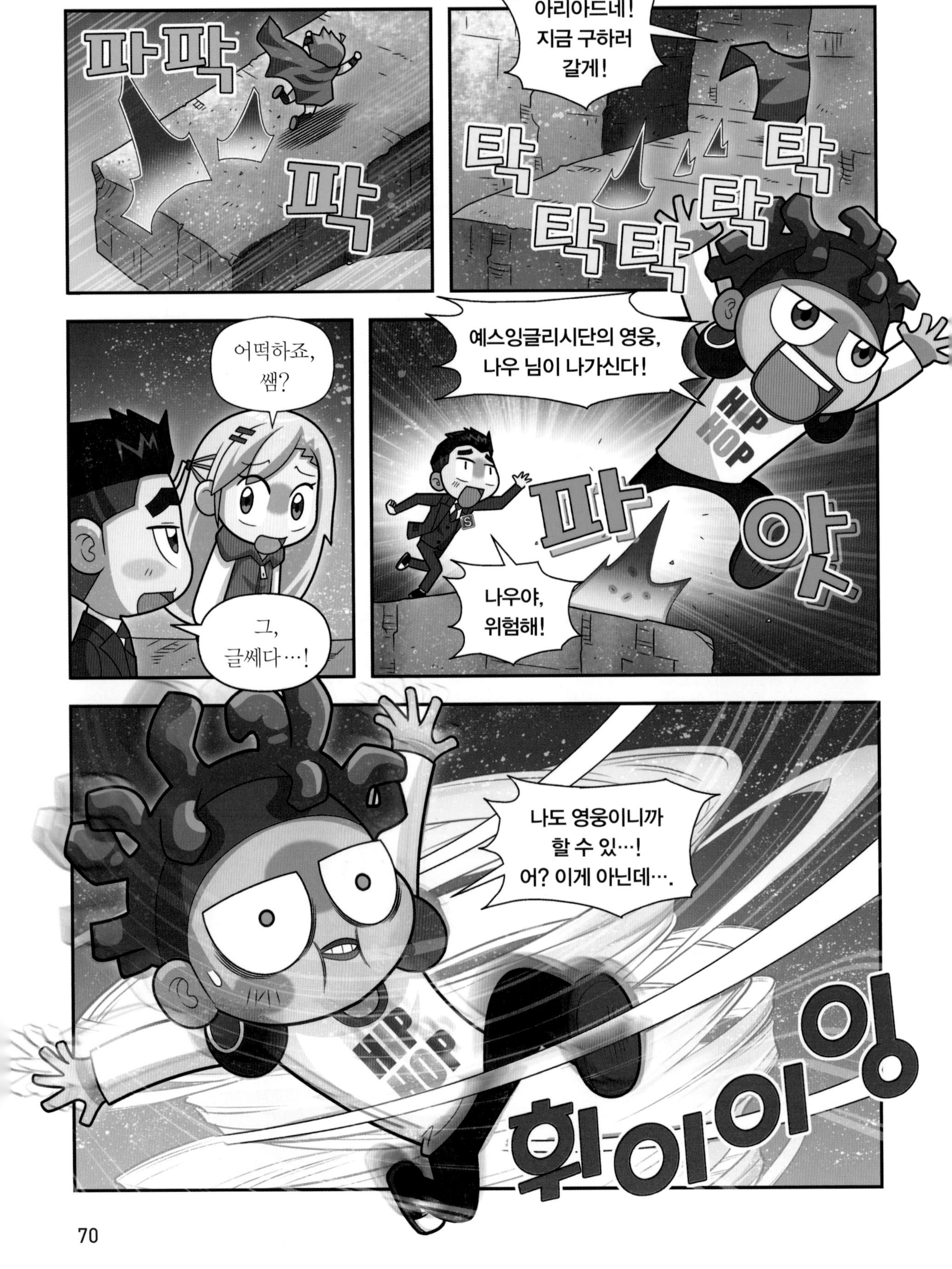
파파박
팍
아리아드네! 지금 구하러 갈게!
탁
탁
탁
탁
탁
어떡하죠, 쌤?
그, 글쎄다…!
예스잉글리시단의 영웅, 나우 님이 나가신다!
HIP HOP
파
야
나우야, 위험해!
나도 영웅이니까 할 수 있…! 어? 이게 아닌데….
HIP HOP
휘이이잉

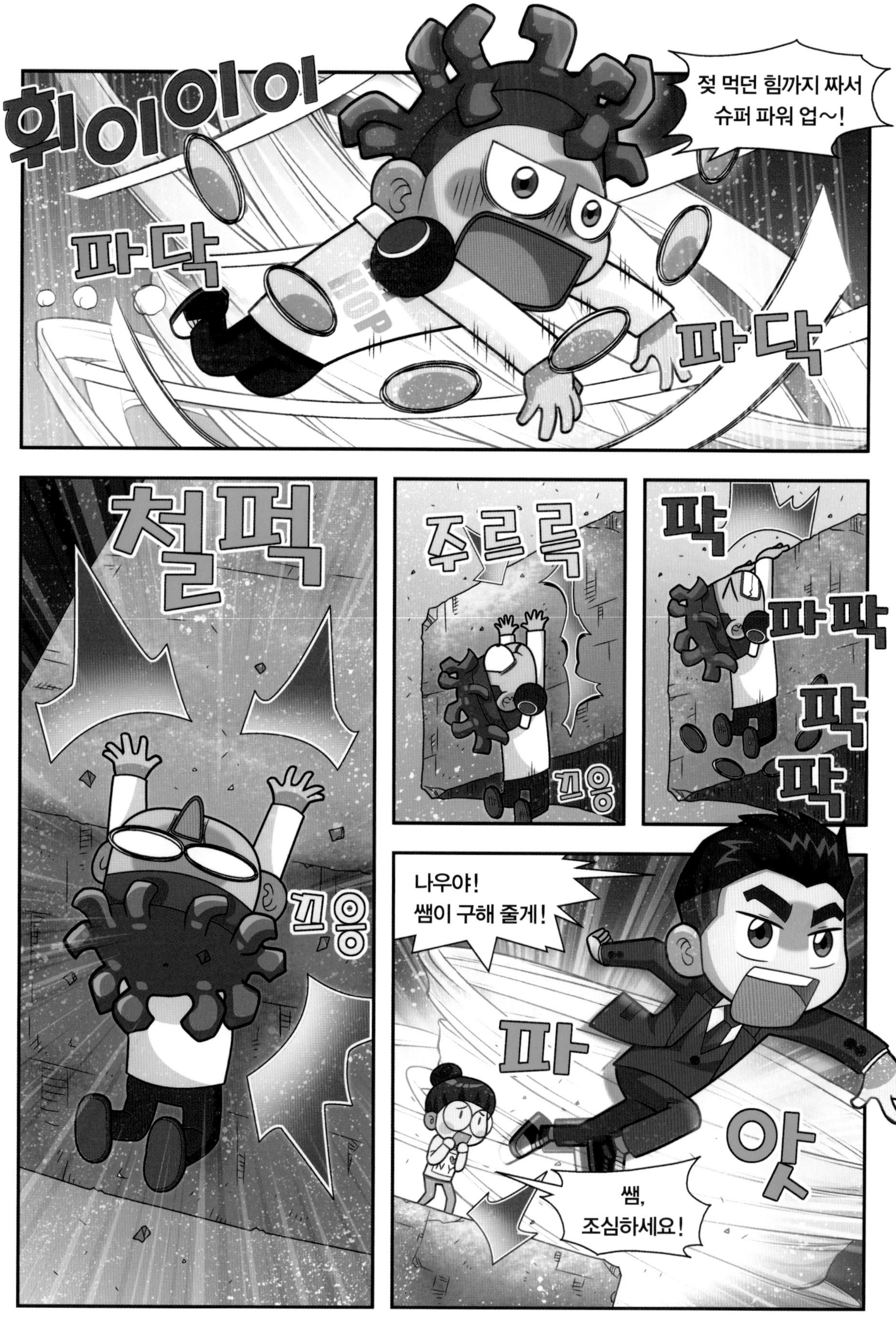
휘이이이
젖 먹던 힘까지 짜서
슈퍼 파워 업~!
파닥
파닥
철퍽
끄응
주르륵
끄응
팍
파팍
팍
팍
나우야!
쌤이 구해 줄게!
파
앗
쌤,
조심하세요!

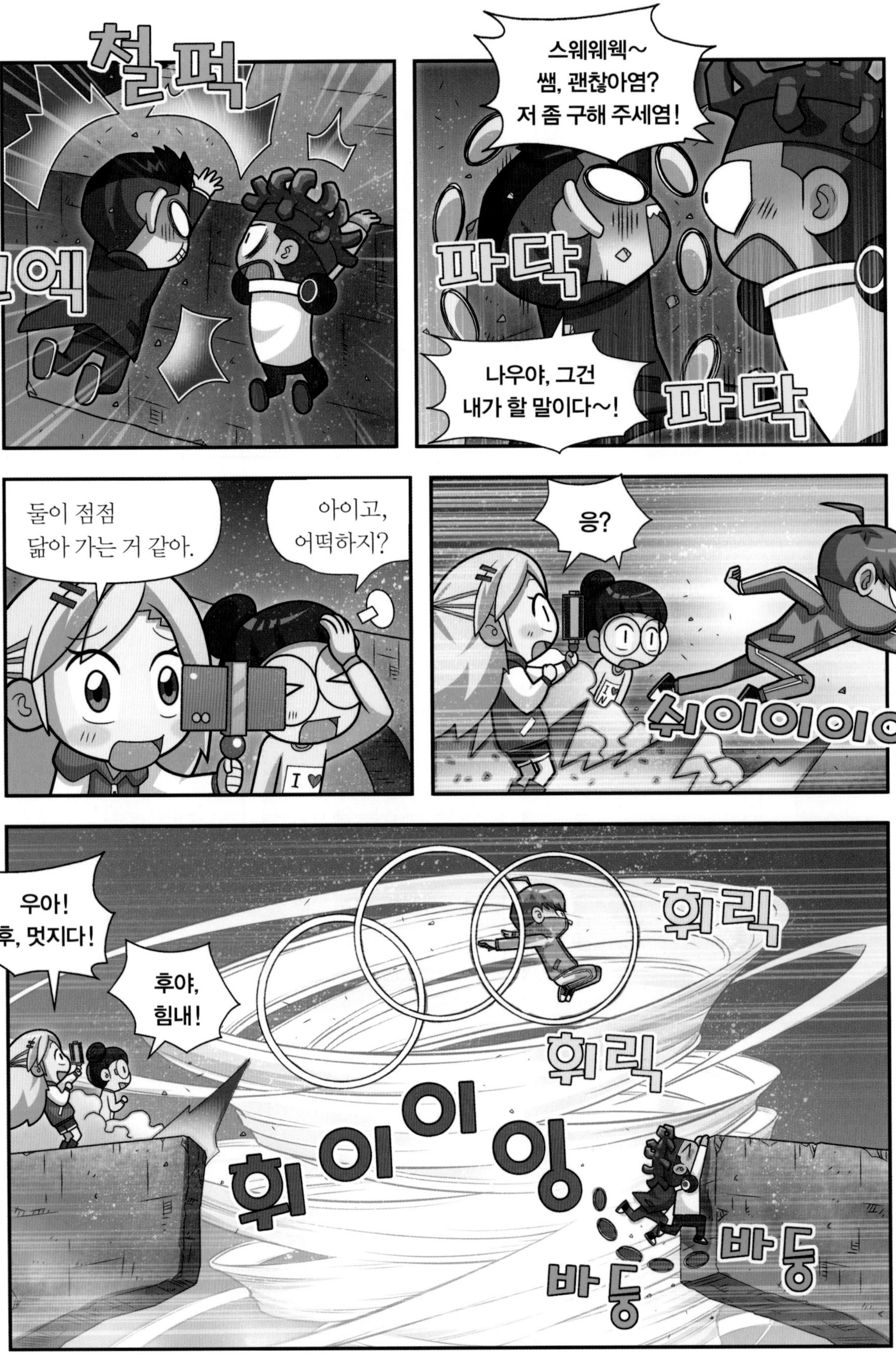
철퍽
끄엑
스웨웩웩~
쌤, 괜찮아염?
저 좀 구해 주세염!
파닥
나우야, 그건
내가 할 말이다~!
파닥
둘이 점점
닮아 가는 거 같아.
아이고,
어떡하지?
응?
쉬이이이이이
우아!
후, 멋지다!
후야,
힘내!
휘릭
휘릭
휘이이잉
바둥
바둥

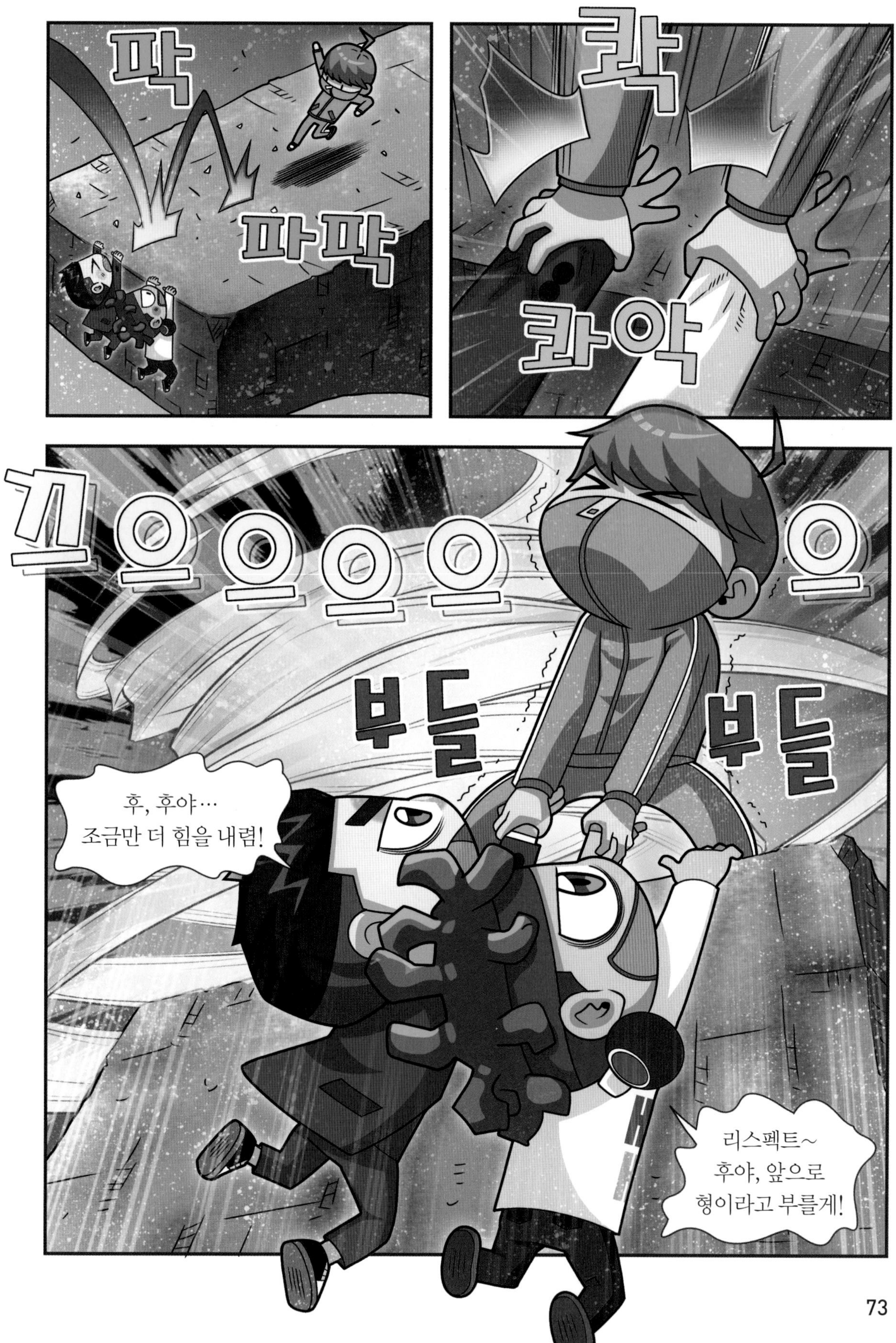

팍
파팍
콱
콰악
끄으으으으으
부들 부들
후, 후야…
조금만 더 힘을 내렴!
리스펙트~
후야, 앞으로
형이라고 부를게!

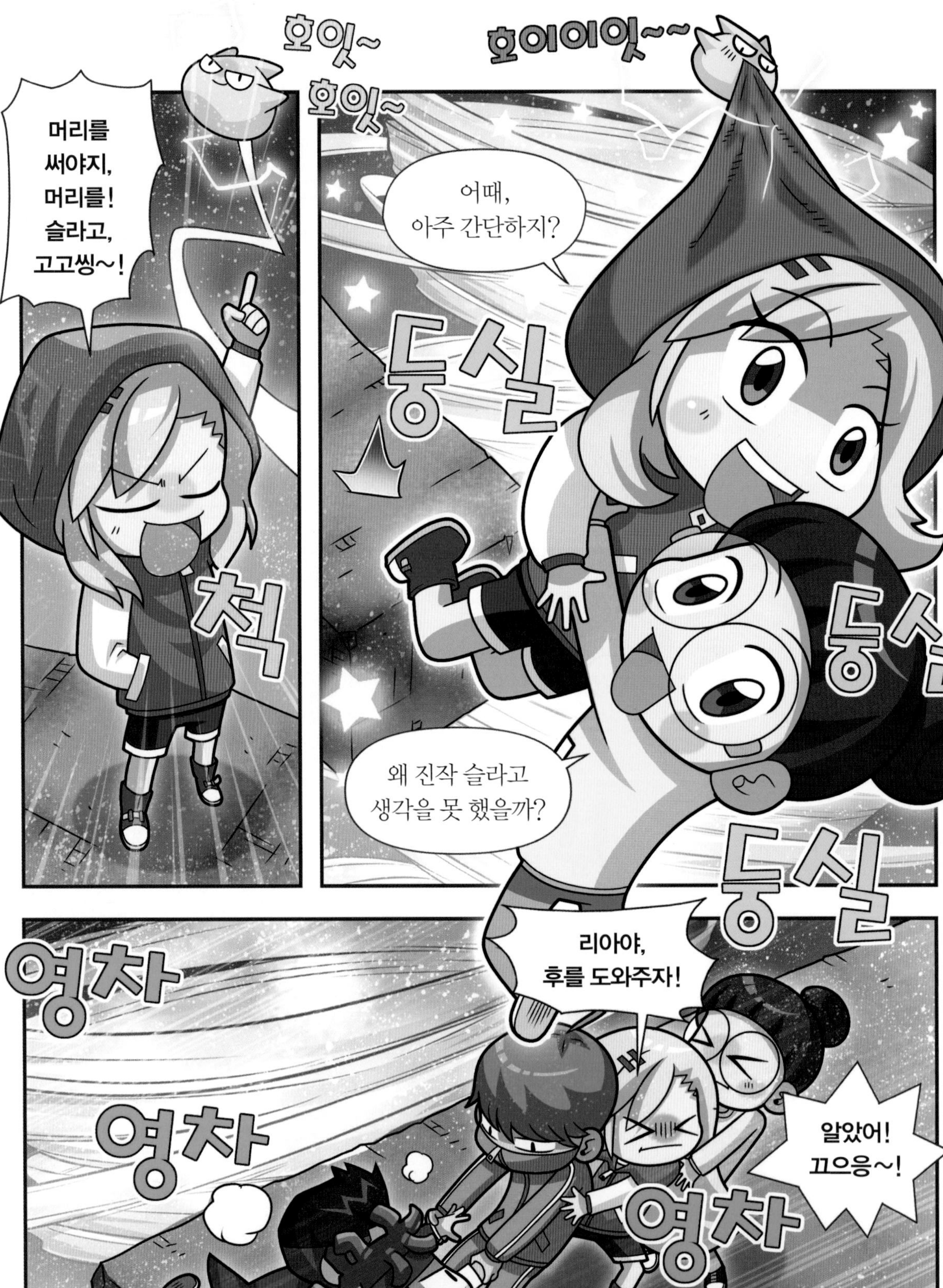
호잇~
호잇~
호이이잇~~
머리를 써야지, 머리를! 슬라고, 고고씽~!
척
어때, 아주 간단하지?
둥실
둥실
왜 진작 슬라고 생각을 못 했을까?
둥실
리아야, 후를 도와주자!
알았어! 끄으응~!
영차
영차
영차
영차

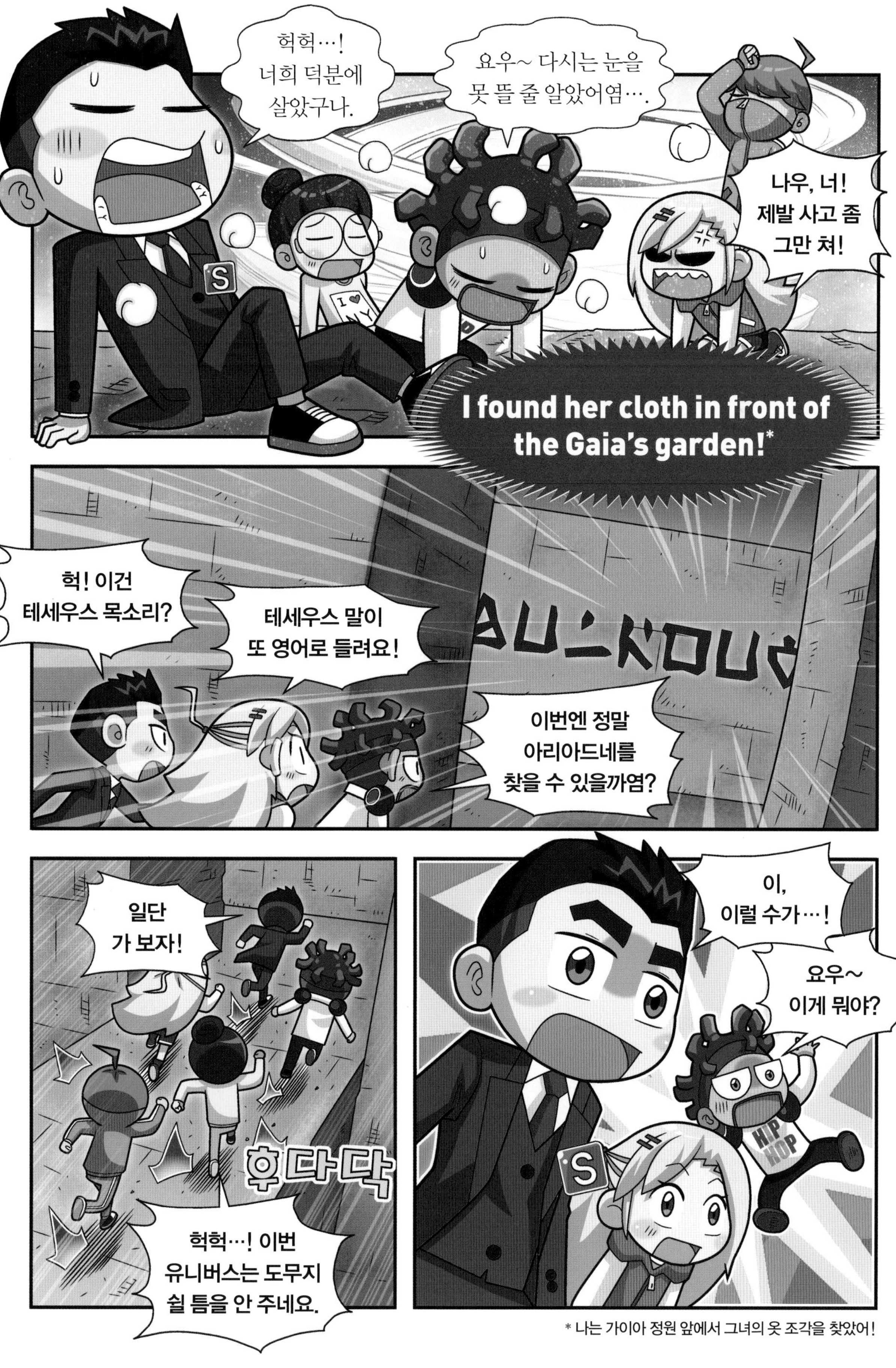
헉헉…! 너희 덕분에 살았구나.
요우~ 다시는 눈을 못 뜰 줄 알았어염….
나우, 너! 제발 사고 좀 그만 쳐!
I found her cloth in front of the Gaia's garden!*
헉! 이건 테세우스 목소리?
테세우스 말이 또 영어로 들려요!
이번엔 정말 아리아드네를 찾을 수 있을까염?
일단 가 보자!
후다닥
헉헉…! 이번 유니버스는 도무지 쉴 틈을 안 주네요.
이, 이럴 수가…!
요우~ 이게 뭐야?
HIP HOP

* 나는 가이아 정원 앞에서 그녀의 옷 조각을 찾았어!

Chapter 4

지혜로운 영웅이 되기 위한 노력

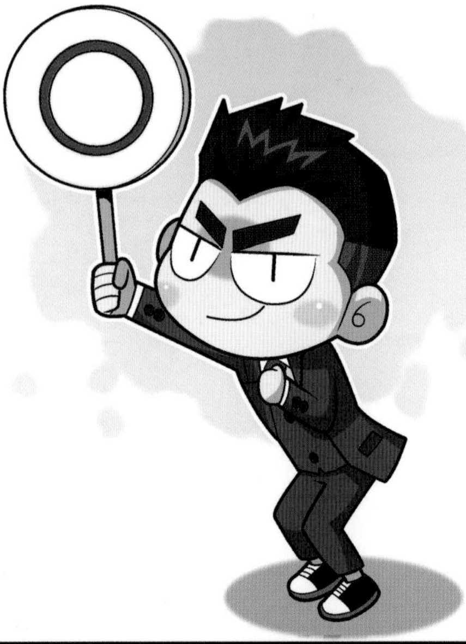

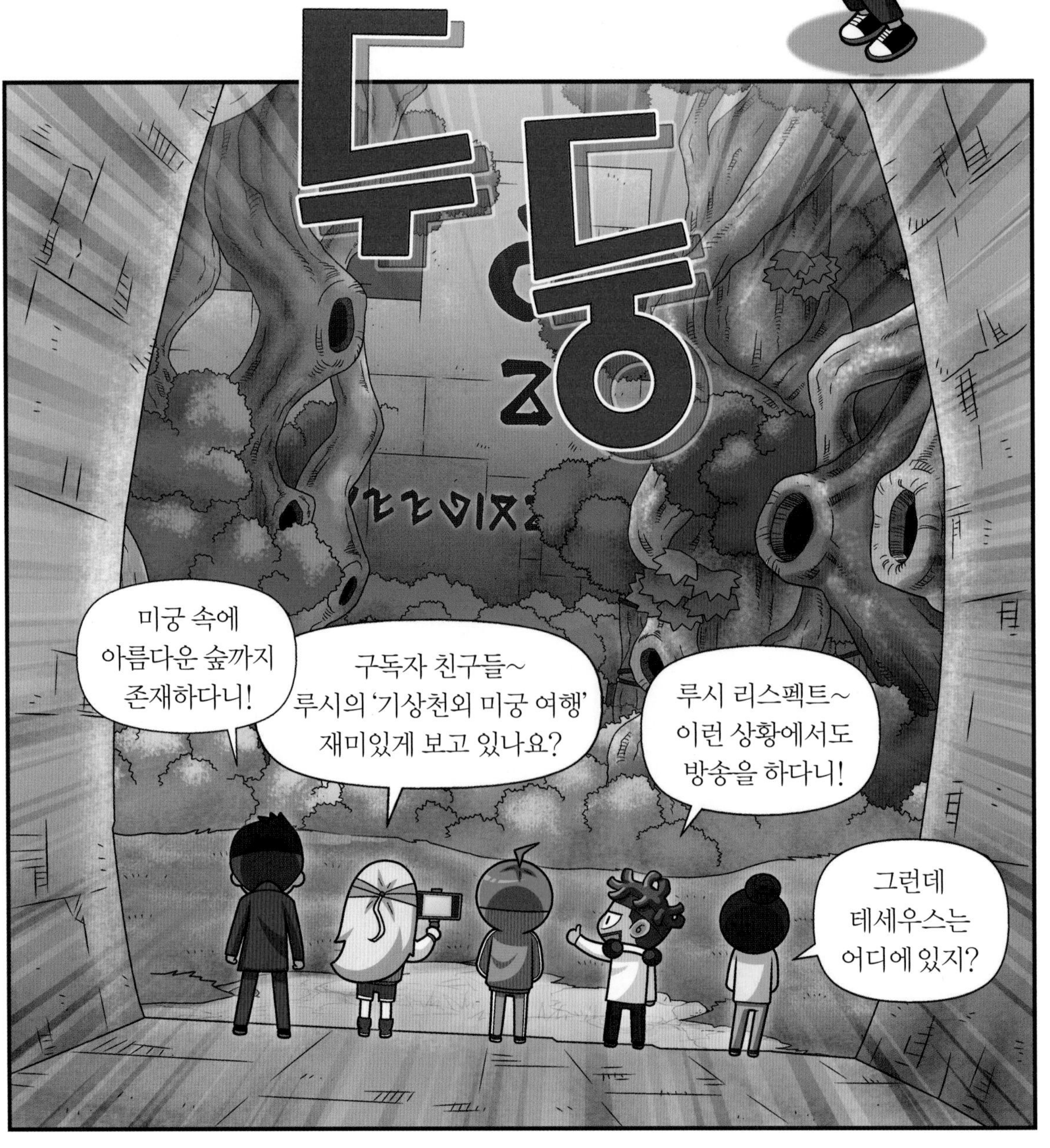
두둥
미궁 속에 아름다운 숲까지 존재하다니!
구독자 친구들~ 루시의 '기상천외 미궁 여행' 재미있게 보고 있나요?
루시 리스펙트~ 이런 상황에서도 방송을 하다니!
그런데 테세우스는 어디에 있지?

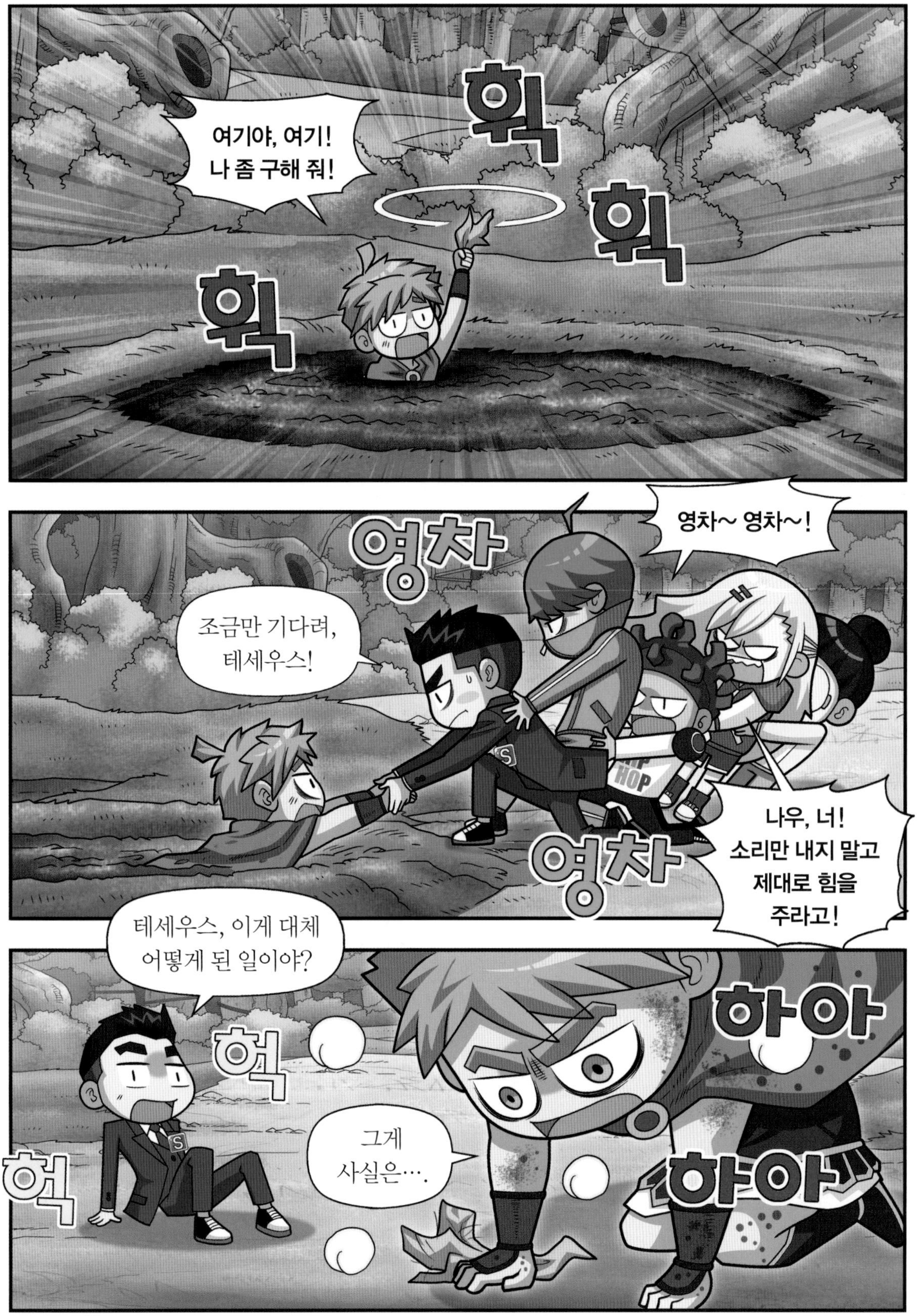
여기야, 여기!
나 좀 구해 줘!
휙
휙
휙
영차~ 영차~!
영차
조금만 기다려,
테세우스!
HIP
HOP
영차
나우, 너!
소리만 내지 말고
제대로 힘을
주라고!
테세우스, 이게 대체
어떻게 된 일이야?
헉
헉
하아
그게
사실은….
하아

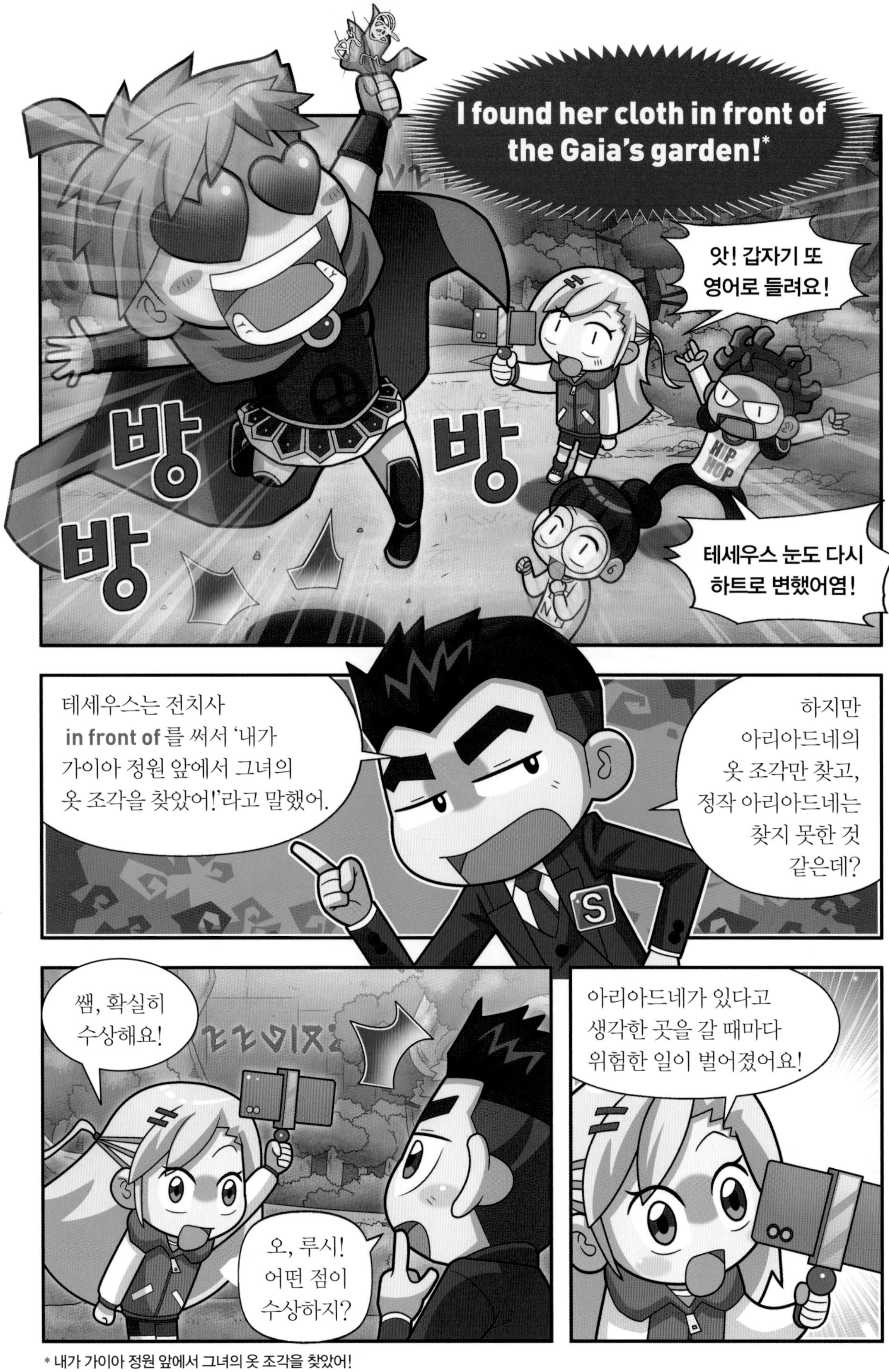
I found her cloth in front of the Gaia's garden!*
앗! 갑자기 또 영어로 들려요!
방 방 방
테세우스 눈도 다시 하트로 변했어염!
테세우스는 전치사 in front of를 써서 '내가 가이아 정원 앞에서 그녀의 옷 조각을 찾았어!'라고 말했어.
하지만 아리아드네의 옷 조각만 찾고, 정작 아리아드네는 찾지 못한 것 같은데?
쌤, 확실히 수상해요!
오, 루시! 어떤 점이 수상하지?
아리아드네가 있다고 생각한 곳을 갈 때마다 위험한 일이 벌어졌어요!

* 내가 가이아 정원 앞에서 그녀의 옷 조각을 찾았어!
* 분홍색 단어의 발음이 궁금하다면 143쪽을 펼쳐 보세요.

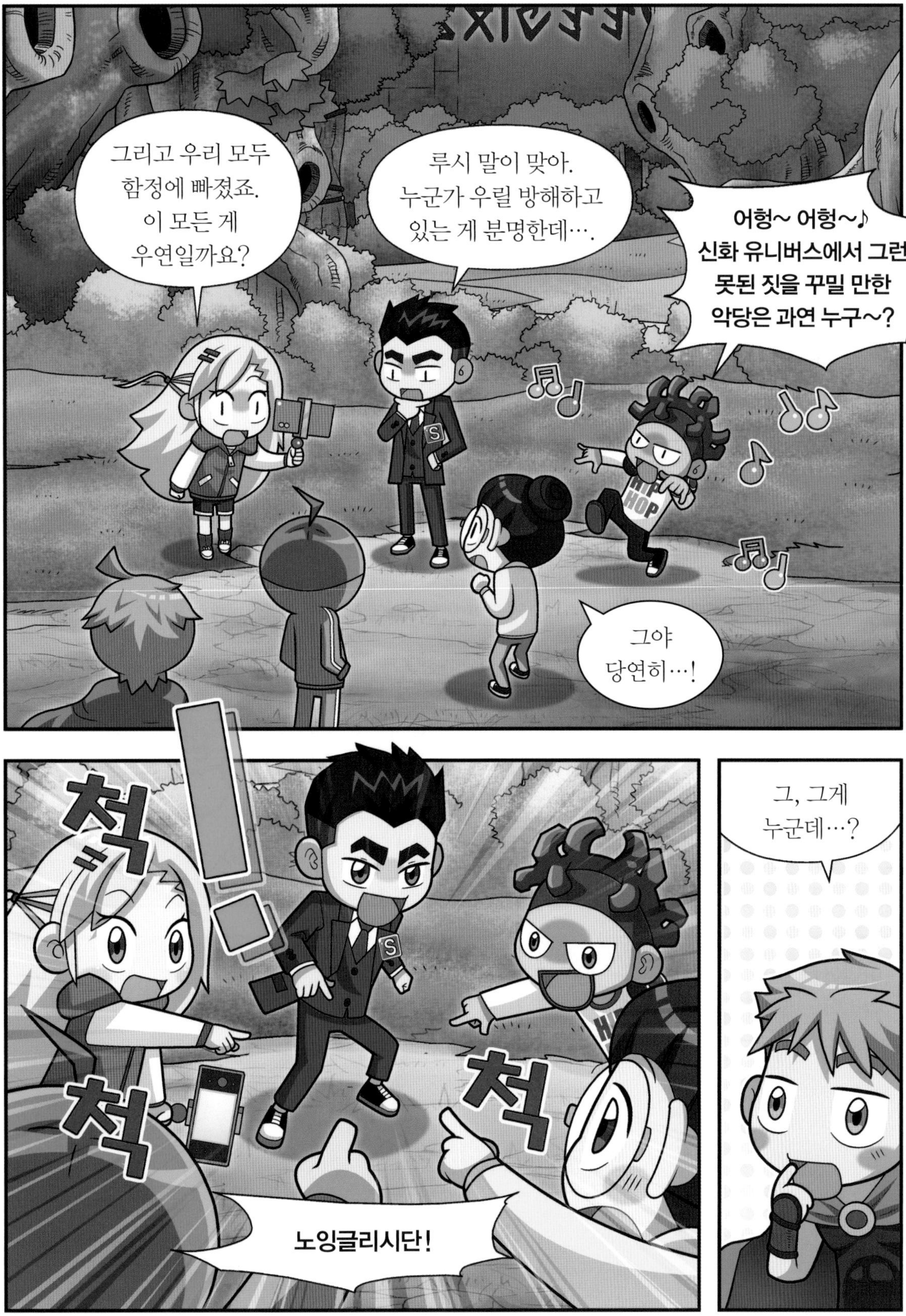
그리고 우리 모두 함정에 빠졌죠. 이 모든 게 우연일까요?
루시 말이 맞아. 누군가 우릴 방해하고 있는 게 분명한데….
어헝~ 어헝~♪ 신화 유니버스에서 그런 못된 짓을 꾸밀 만한 악당은 과연 누구~?
그야 당연히…!
척
척
척
노잉글리시단!
그, 그게 누군데…?

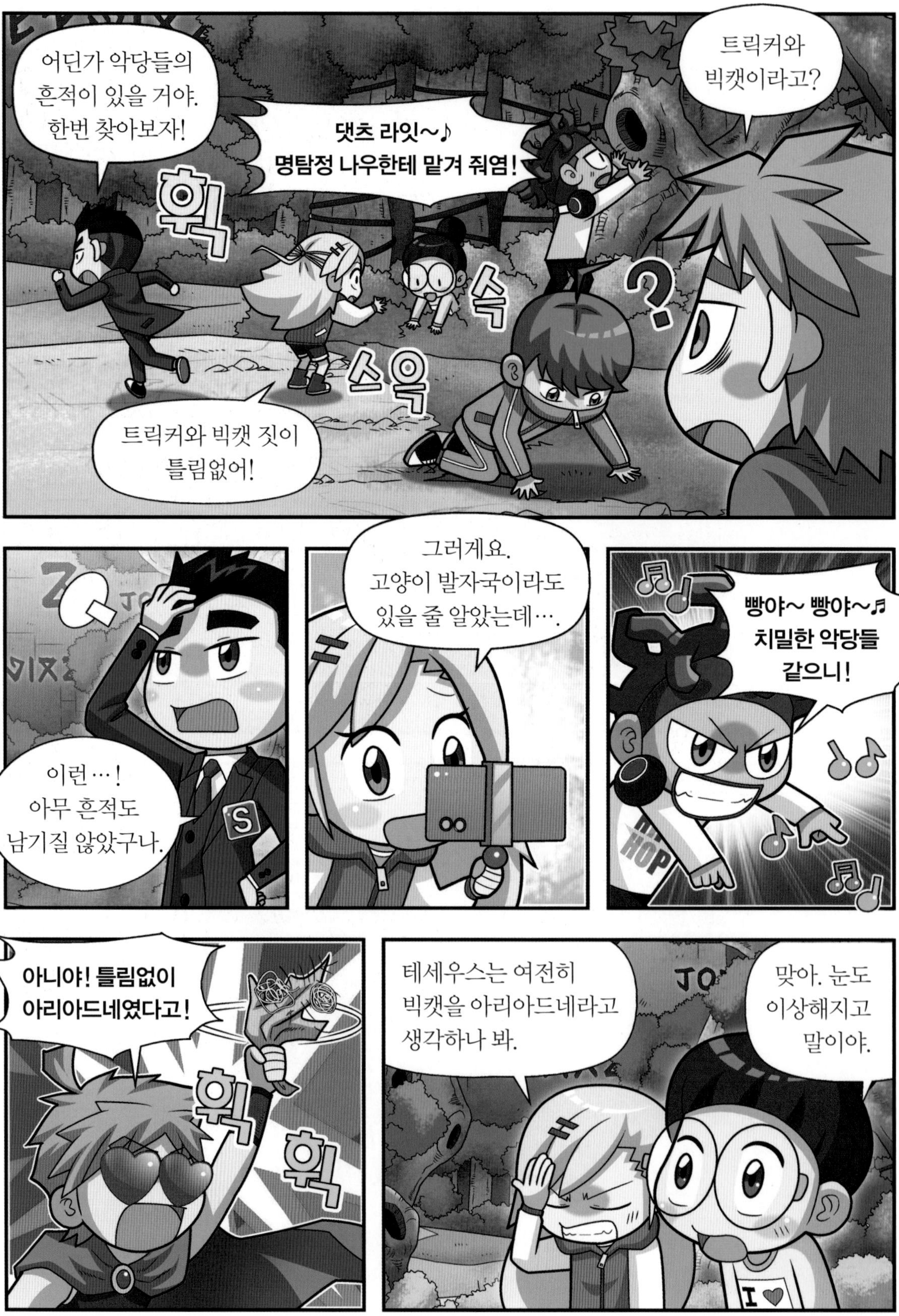
어딘가 악당들의 흔적이 있을 거야. 한번 찾아보자!
댓츠 라잇~♪ 명탐정 나우한테 맡겨 줘염!
트릭커와 빅캣이라고?
휙
쓱
?
스윽
트릭커와 빅캣 짓이 틀림없어!
이런…! 아무 흔적도 남기질 않았구나.
그러게요. 고양이 발자국이라도 있을 줄 알았는데….
빵야~ 빵야~♬ 치밀한 악당들 같으니!
아니야! 틀림없이 아리아드네였다고!
휙
휙
테세우스는 여전히 빅캣을 아리아드네라고 생각하나 봐.
맞아. 눈도 이상해지고 말이야.

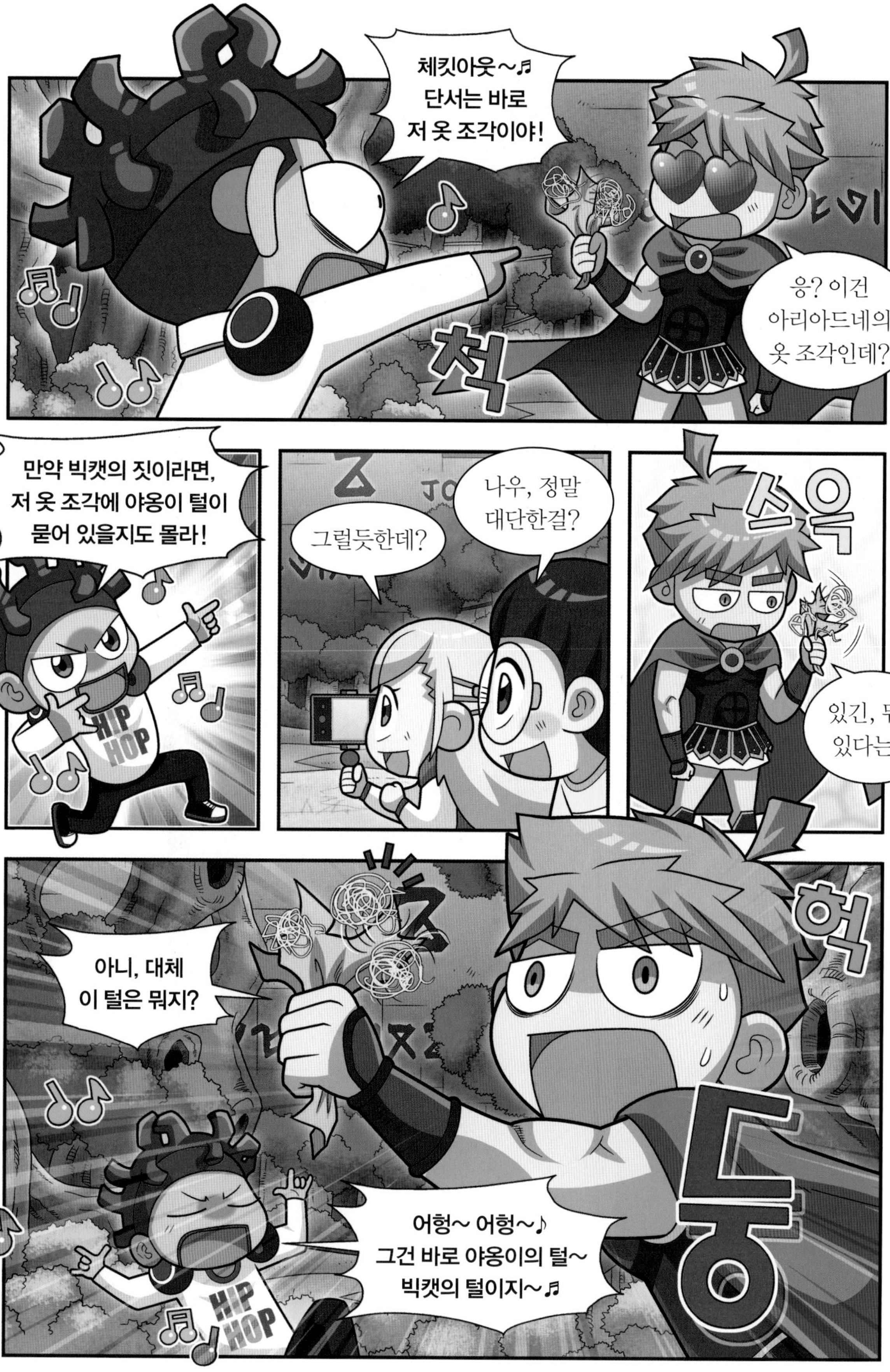

체킷아웃~♬
단서는 바로
저 옷 조각이야!
척
응? 이건
아리아드네의
옷 조각인데?
만약 빅캣의 짓이라면,
저 옷 조각에 야옹이 털이
묻어 있을지도 몰라!
HIP HOP
그럴듯한데?
나우, 정말
대단한걸?
스윽
있긴, 뭐가
있다는….
아니, 대체
이 털은 뭐지?
헉
어헝~ 어헝~♪
그건 바로 야옹이의 털~
빅캣의 털이지~♬
둥
HIP HOP

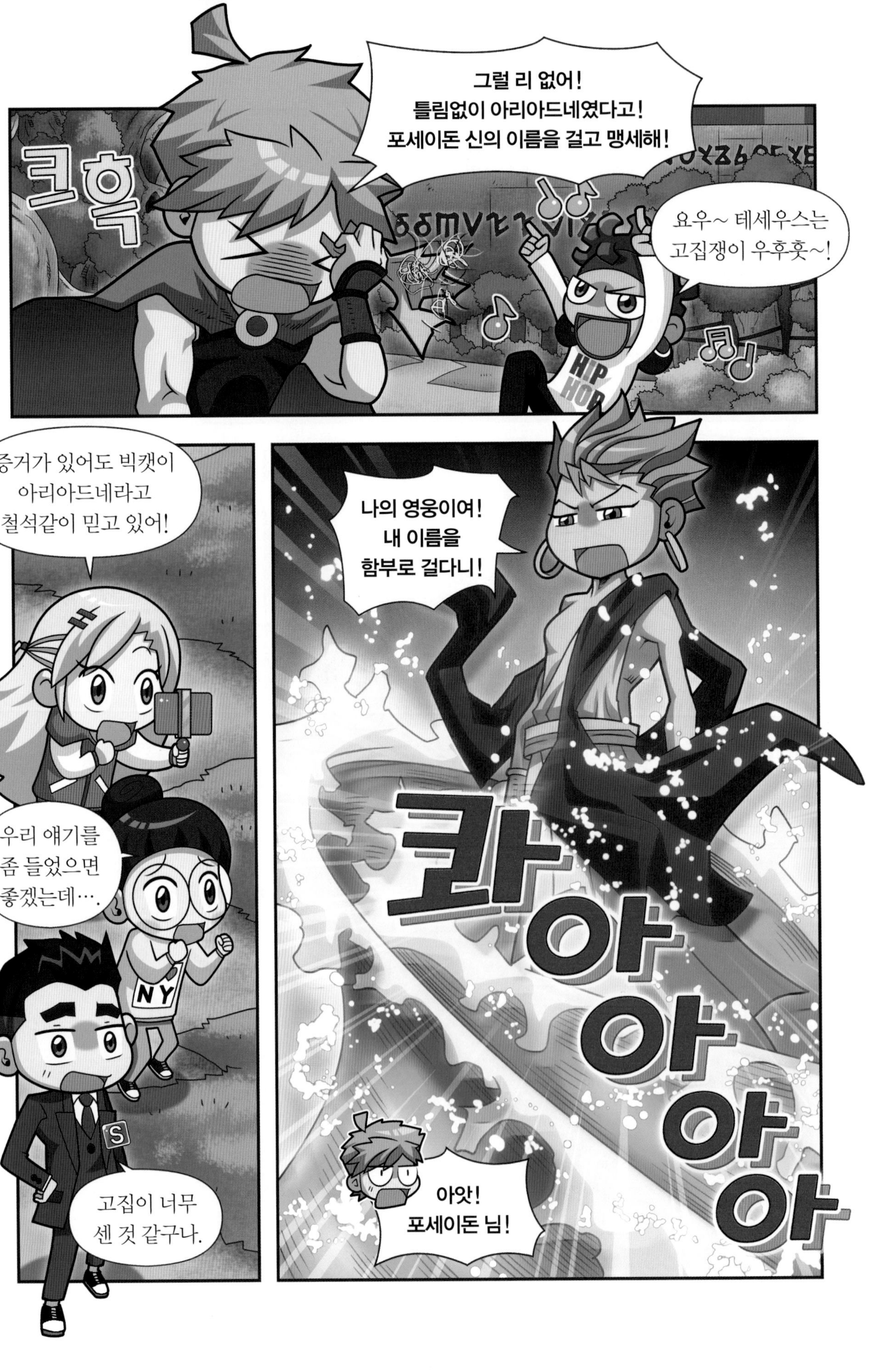
그럴 리 없어!
틀림없이 아리아드네였다고!
포세이돈 신의 이름을 걸고 맹세해!
크흑
요우~ 테세우스는
고집쟁이 우후훗~!
HIP HOP
증거가 있어도 빅캣이
아리아드네라고
철석같이 믿고 있어!
우리 얘기를
좀 들었으면
좋겠는데….
NY
S
고집이 너무
센 것 같구나.
나의 영웅이여!
내 이름을
함부로 걸다니!
콰아아아아
아앗!
포세이돈 님!

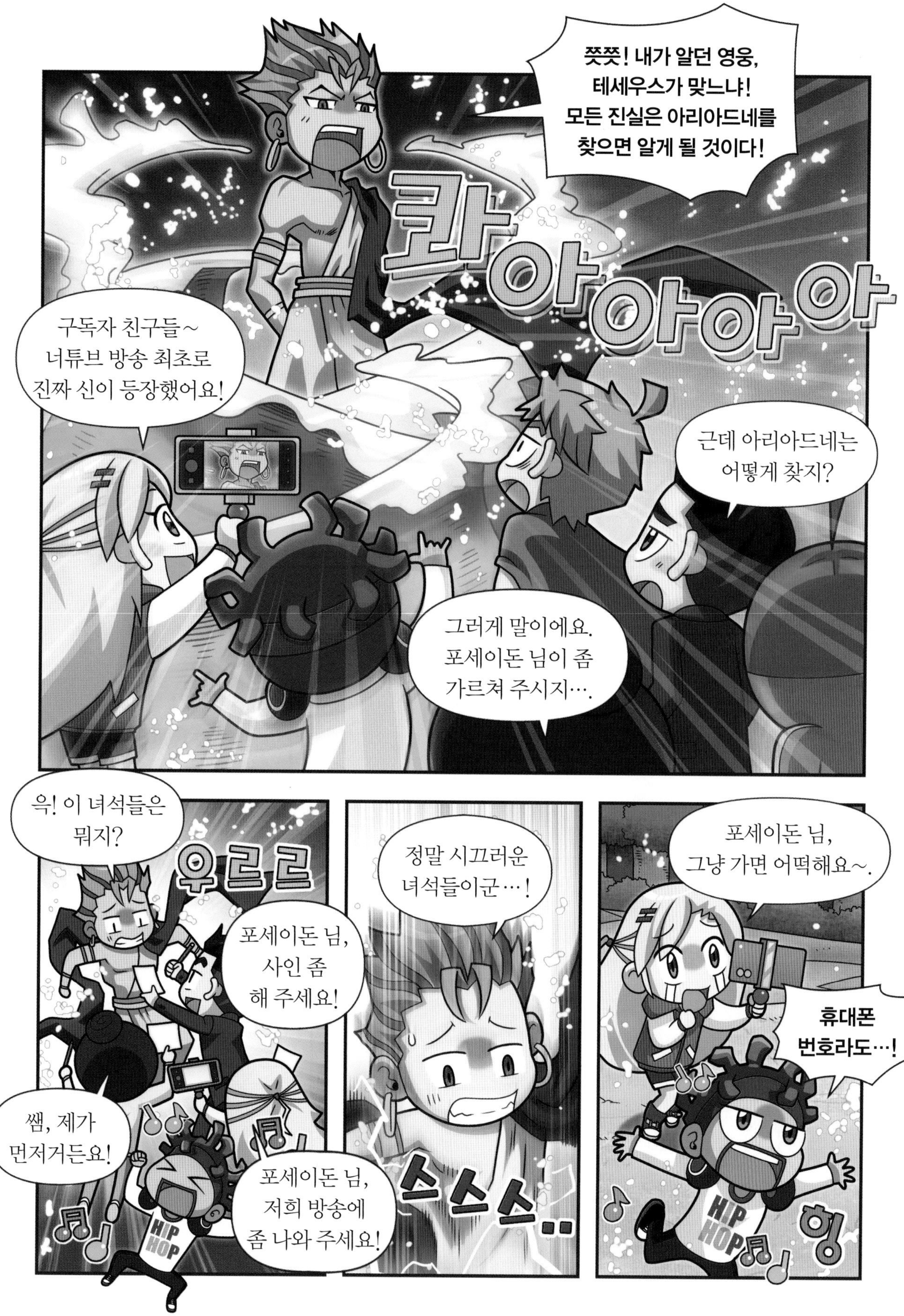
쯧쯧! 내가 알던 영웅, 테세우스가 맞느냐! 모든 진실은 아리아드네를 찾으면 알게 될 것이다!
콰아아아아
구독자 친구들~ 너튜브 방송 최초로 진짜 신이 등장했어요!
근데 아리아드네는 어떻게 찾지?
그러게 말이에요. 포세이돈 님이 좀 가르쳐 주시지….
윽! 이 녀석들은 뭐지?
우르르
포세이돈 님, 사인 좀 해 주세요!
쌤, 제가 먼저거든요!
포세이돈 님, 저희 방송에 좀 나와 주세요!
HIP HOP
정말 시끄러운 녀석들이군…!
스스스..
포세이돈 님, 그냥 가면 어떡해요~.
휴대폰 번호라도…!
HIP HOP
힝

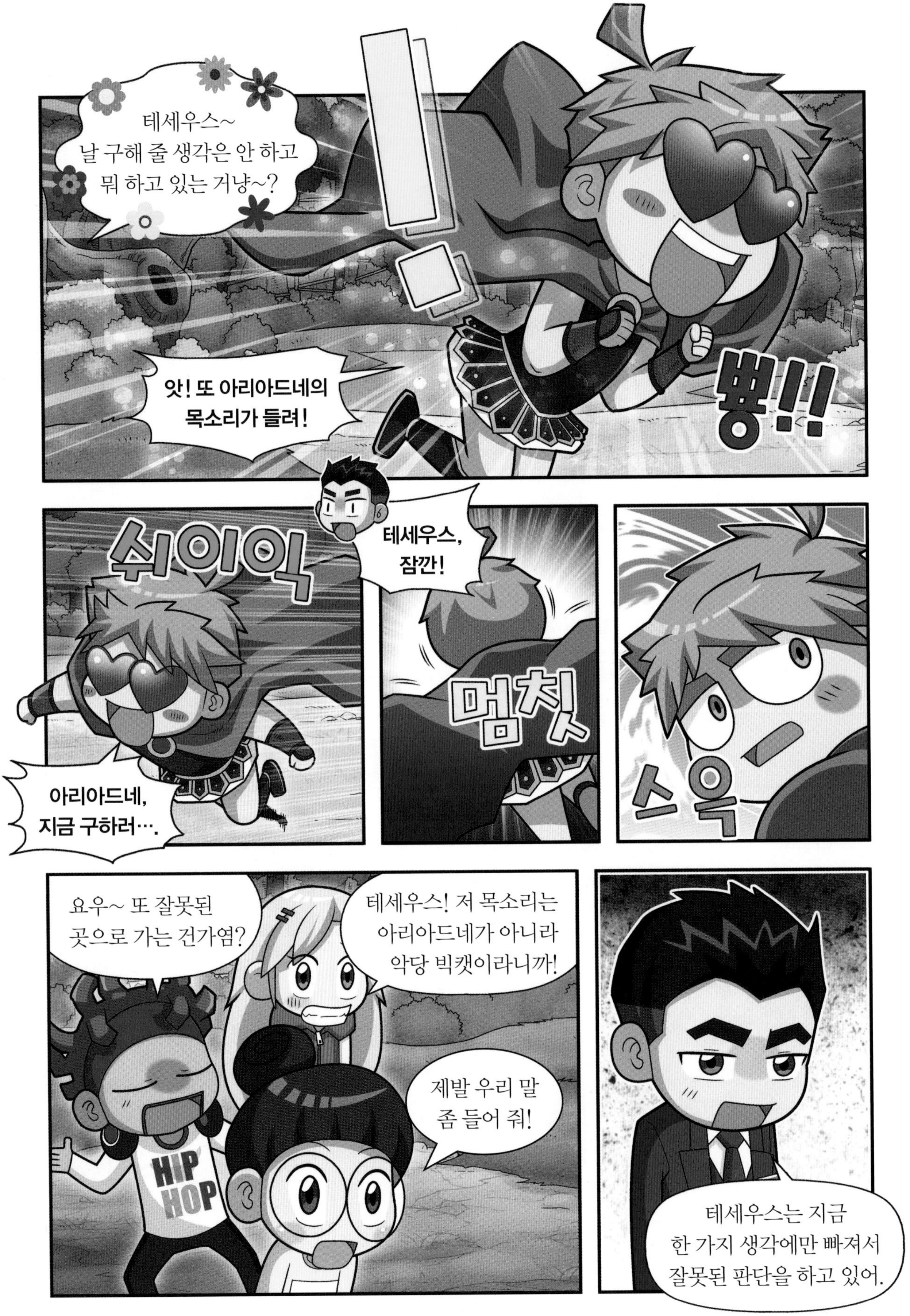
테세우스~
날 구해 줄 생각은 안 하고
뭐 하고 있는 거냥~?
앗! 또 아리아드네의
목소리가 들려!
뿅!!
쉬이익
아리아드네,
지금 구하러….
테세우스,
잠깐!
멈칫
스윽
요우~ 또 잘못된
곳으로 가는 건가염?
테세우스! 저 목소리는
아리아드네가 아니라
악당 빅캣이라니까!
제발 우리 말
좀 들어 줘!
테세우스는 지금
한 가지 생각에만 빠져서
잘못된 판단을 하고 있어.

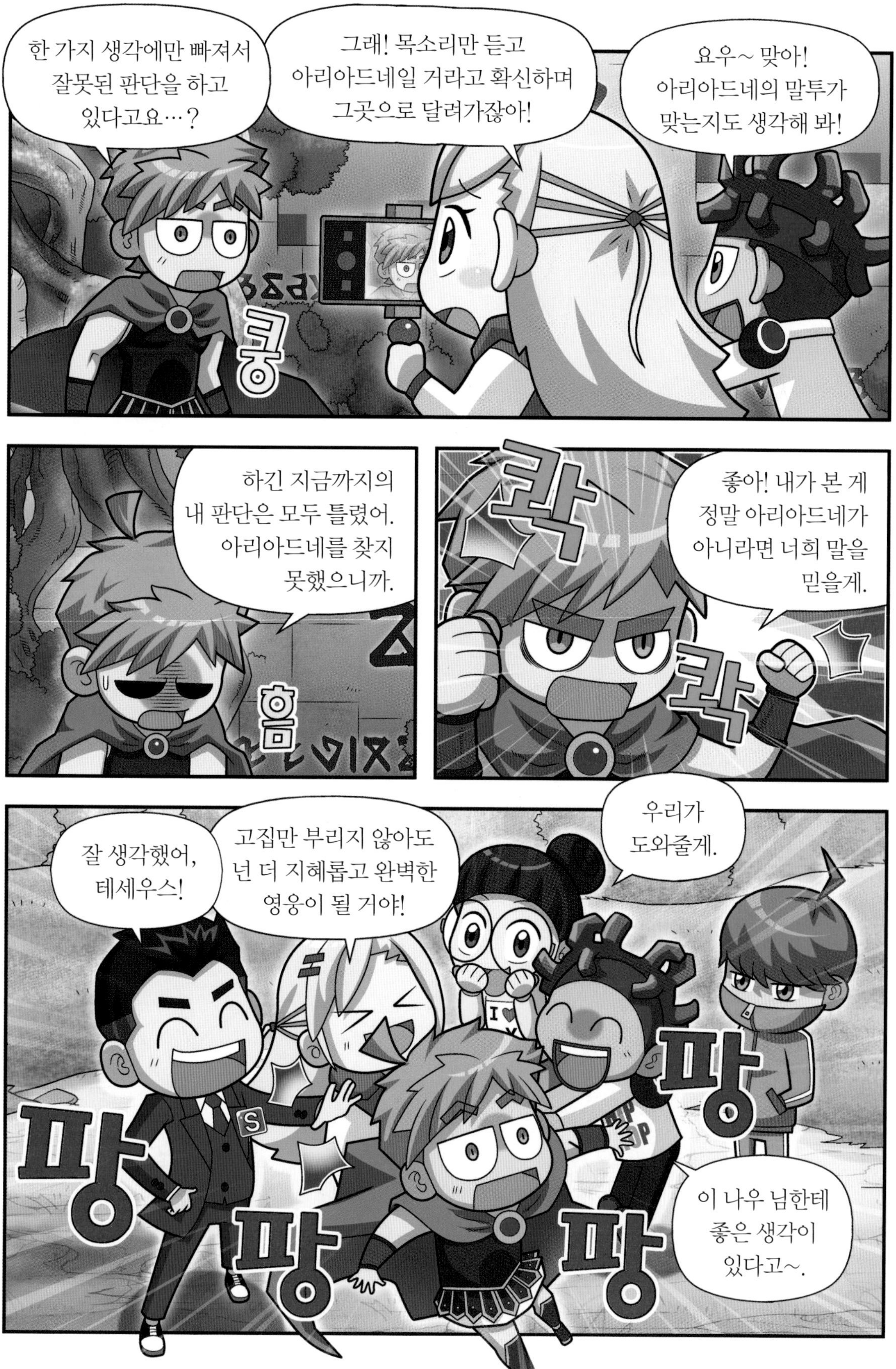
한 가지 생각에만 빠져서 잘못된 판단을 하고 있다고요…?
그래! 목소리만 듣고 아리아드네일 거라고 확신하며 그곳으로 달려가잖아!
요우~ 맞아! 아리아드네의 말투가 맞는지도 생각해 봐!
쿵
하긴 지금까지의 내 판단은 모두 틀렸어. 아리아드네를 찾지 못했으니까.
흠
콱
좋아! 내가 본 게 정말 아리아드네가 아니라면 너희 말을 믿을게.
콱
잘 생각했어, 테세우스!
고집만 부리지 않아도 넌 더 지혜롭고 완벽한 영웅이 될 거야!
우리가 도와줄게.
팡
팡
팡
팡
이 나우 님한테 좋은 생각이 있다고~.

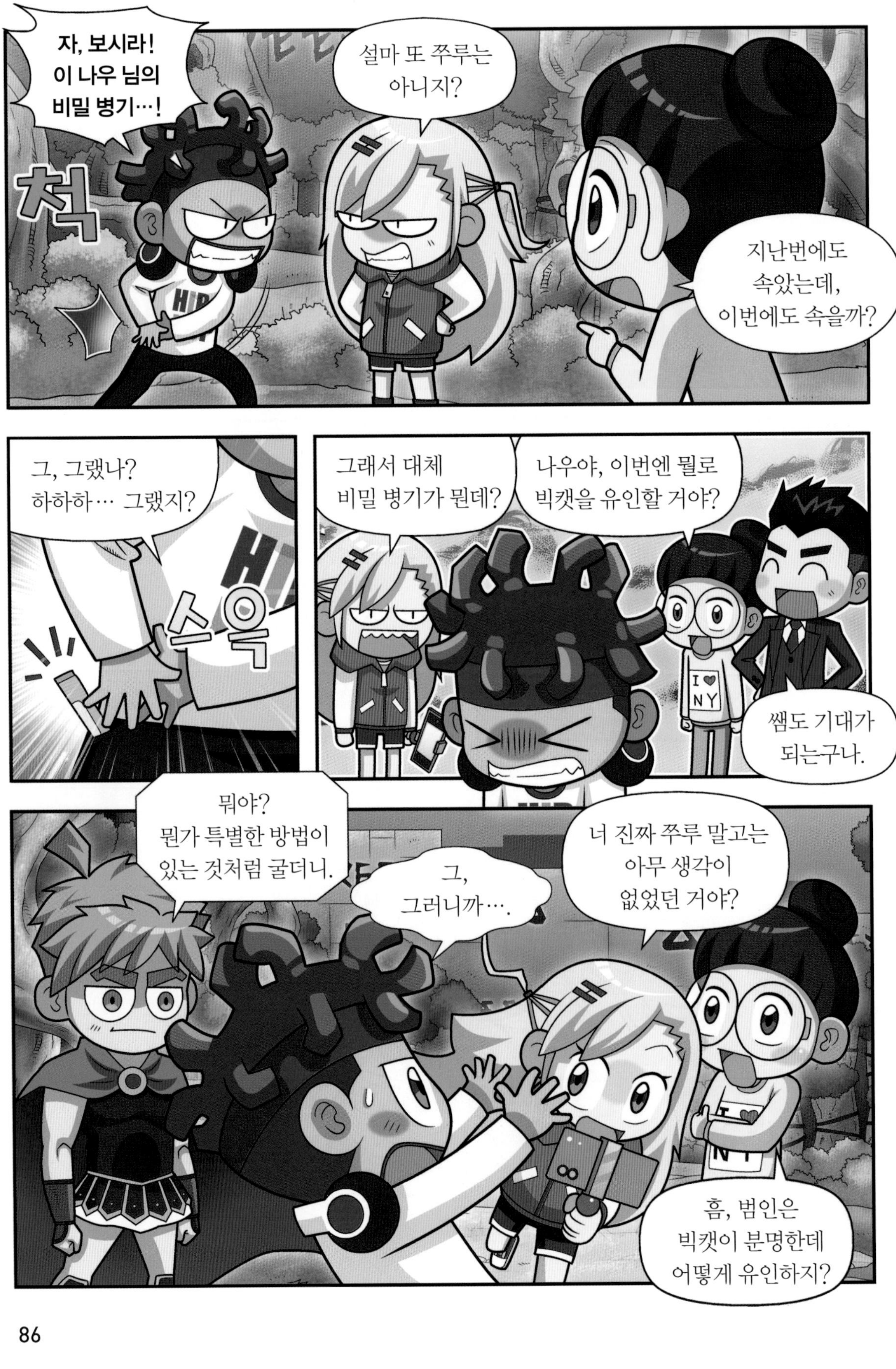

자, 보시라! 이 나우 님의 비밀 병기…!
척
설마 또 쭈루는 아니지?
지난번에도 속았는데, 이번에도 속을까?
그, 그랬나? 하하하… 그랬지?
스윽
그래서 대체 비밀 병기가 뭔데?
나우야, 이번엔 뭘로 빅캣을 유인할 거야?
쌤도 기대가 되는구나.
뭐야? 뭔가 특별한 방법이 있는 것처럼 굴더니.
그, 그러니까….
너 진짜 쭈루 말고는 아무 생각이 없었던 거야?
흠, 범인은 빅캣이 분명한데 어떻게 유인하지?

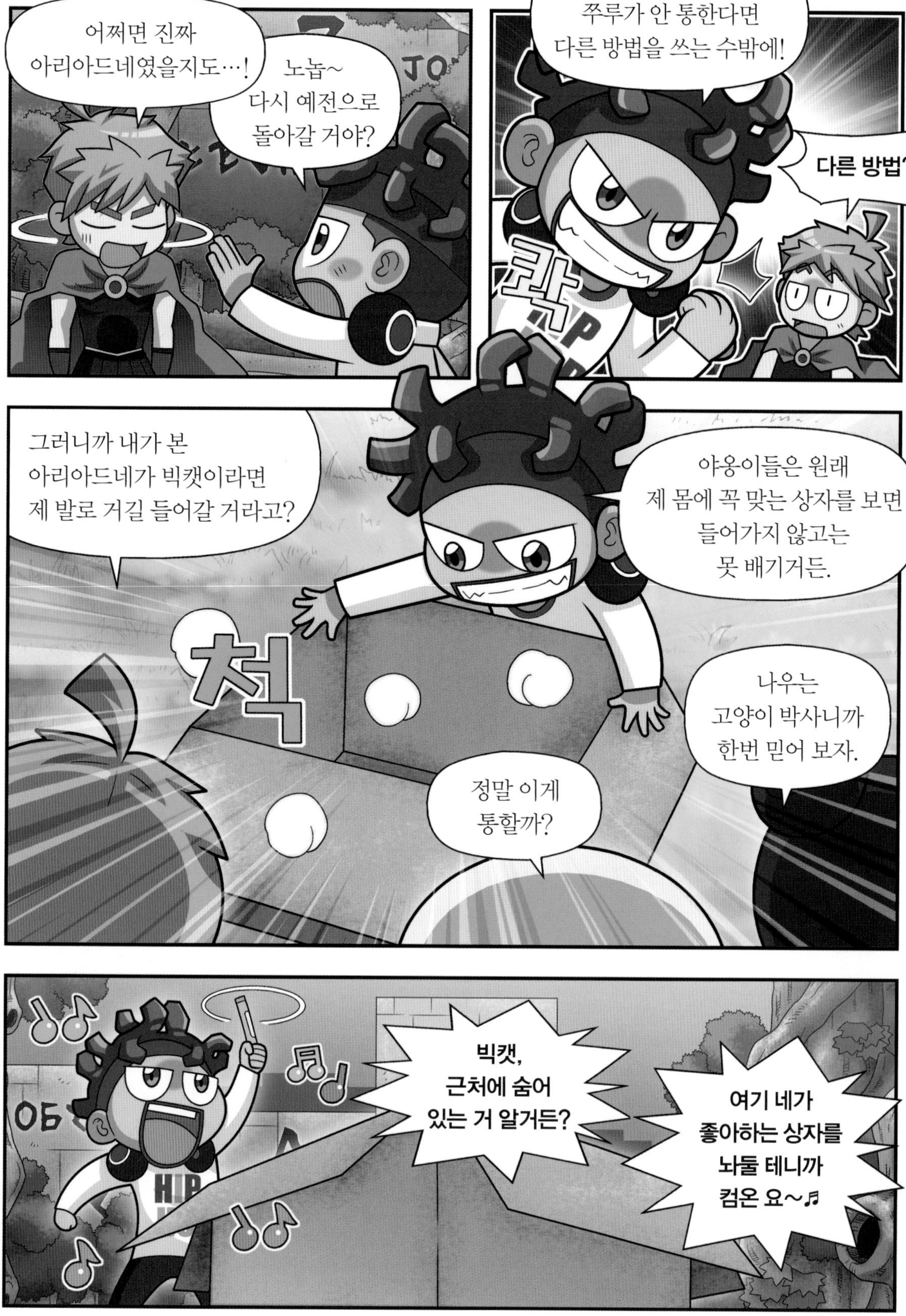

어쩌면 진짜 아리아드네였을지도…!
노놉~ 다시 예전으로 돌아갈 거야?
스웨웩웩~ 쭈루가 안 통한다면 다른 방법을 쓰는 수밖에!
다른 방법?
콱
그러니까 내가 본 아리아드네가 빅캣이라면 제 발로 거길 들어갈 거라고?
야옹이들은 원래 제 몸에 꼭 맞는 상자를 보면 들어가지 않고는 못 배기거든.
척
나우는 고양이 박사니까 한번 믿어 보자.
정말 이게 통할까?
빅캣, 근처에 숨어 있는 거 알거든?
여기 네가 좋아하는 상자를 놔둘 테니까 컴온 요~♬

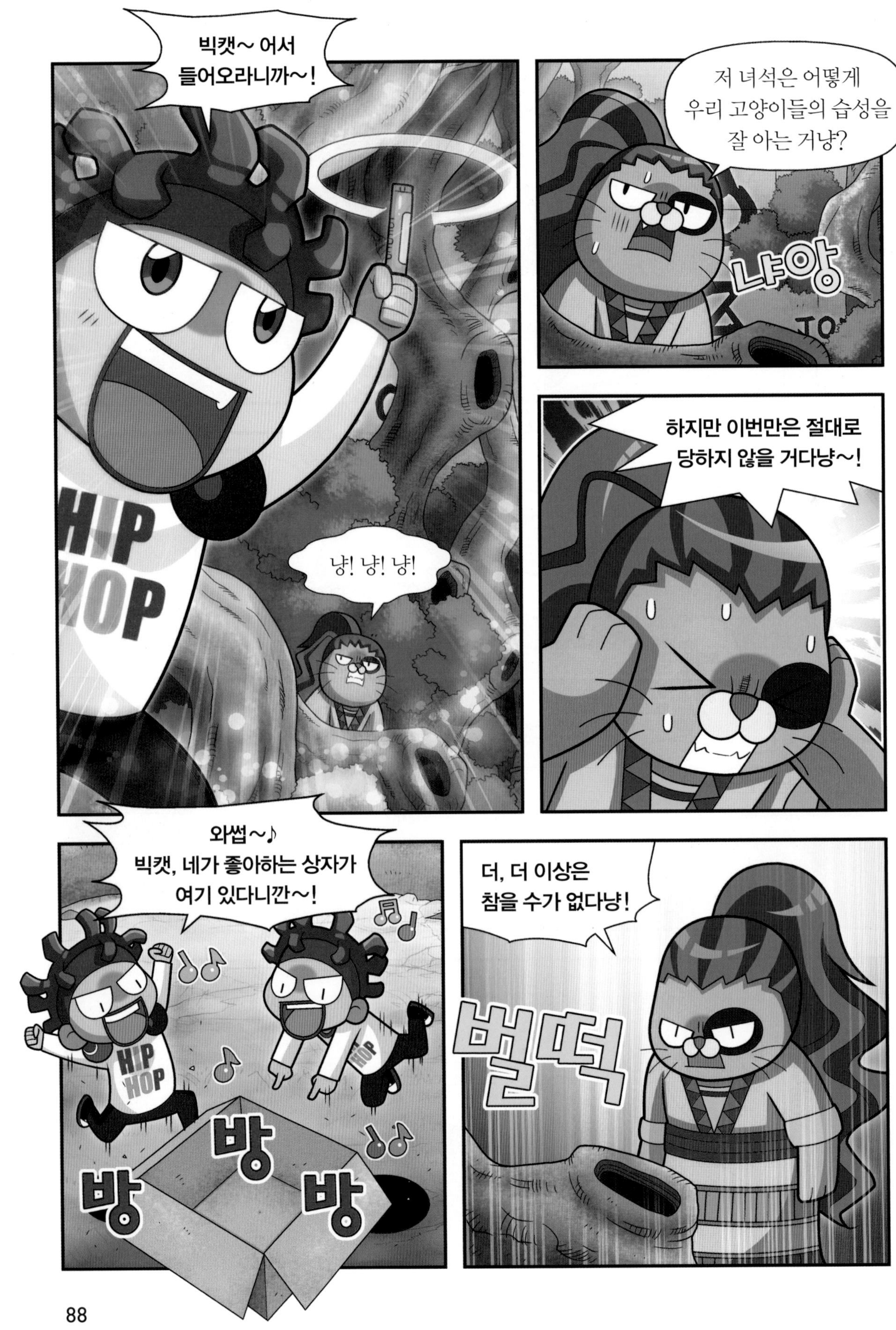

빅캣~ 어서 들어오라니까~!
냥! 냥! 냥!
저 녀석은 어떻게 우리 고양이들의 습성을 잘 아는 거냥?
냐앙
하지만 이번만은 절대로 당하지 않을 거다냥~!
와썹~♪ 빅캣, 네가 좋아하는 상자가 여기 있다니깐~!
방 방 방
더, 더 이상은 참을 수가 없다냥!
벌떡

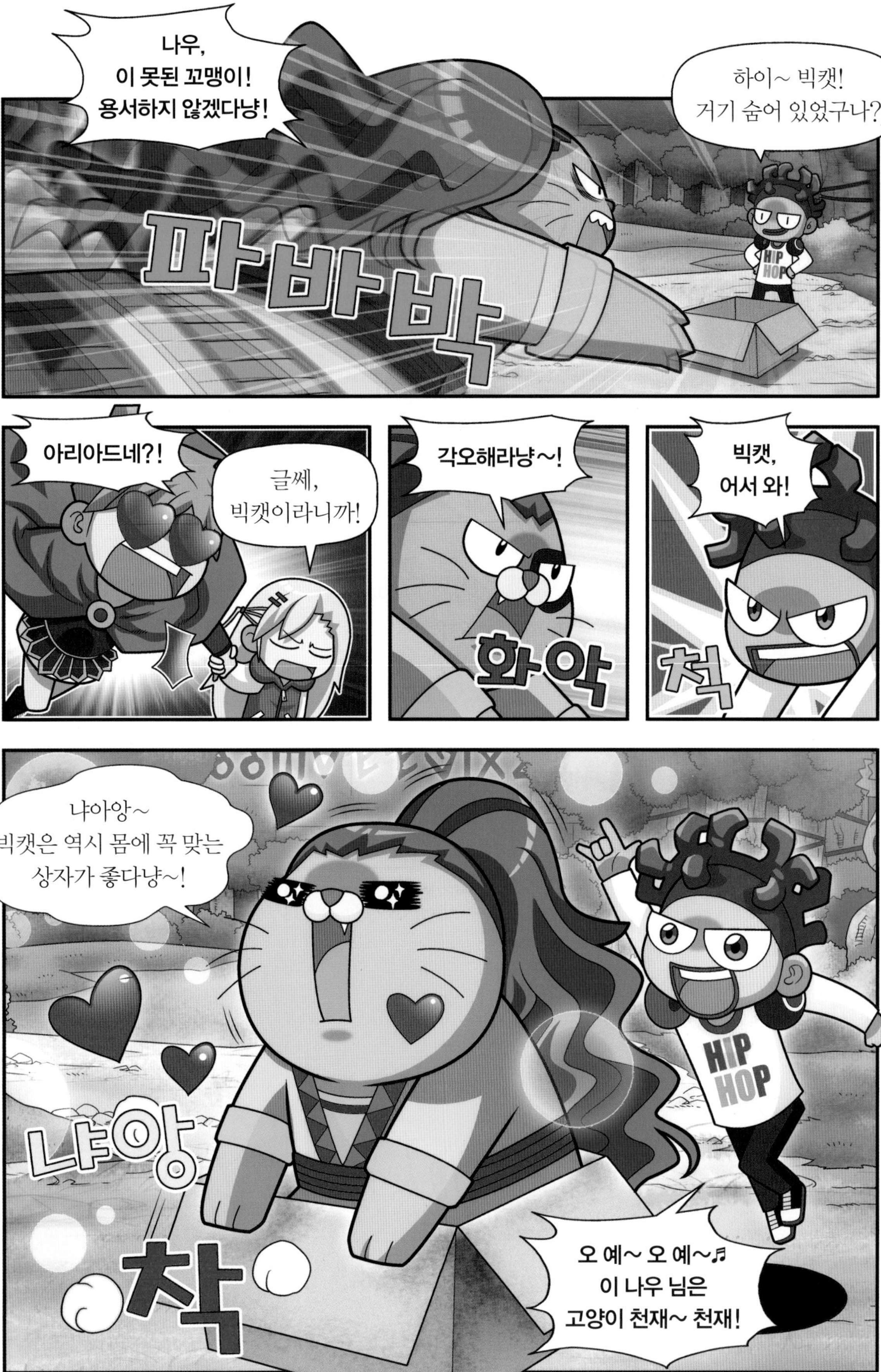
나우,
이 못된 꼬맹이!
용서하지 않겠다냥!
하이~ 빅캣!
거기 숨어 있었구나?
파바박
아리아드네?!
글쎄,
빅캣이라니까!
각오해라냥~!
화악
빅캣,
어서 와!
척
냐아앙~
빅캣은 역시 몸에 꼭 맞는
상자가 좋다냥~!
냐앙
착
오 예~ 오 예~♬
이 나우 님은
고양이 천재~ 천재!

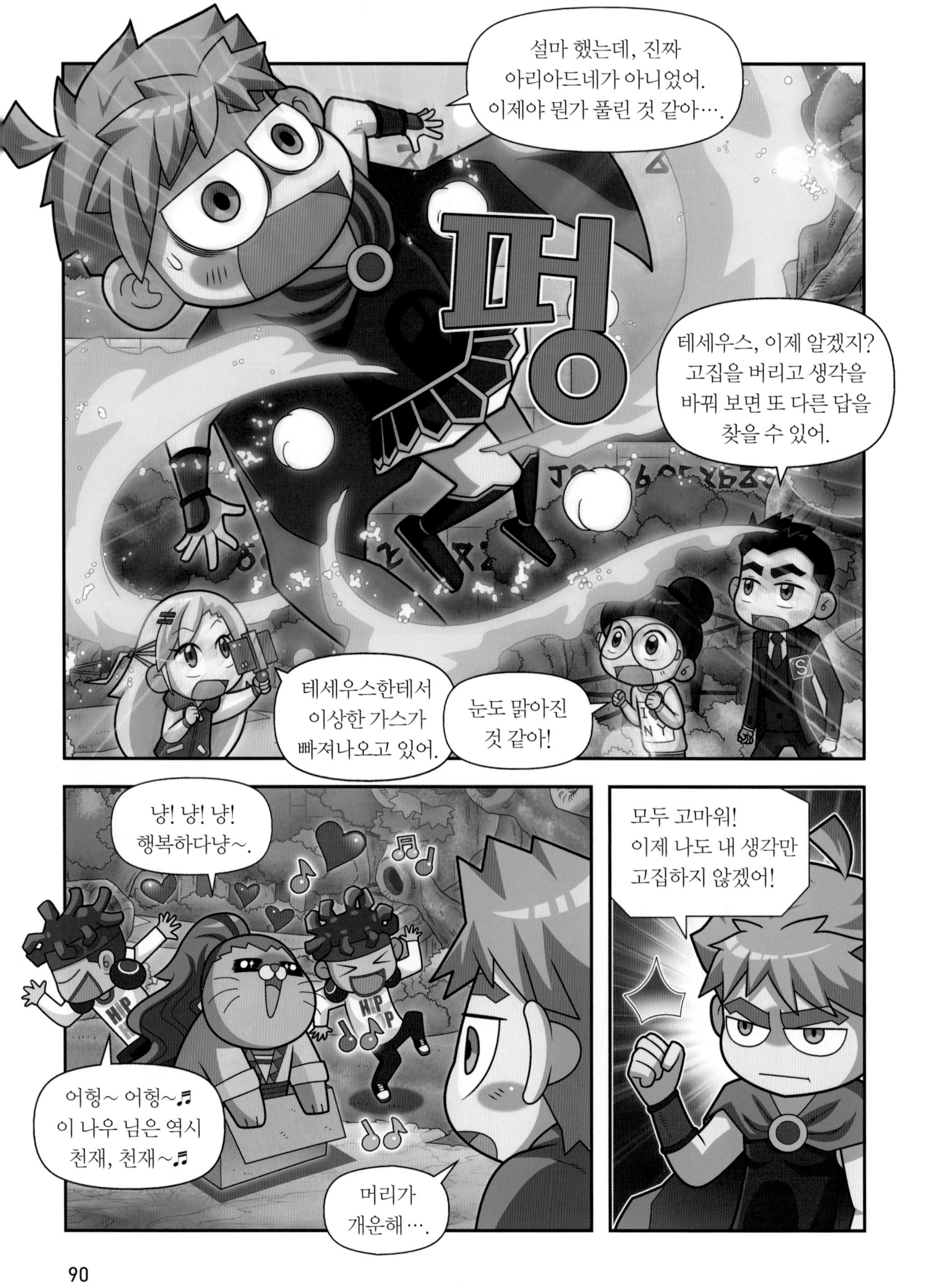
설마 했는데, 진짜 아리아드네가 아니었어. 이제야 뭔가 풀린 것 같아….
펑
테세우스, 이제 알겠지? 고집을 버리고 생각을 바꿔 보면 또 다른 답을 찾을 수 있어.
테세우스한테서 이상한 가스가 빠져나오고 있어.
눈도 맑아진 것 같아!
냥! 냥! 냥! 행복하다냥~.
어헝~ 어헝~♬ 이 나우 님은 역시 천재, 천재~♬
머리가 개운해….
모두 고마워! 이제 나도 내 생각만 고집하지 않겠어!

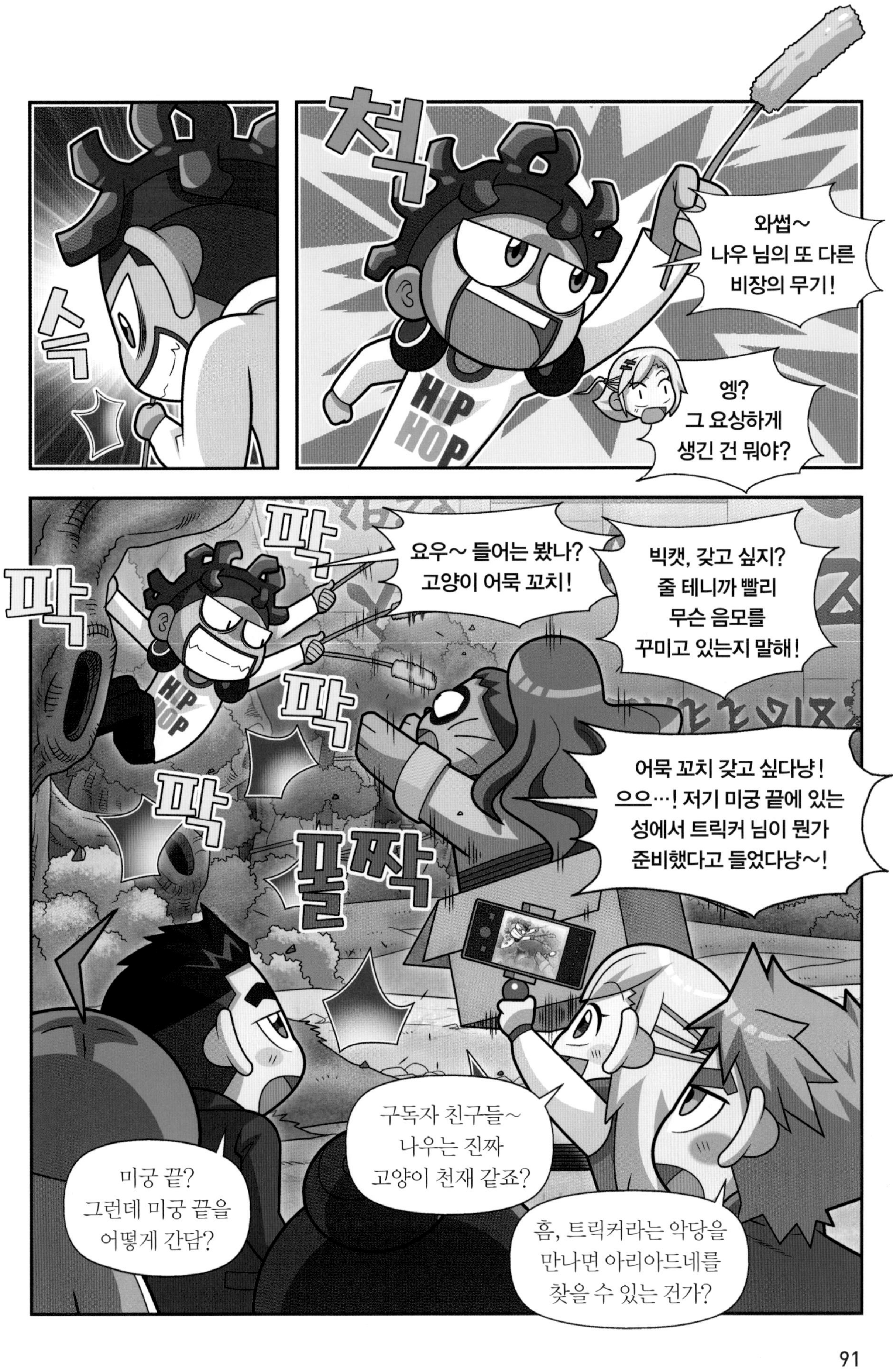

슥
척
와썹~ 나우 님의 또 다른 비장의 무기!
엥? 그 요상하게 생긴 건 뭐야?
팍
팍
요우~ 들어는 봤나? 고양이 어묵 꼬치!
팍
팍
폴짝
빅캣, 갖고 싶지? 줄 테니까 빨리 무슨 음모를 꾸미고 있는지 말해!
어묵 꼬치 갖고 싶다냥! 으으…! 저기 미궁 끝에 있는 성에서 트릭커 님이 뭔가 준비했다고 들었다냥~!
미궁 끝? 그런데 미궁 끝을 어떻게 간담?
구독자 친구들~ 나우는 진짜 고양이 천재 같죠?
흠, 트릭커라는 악당을 만나면 아리아드네를 찾을 수 있는 건가?

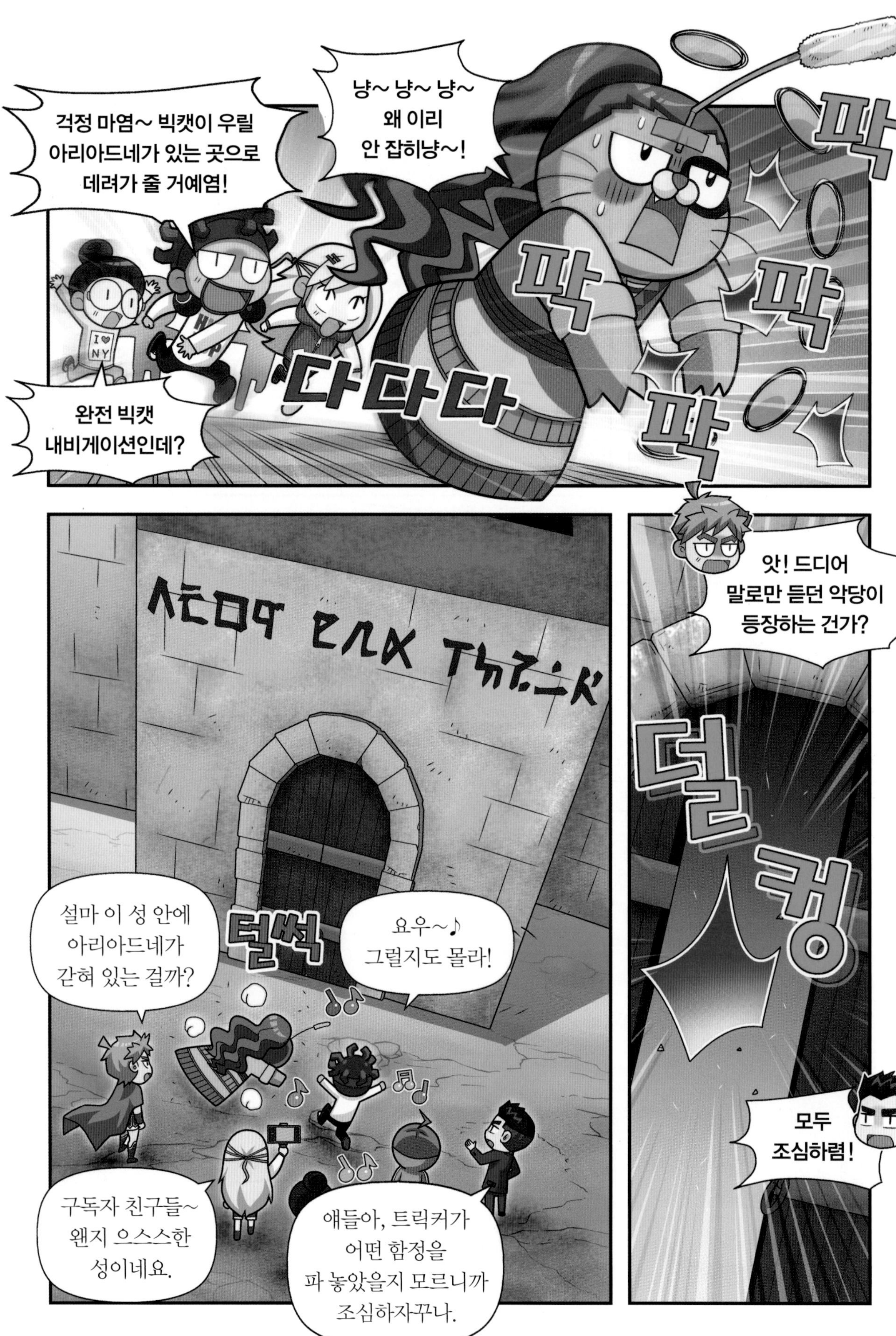
걱정 마염~ 빅캣이 우릴
아리아드네가 있는 곳으로
데려가 줄 거예염!
냥~ 냥~ 냥~
왜 이리
안 잡히냥~!
팍
팍
팍
팍
다다다
완전 빅캣
내비게이션인데?
설마 이 성 안에
아리아드네가
갇혀 있는 걸까?
털썩
요우~♪
그럴지도 몰라!
구독자 친구들~
왠지 으스스한
성이네요.
애들아, 트릭커가
어떤 함정을
파 놓았을지 모르니까
조심하자꾸나.
앗! 드디어
말로만 듣던 악당이
등장하는 건가?
덜컹
모두
조심하렴!

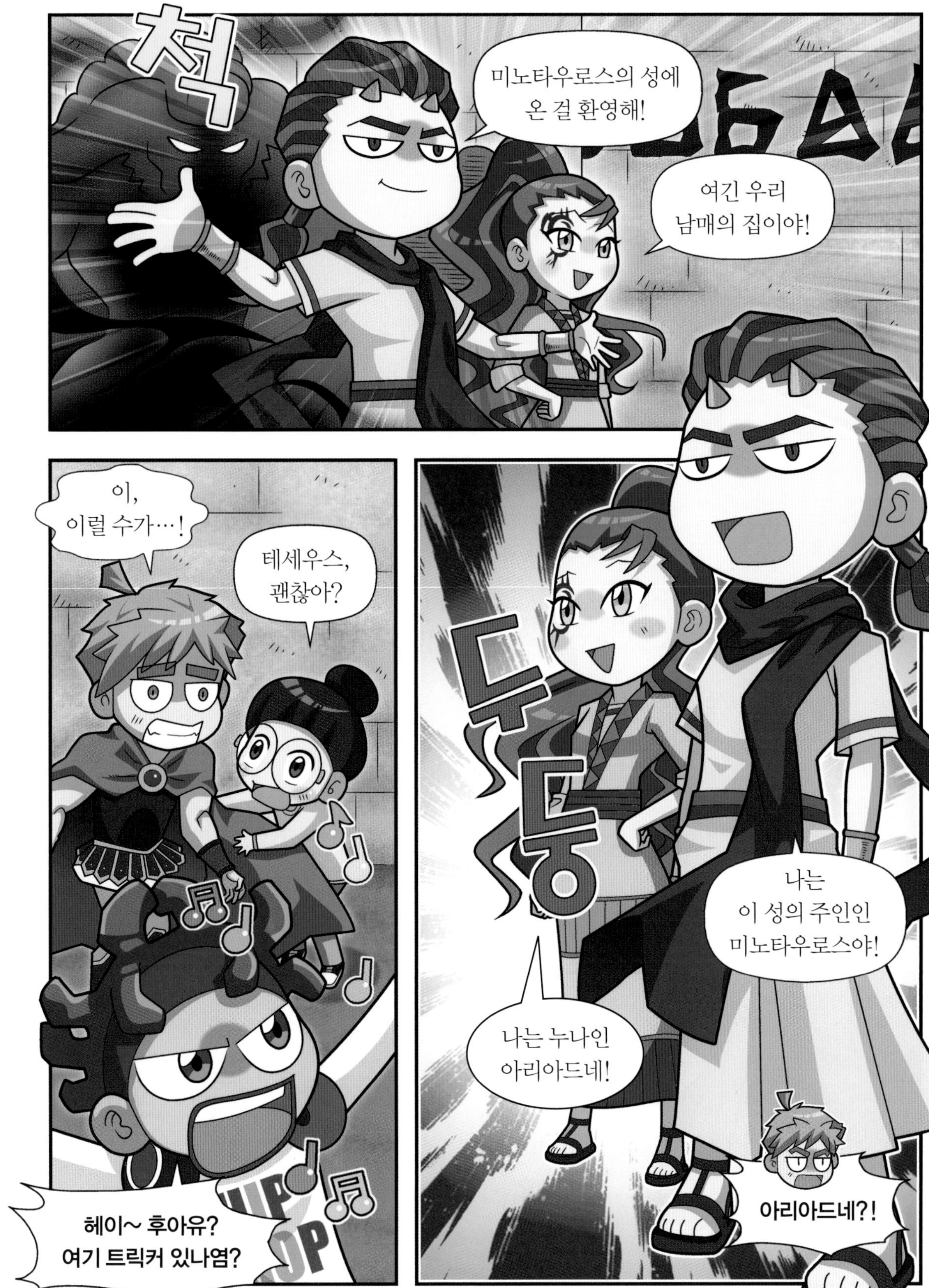
척
미노타우로스의 성에 온 걸 환영해!
여긴 우리 남매의 집이야!
이, 이럴 수가…!
테세우스, 괜찮아?
헤이~ 후아유? 여기 트릭커 있나염?
HIP HOP
두둥
나는 이 성의 주인인 미노타우로스야!
나는 누나인 아리아드네!
아리아드네?!

Chapter 5

아리아드네의 정체

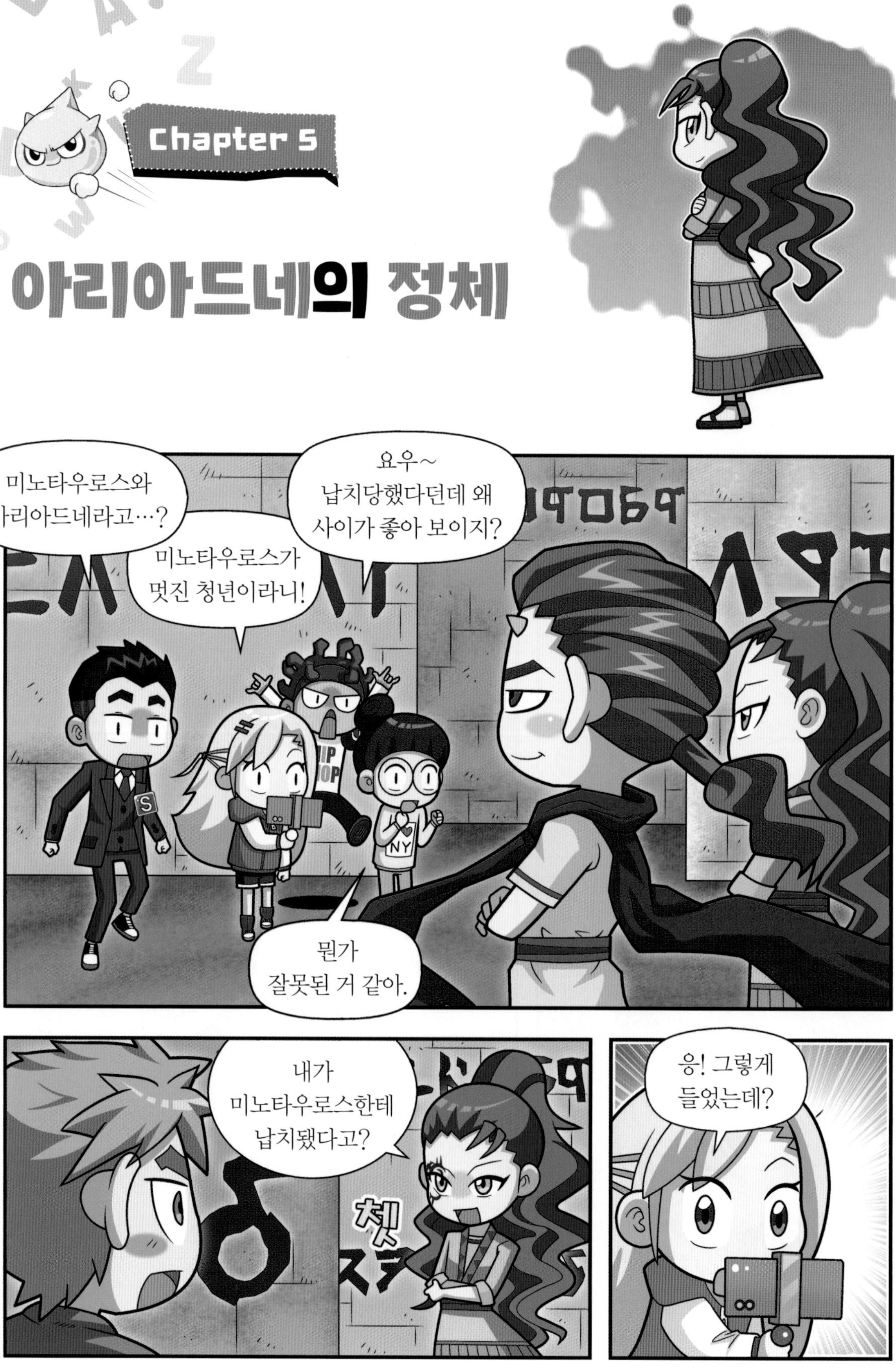

미노타우로스와 아리아드네라고…?
요우~ 납치당했다던데 왜 사이가 좋아 보이지?
미노타우로스가 멋진 청년이라니!
뭔가 잘못된 거 같아.
내가 미노타우로스한테 납치됐다고?
응! 그렇게 들었는데?

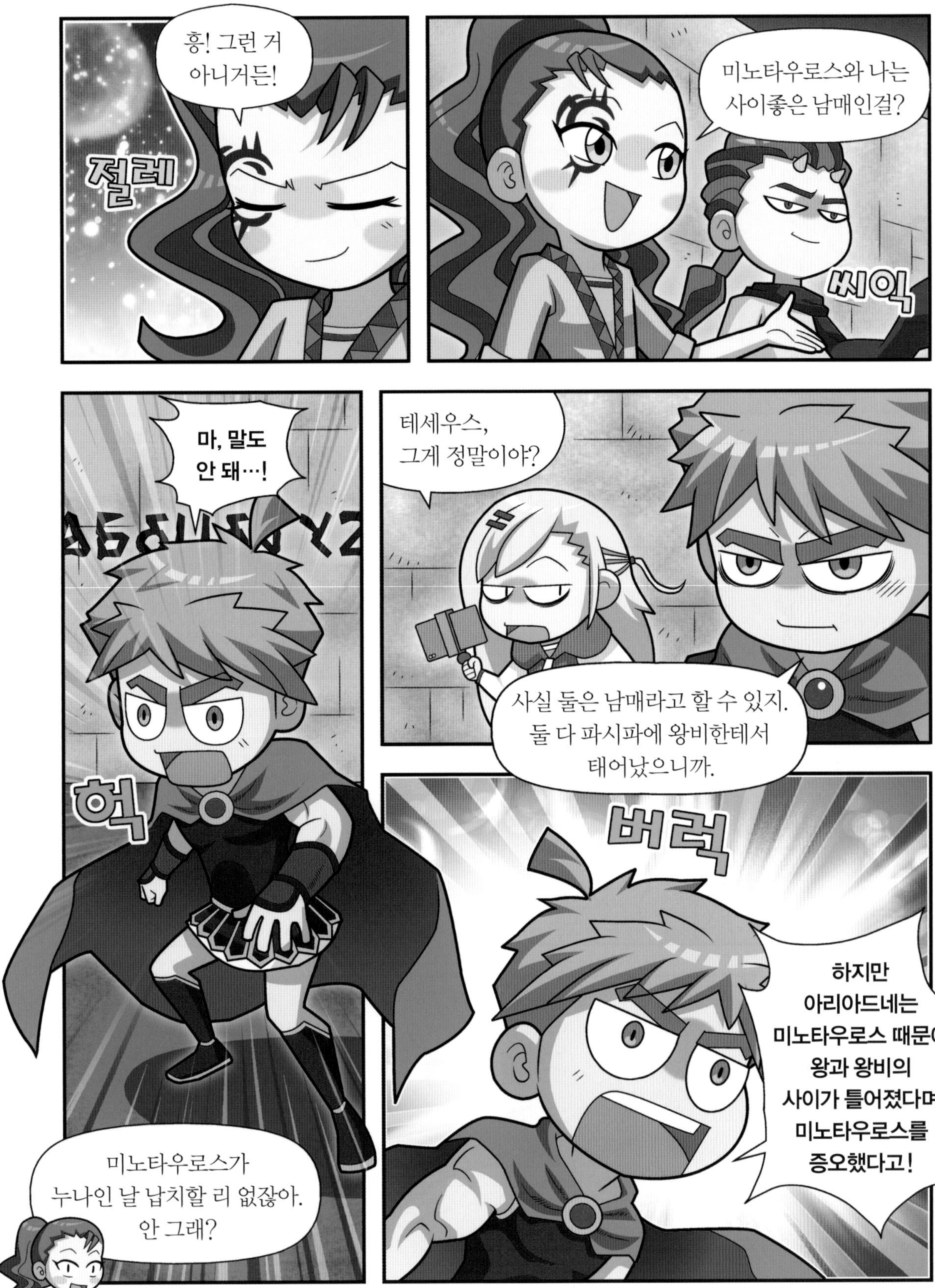
흥! 그런 거 아니거든!
절레
미노타우로스와 나는 사이좋은 남매인걸?
씨익
마, 말도 안 돼…!
헉
테세우스, 그게 정말이야?
사실 둘은 남매라고 할 수 있지. 둘 다 파시파에 왕비한테서 태어났으니까.
미노타우로스가 누나인 날 납치할 리 없잖아. 안 그래?
버럭
하지만 아리아드네는 미노타우로스 때문에 왕과 왕비의 사이가 틀어졌다며 미노타우로스를 증오했다고!

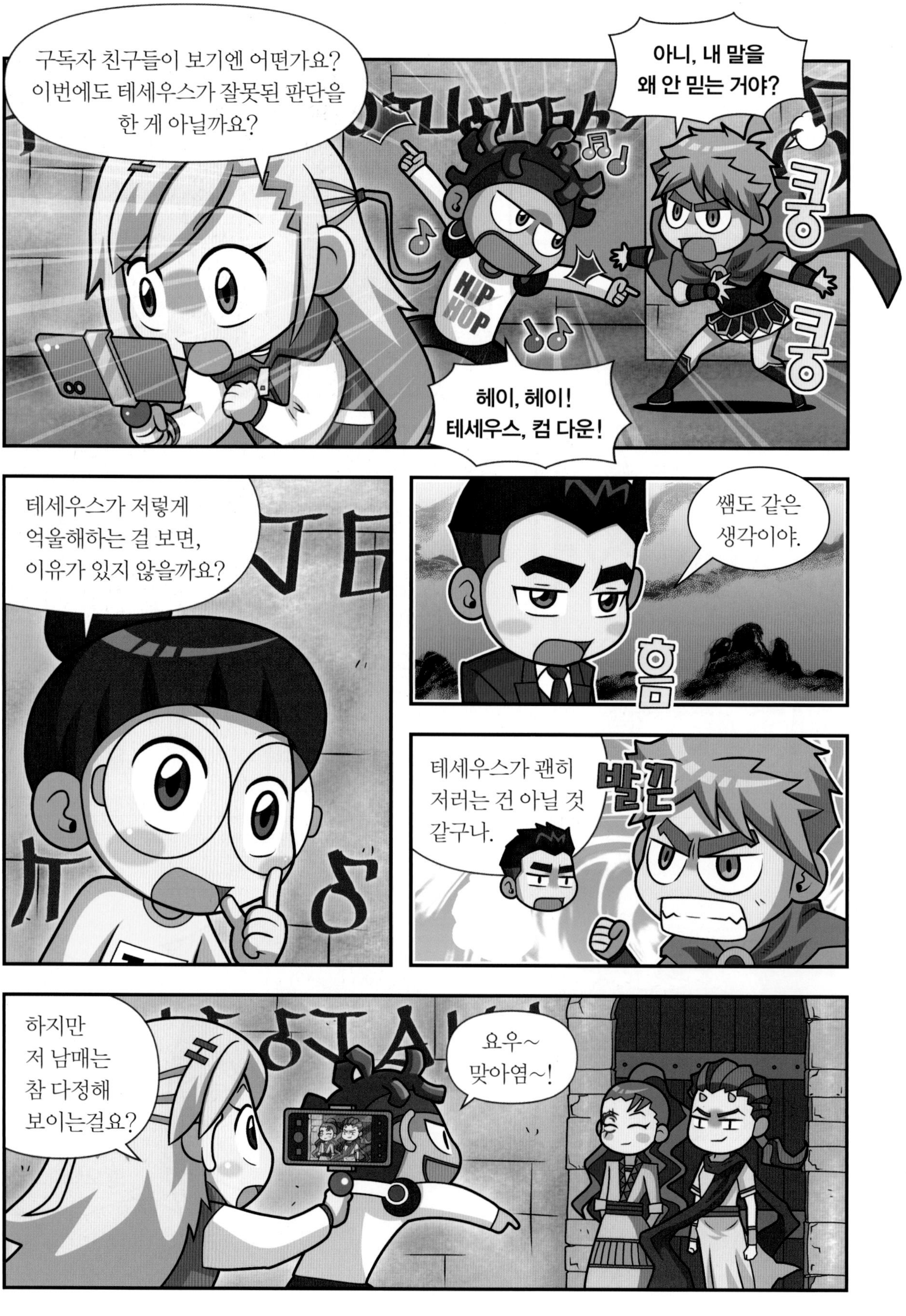
구독자 친구들이 보기엔 어떤가요? 이번에도 테세우스가 잘못된 판단을 한 게 아닐까요?
아니, 내 말을 왜 안 믿는 거야?
쿵
쿵
HIP HOP
헤이, 헤이! 테세우스, 컴 다운!
테세우스가 저렇게 억울해하는 걸 보면, 이유가 있지 않을까요?
쌤도 같은 생각이야.
흠
테세우스가 괜히 저러는 건 아닐 것 같구나.
발끈
하지만 저 남매는 참 다정해 보이는걸요?
요우~ 맞아염~!

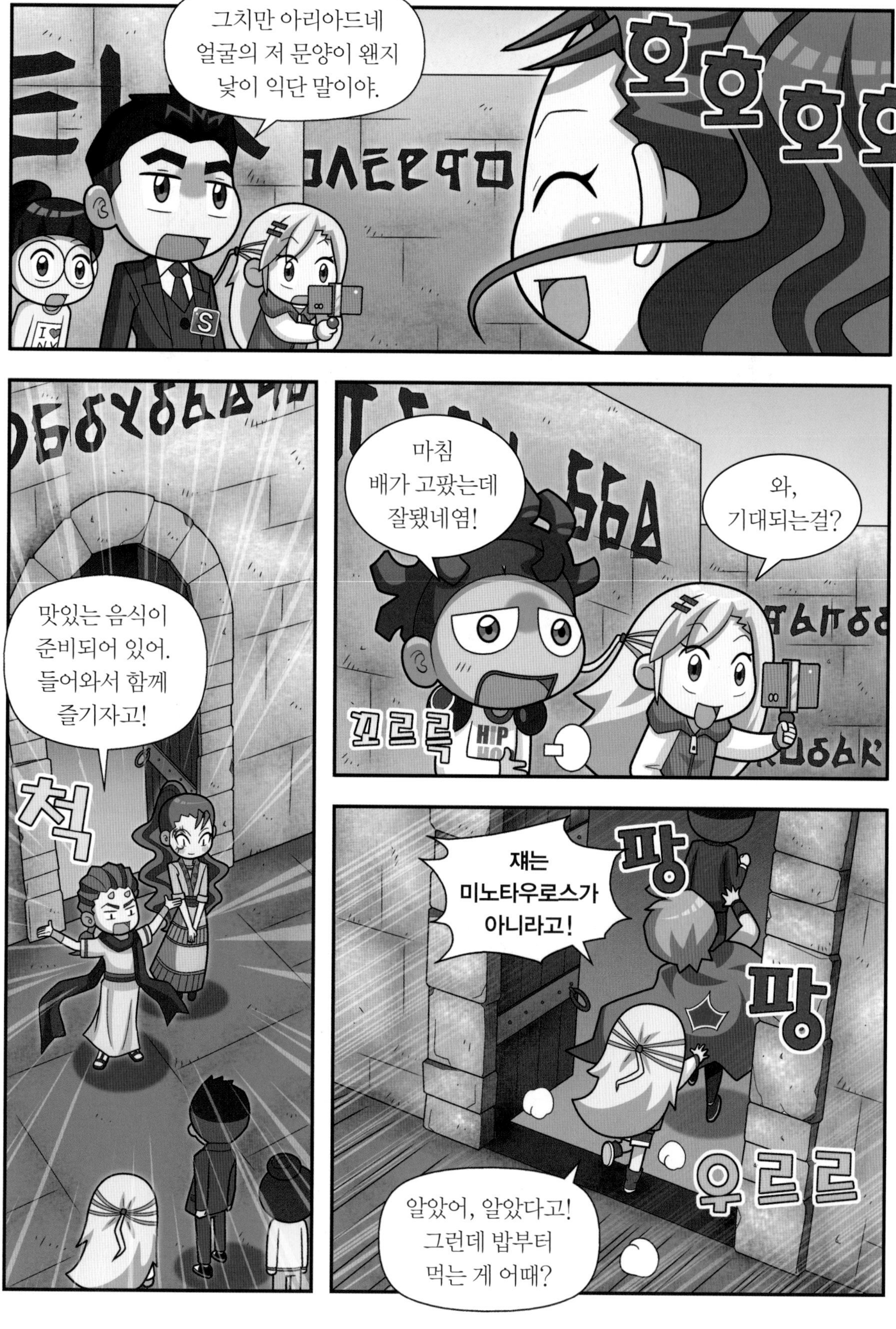

그치만 아리아드네 얼굴의 저 문양이 왠지 낯이 익단 말이야.
호호호호
맛있는 음식이 준비되어 있어. 들어와서 함께 즐기자고!
척
마침 배가 고팠는데 잘됐네염!
와, 기대되는걸?
꼬르륵
재는 미노타우로스가 아니라고!
팡
팡
우르르
알았어, 알았다고! 그런데 밥부터 먹는 게 어때?

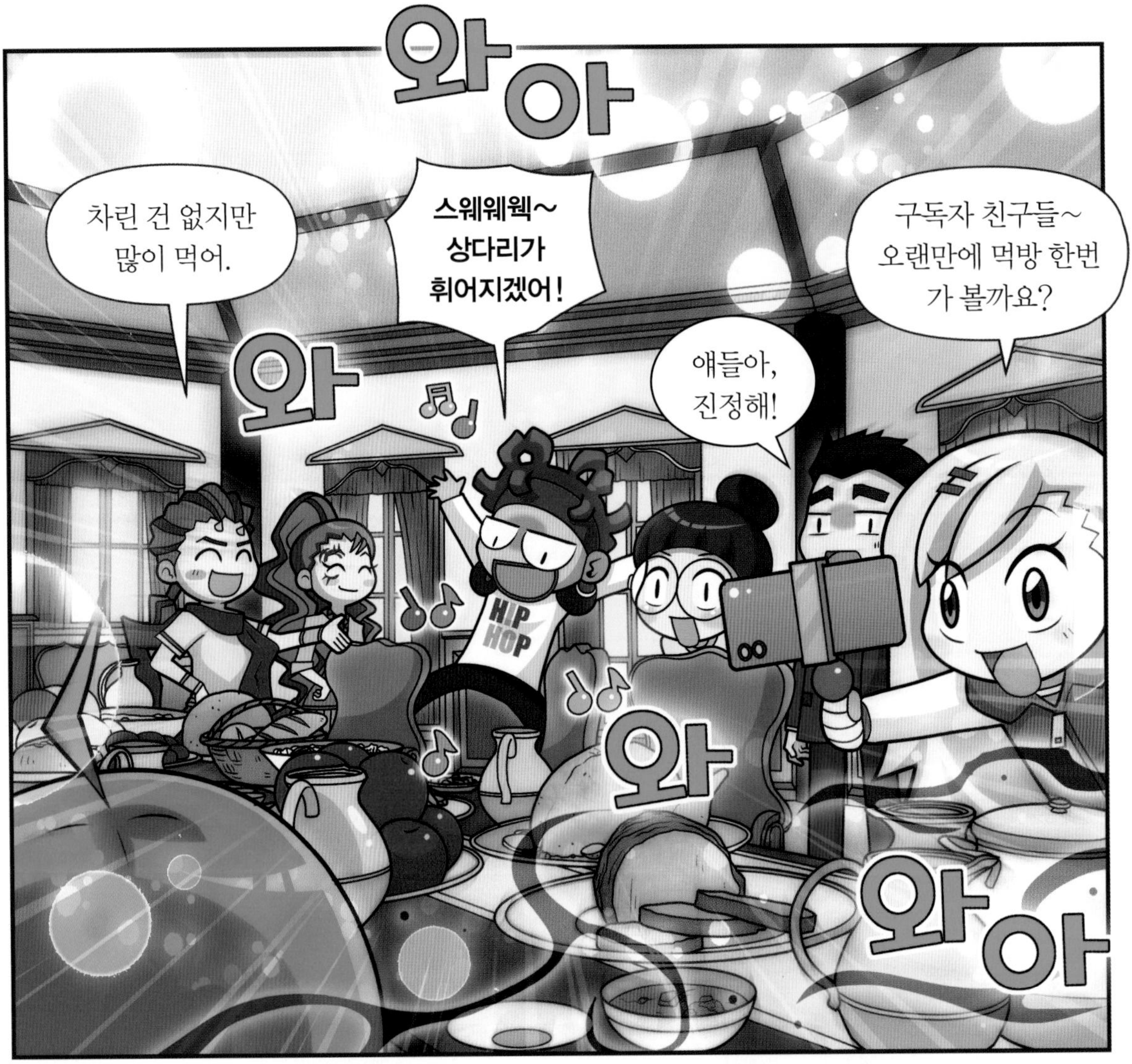
와아
차린 건 없지만 많이 먹어.
스웨웨웩~ 상다리가 휘어지겠어!
와
애들아, 진정해!
구독자 친구들~ 오랜만에 먹방 한번 가 볼까요?
와
와아

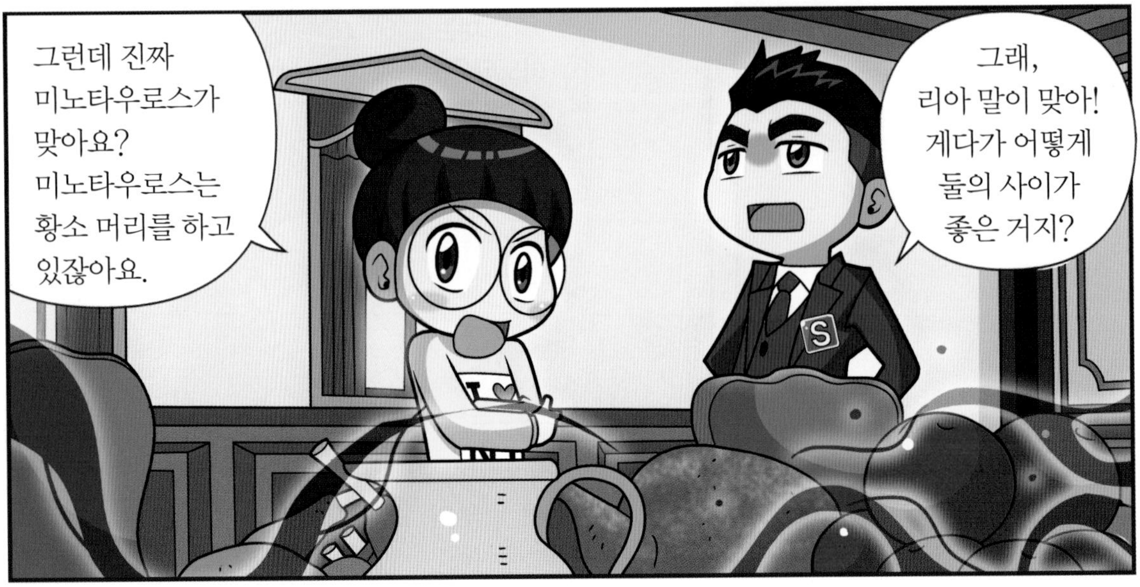
그런데 진짜 미노타우로스가 맞아요? 미노타우로스는 황소 머리를 하고 있잖아요.
그래, 리아 말이 맞아! 게다가 어떻게 둘의 사이가 좋은 거지?

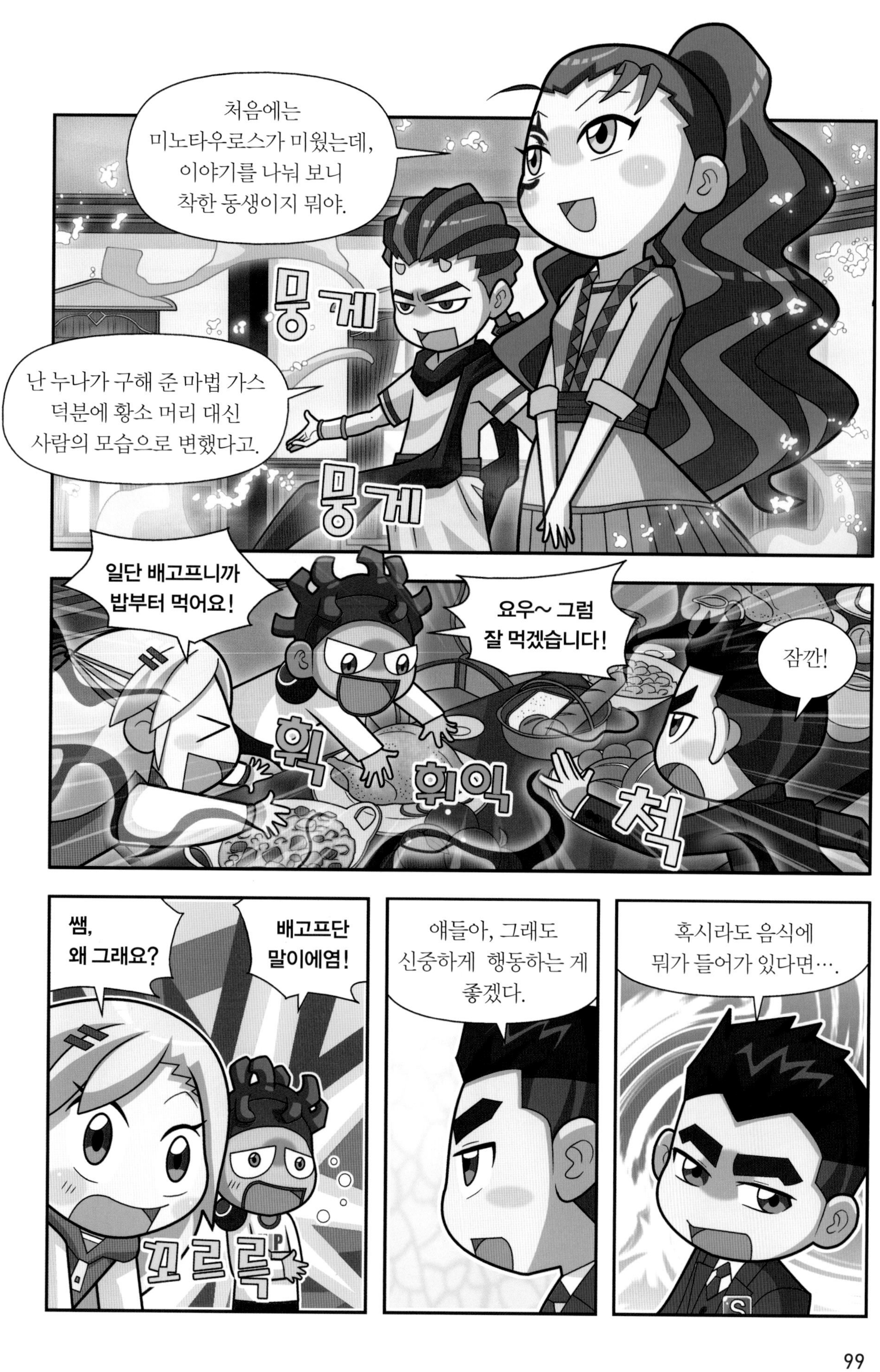

처음에는 미노타우로스가 미웠는데, 이야기를 나눠 보니 착한 동생이지 뭐야.
뭉게
난 누나가 구해 준 마법 가스 덕분에 황소 머리 대신 사람의 모습으로 변했다고.
뭉게
일단 배고프니까 밥부터 먹어요!
요우~ 그럼 잘 먹겠습니다!
잠깐!
휙
휘익
척
쌤, 왜 그래요?
배고프단 말이에염!
꼬르륵
얘들아, 그래도 신중하게 행동하는 게 좋겠다.
혹시라도 음식에 뭐가 들어가 있다면….

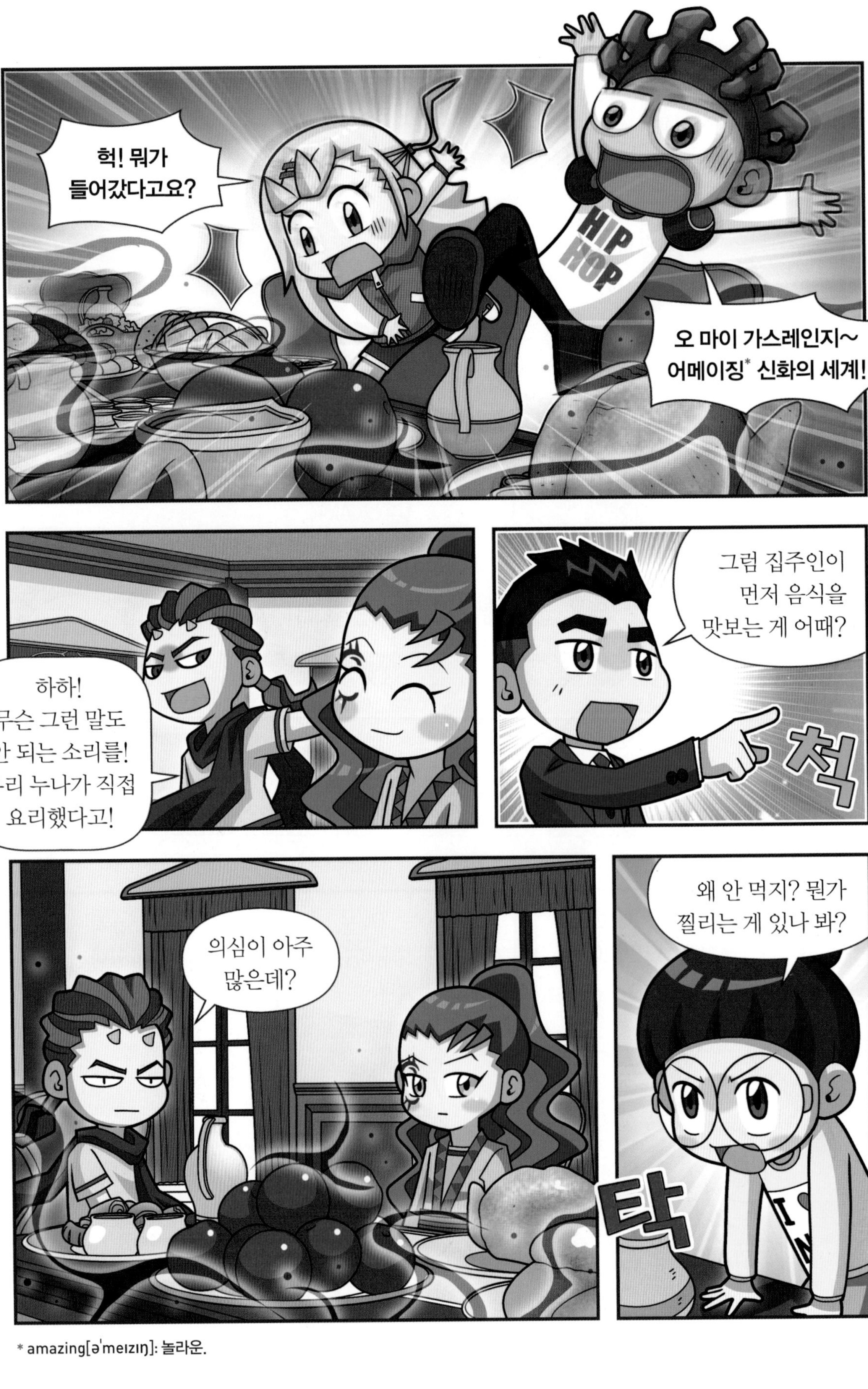
헉! 뭐가
들어갔다고요?
오 마이 가스레인지~
어메이징* 신화의 세계!
HIP HOP
그럼 집주인이
먼저 음식을
맛보는 게 어때?
척
하하!
무슨 그런 말도
안 되는 소리를!
우리 누나가 직접
요리했다고!
의심이 아주
많은데?
왜 안 먹지? 뭔가
찔리는 게 있나 봐?
탁

* amazing[ə'meɪzɪŋ]: 놀라운.

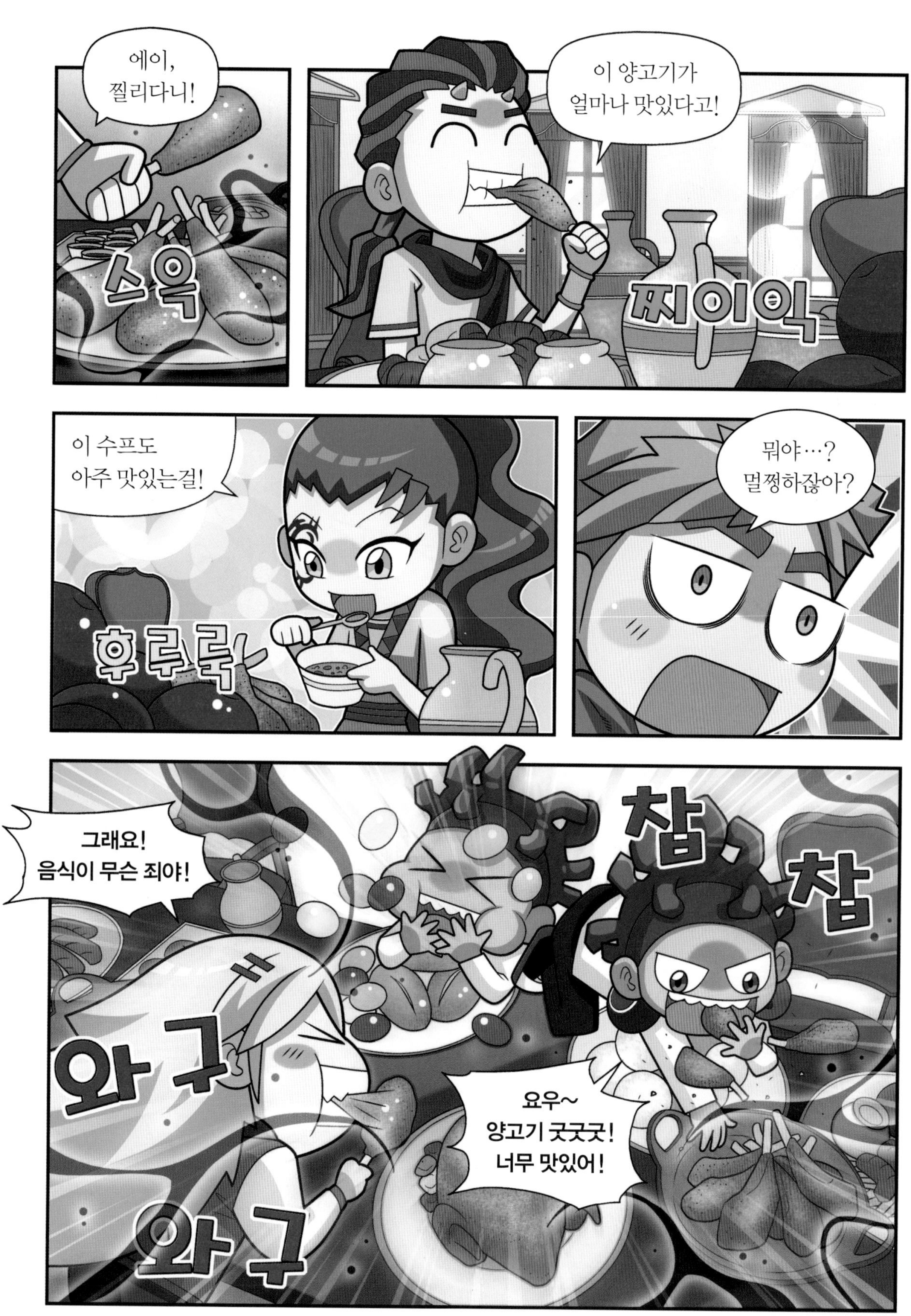
에이,
찔리다니!
스윽
이 양고기가
얼마나 맛있다고!
찌이익
이 수프도
아주 맛있는걸!
후루룩
뭐야…?
멀쩡하잖아?
그래요!
음식이 무슨 죄야!
참
참
와구
와구
요우~
양고기 굿굿굿!
너무 맛있어!

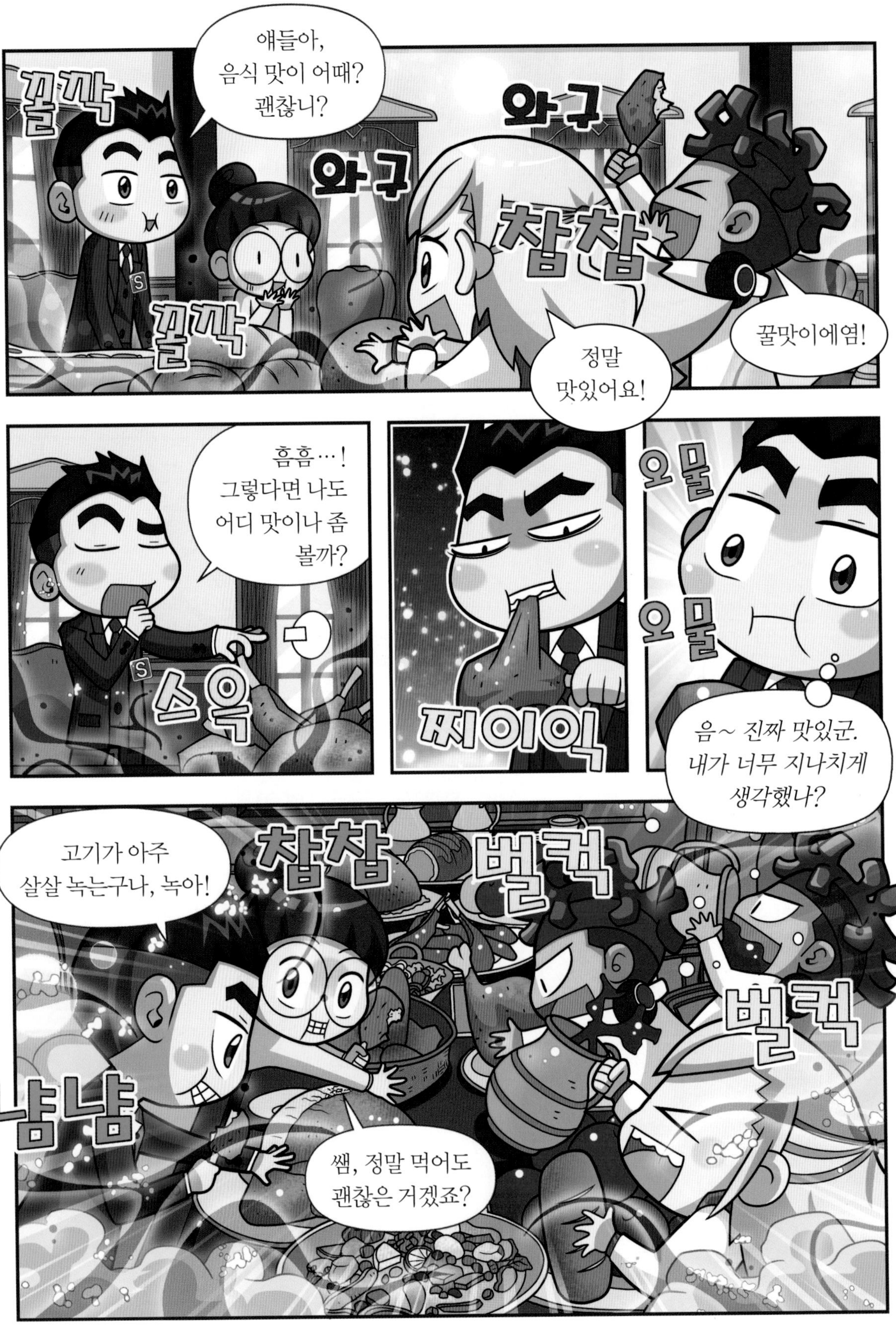
꼴깍
얘들아,
음식 맛이 어때?
괜찮니?
와구
와구
꼴깍
찹찹
정말
맛있어요!
꿀맛이에염!
흠흠…!
그렇다면 나도
어디 맛이나 좀
볼까?
스윽
찌이익
오물
오물
음~ 진짜 맛있군.
내가 너무 지나치게
생각했나?
고기가 아주
살살 녹는구나, 녹아!
찹찹
벌컥
벌컥
냠냠
쌤, 정말 먹어도
괜찮은 거겠죠?

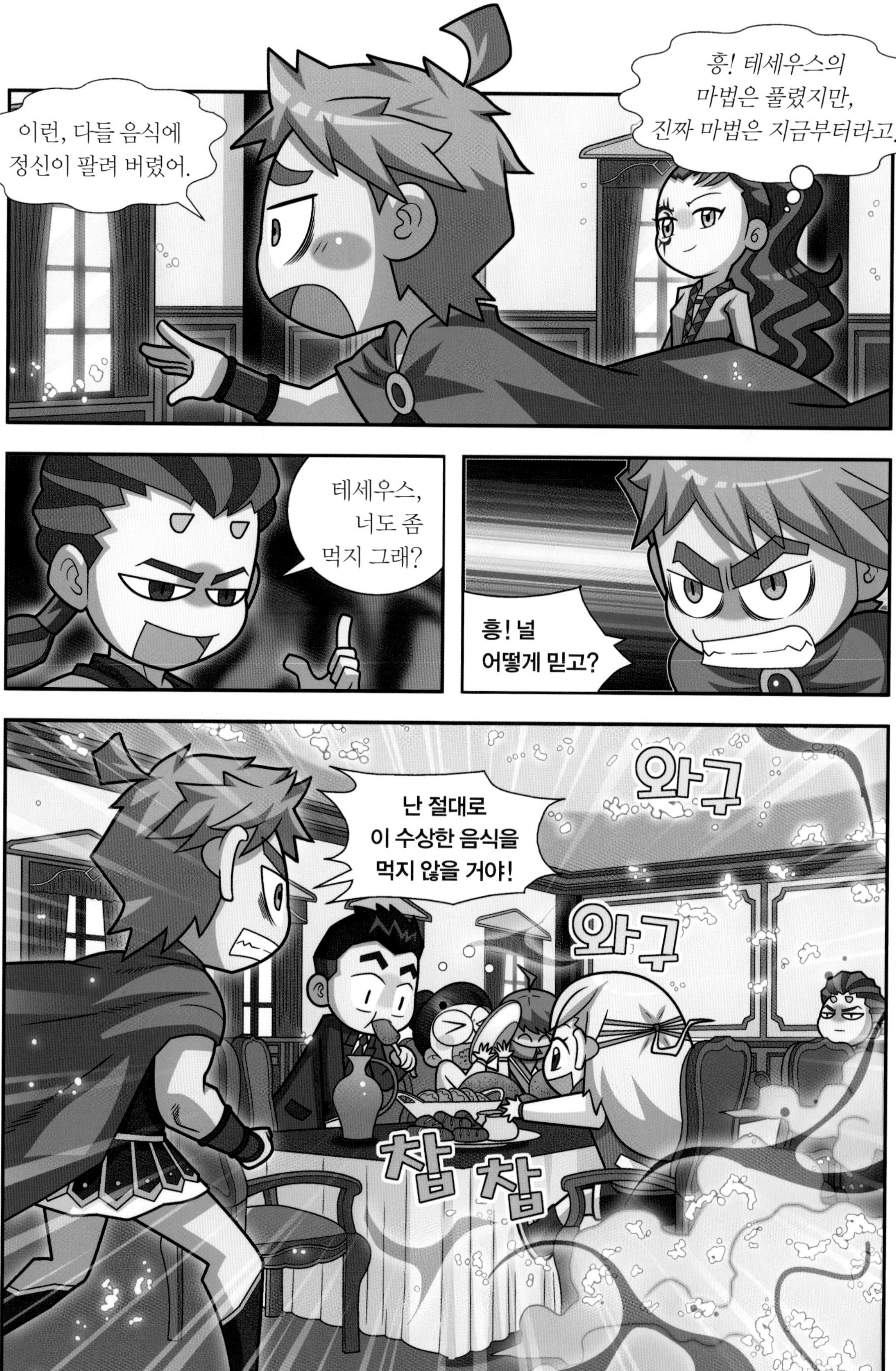

이런, 다들 음식에 정신이 팔려 버렸어.
흥! 테세우스의 마법은 풀렸지만, 진짜 마법은 지금부터라고!
테세우스, 너도 좀 먹지 그래?
흥! 널 어떻게 믿고?
난 절대로 이 수상한 음식을 먹지 않을 거야!
와구
와구
찹 찹

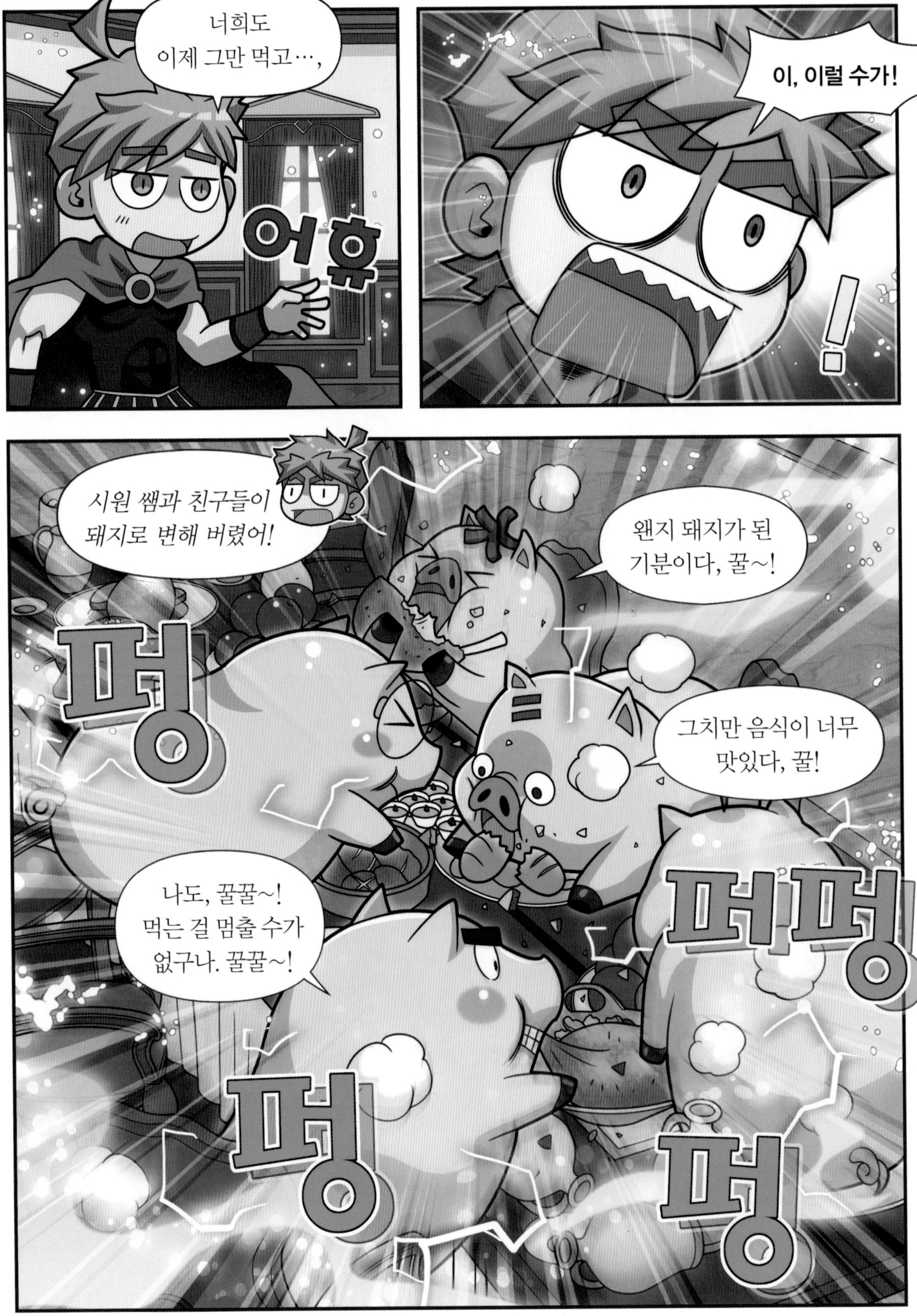
너희도 이제 그만 먹고…,
어휴
이, 이럴 수가!
!
시원 쌤과 친구들이 돼지로 변해 버렸어!
왠지 돼지가 된 기분이다, 꿀~!
펑
그치만 음식이 너무 맛있다, 꿀!
나도, 꿀꿀~! 먹는 걸 멈출 수가 없구나. 꿀꿀~!
퍼펑
펑
펑

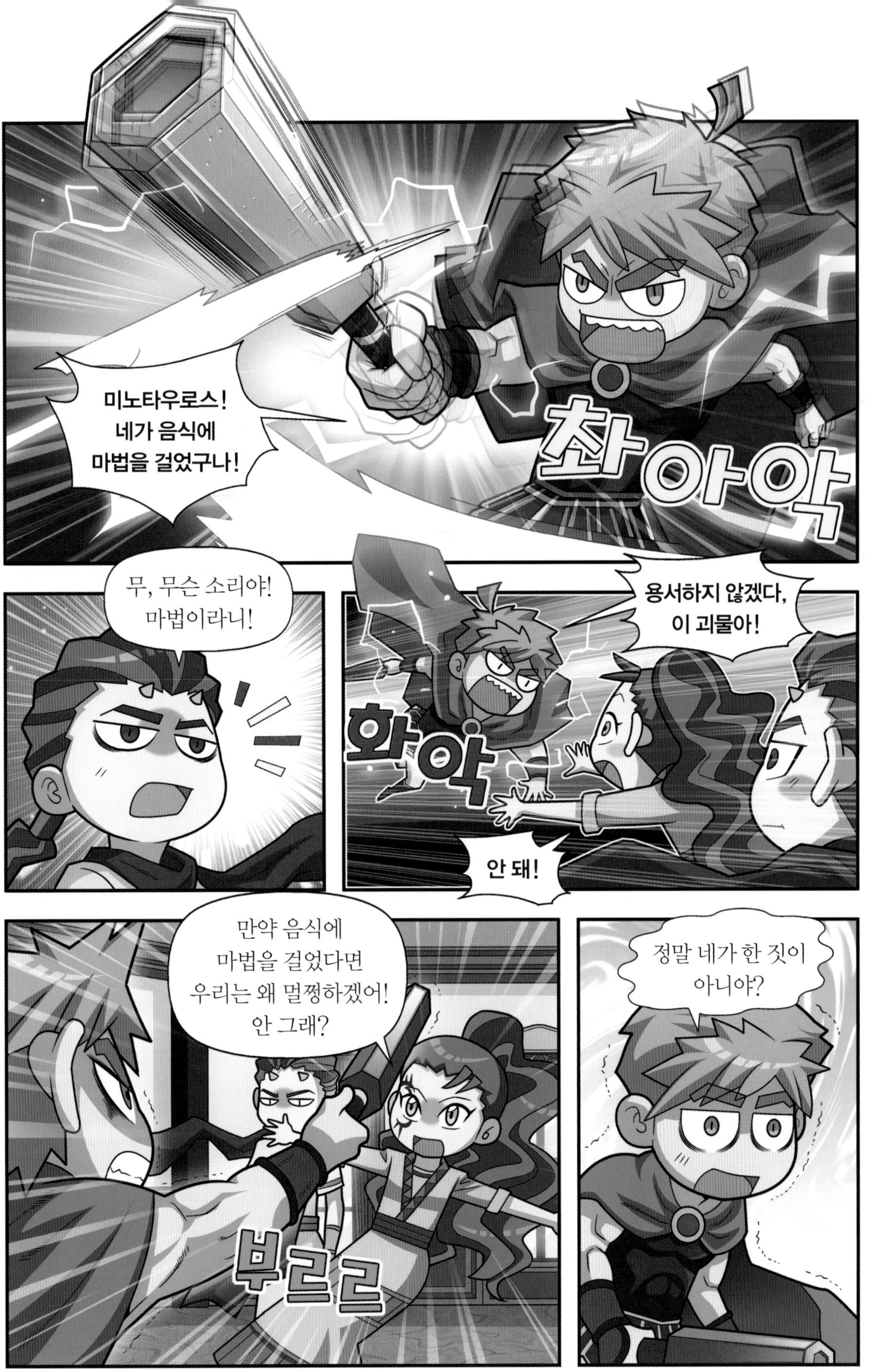

미노타우로스! 네가 음식에 마법을 걸었구나!
차아악
무, 무슨 소리야! 마법이라니!
용서하지 않겠다, 이 괴물아!
화악
안 돼!
만약 음식에 마법을 걸었다면 우리는 왜 멀쩡하겠어! 안 그래?
부르르
정말 네가 한 짓이 아니야?

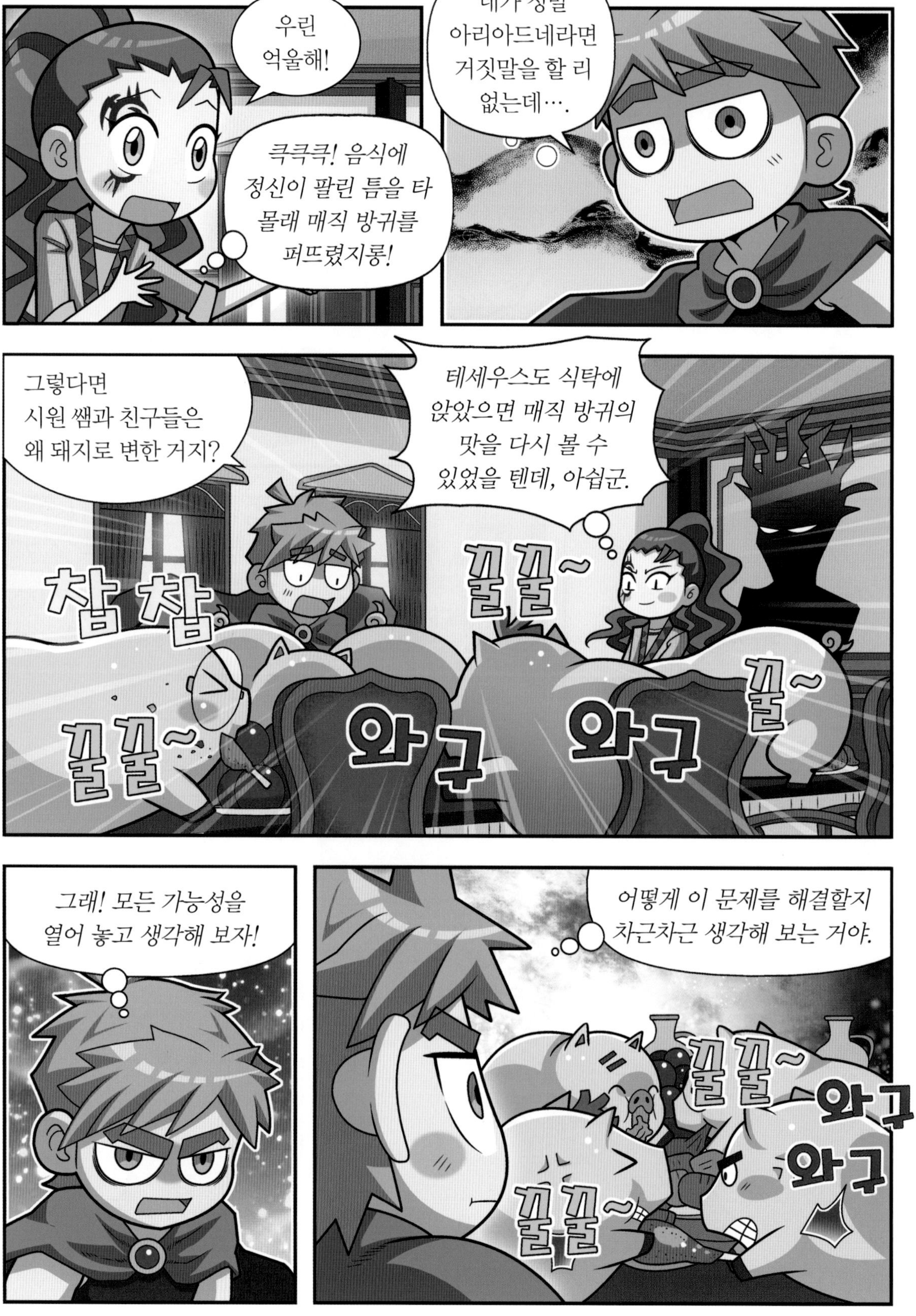
우린 억울해!
크크크! 음식에 정신이 팔린 틈을 타 몰래 매직 방귀를 퍼뜨렸지롱!
네가 정말 아리아드네라면 거짓말을 할 리 없는데….
그렇다면 시원 쌤과 친구들은 왜 돼지로 변한 거지?
테세우스도 식탁에 앉았으면 매직 방귀의 맛을 다시 볼 수 있었을 텐데, 아쉽군.
참 참
꿀꿀~
꿀꿀~
와구 와구
꿀~
그래! 모든 가능성을 열어 놓고 생각해 보자!
어떻게 이 문제를 해결할지 차근차근 생각해 보는 거야.
꿀꿀~
와구
와구
꿀꿀~

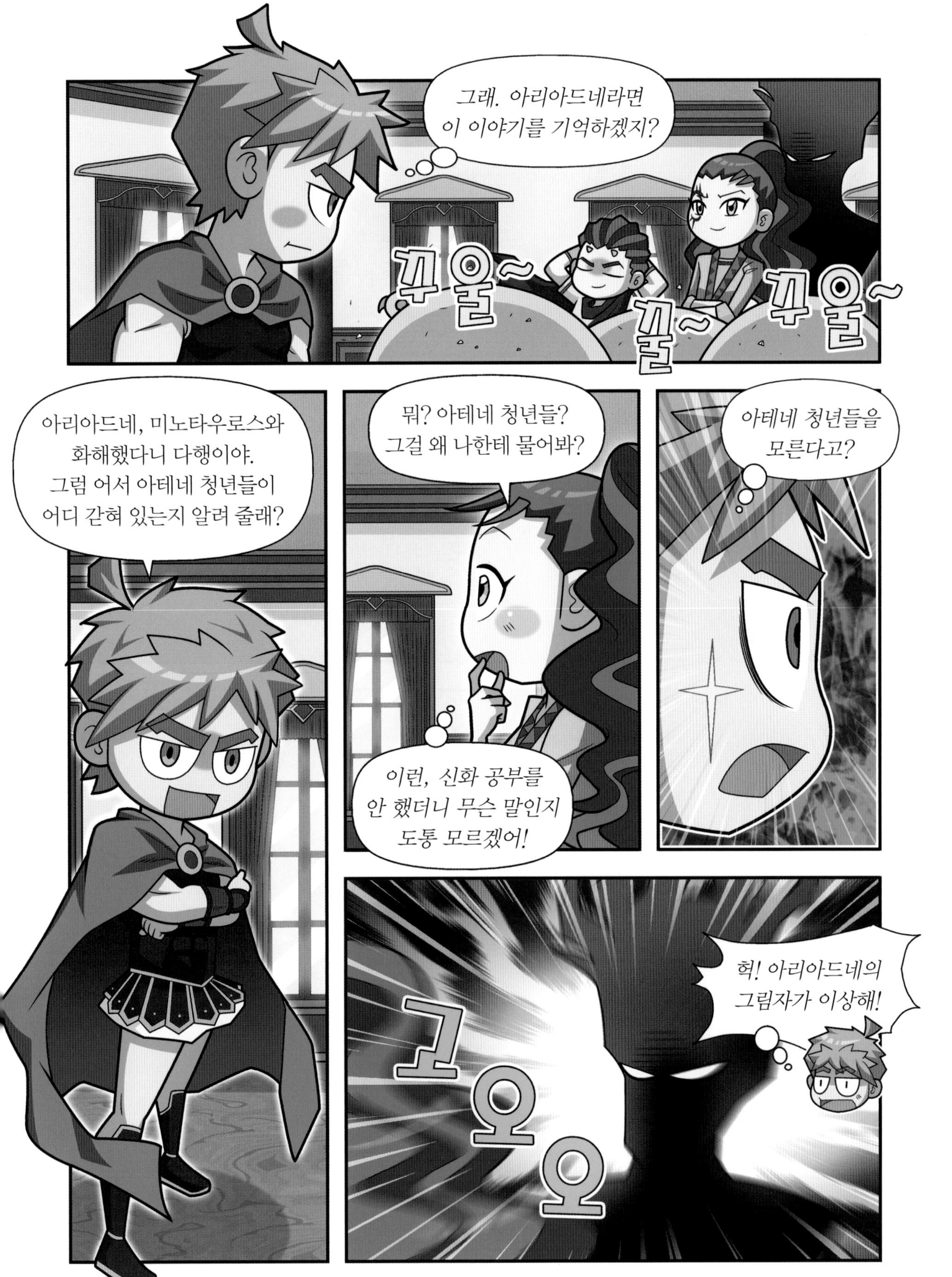
그래. 아리아드네라면 이 이야기를 기억하겠지?
꾸울~
꿀~
꾸울~
아리아드네, 미노타우로스와 화해했다니 다행이야. 그럼 어서 아테네 청년들이 어디 갇혀 있는지 알려 줄래?
뭐? 아테네 청년들? 그걸 왜 나한테 물어봐?
이런, 신화 공부를 안 했더니 무슨 말인지 도통 모르겠어!
아테네 청년들을 모른다고?
고오오
헉! 아리아드네의 그림자가 이상해!

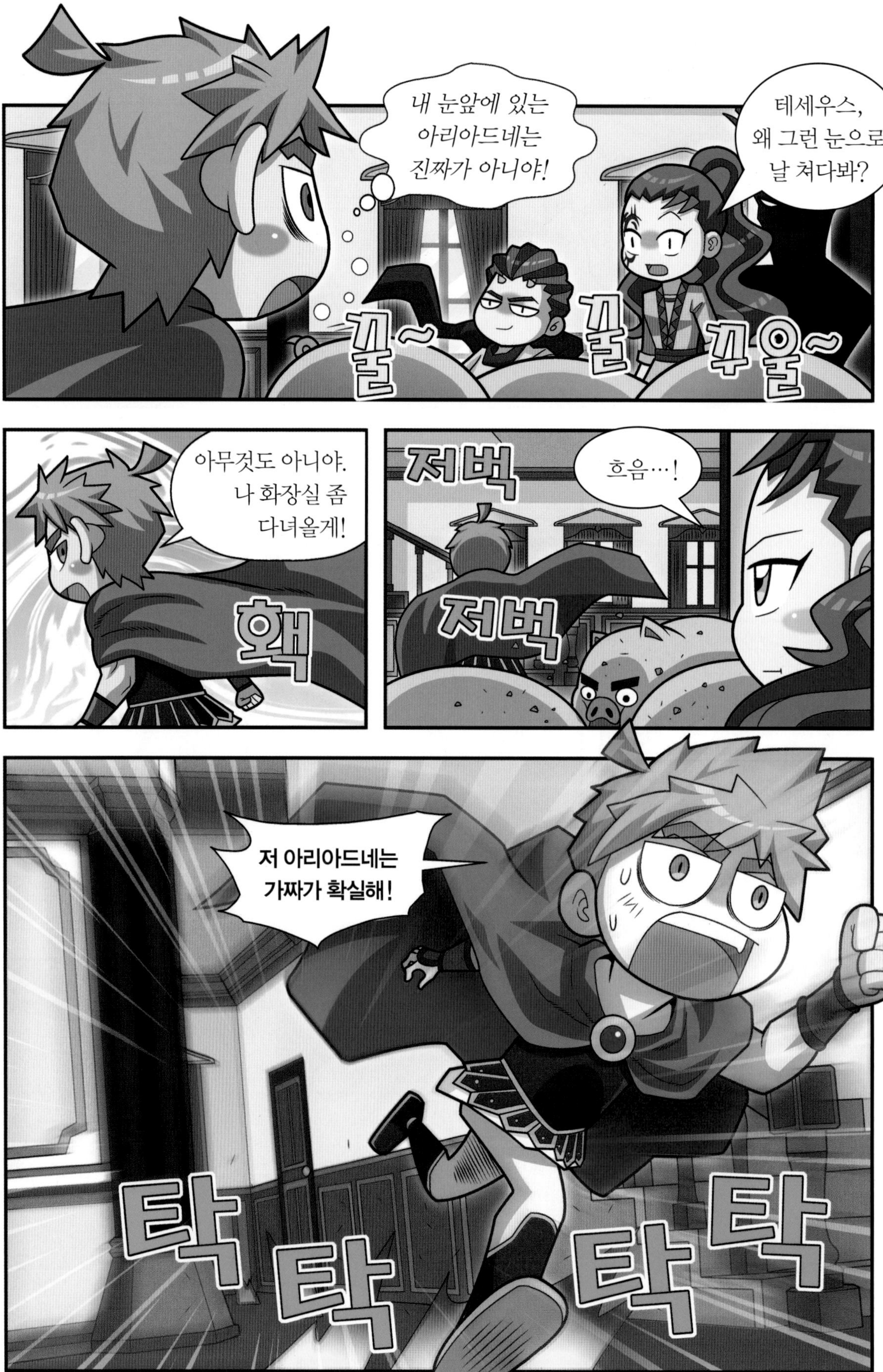
내 눈앞에 있는 아리아드네는 진짜가 아니야!
테세우스, 왜 그런 눈으로 날 쳐다봐?
꿀~
꿀,
꾸울~
아무것도 아니야. 나 화장실 좀 다녀올게!
홱
저벅
흐음…!
저벅
저 아리아드네는 가짜가 확실해!
탁
탁
탁
탁

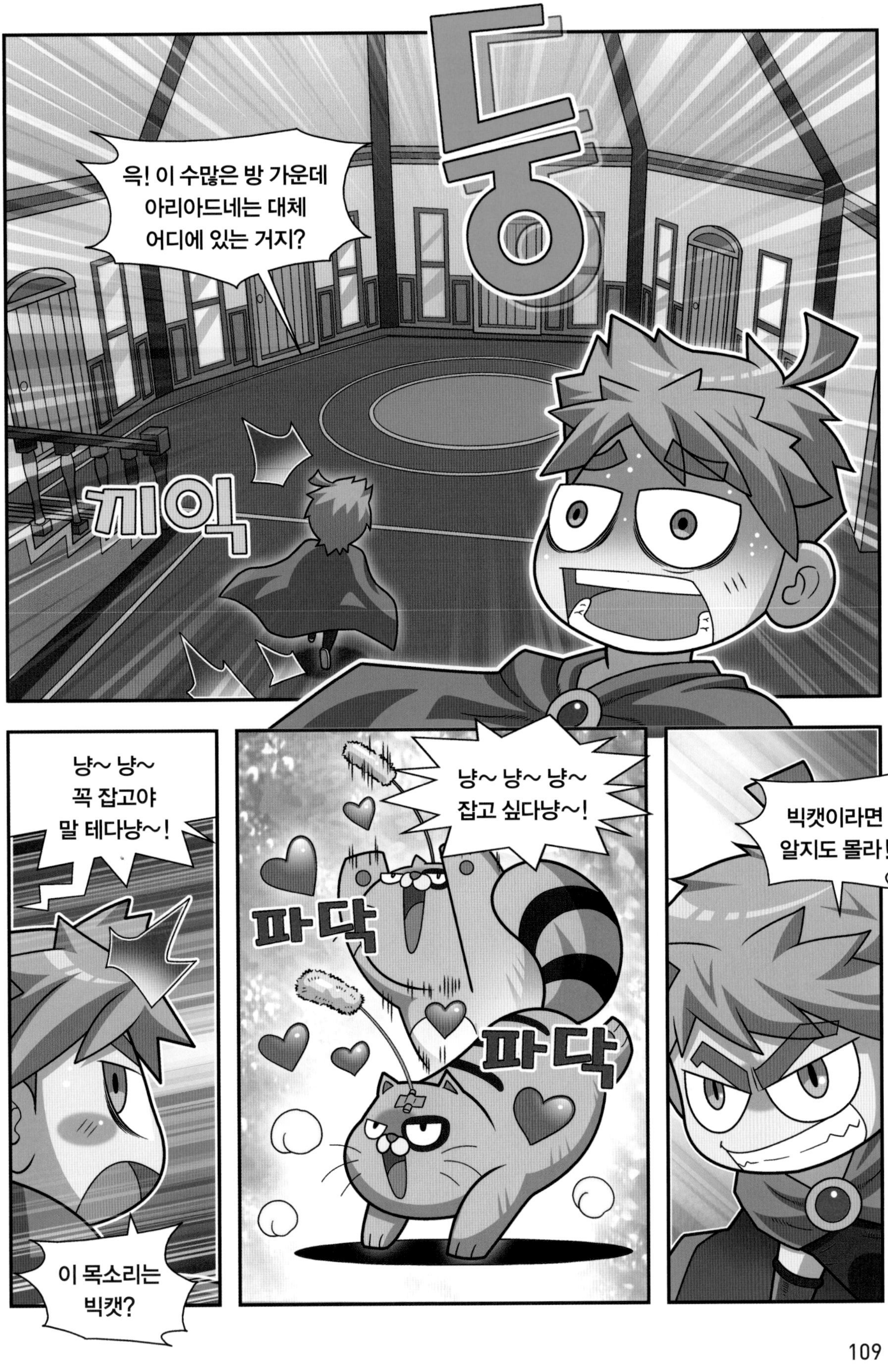
둥
윽! 이 수많은 방 가운데 아리아드네는 대체 어디에 있는 거지?
끼익
냥~ 냥~ 꼭 잡고야 말 테다냥~!
이 목소리는 빅캣?
냥~ 냥~ 냥~ 잡고 싶다냥~!
파닥
파닥
빅캣이라면 알지도 몰라!

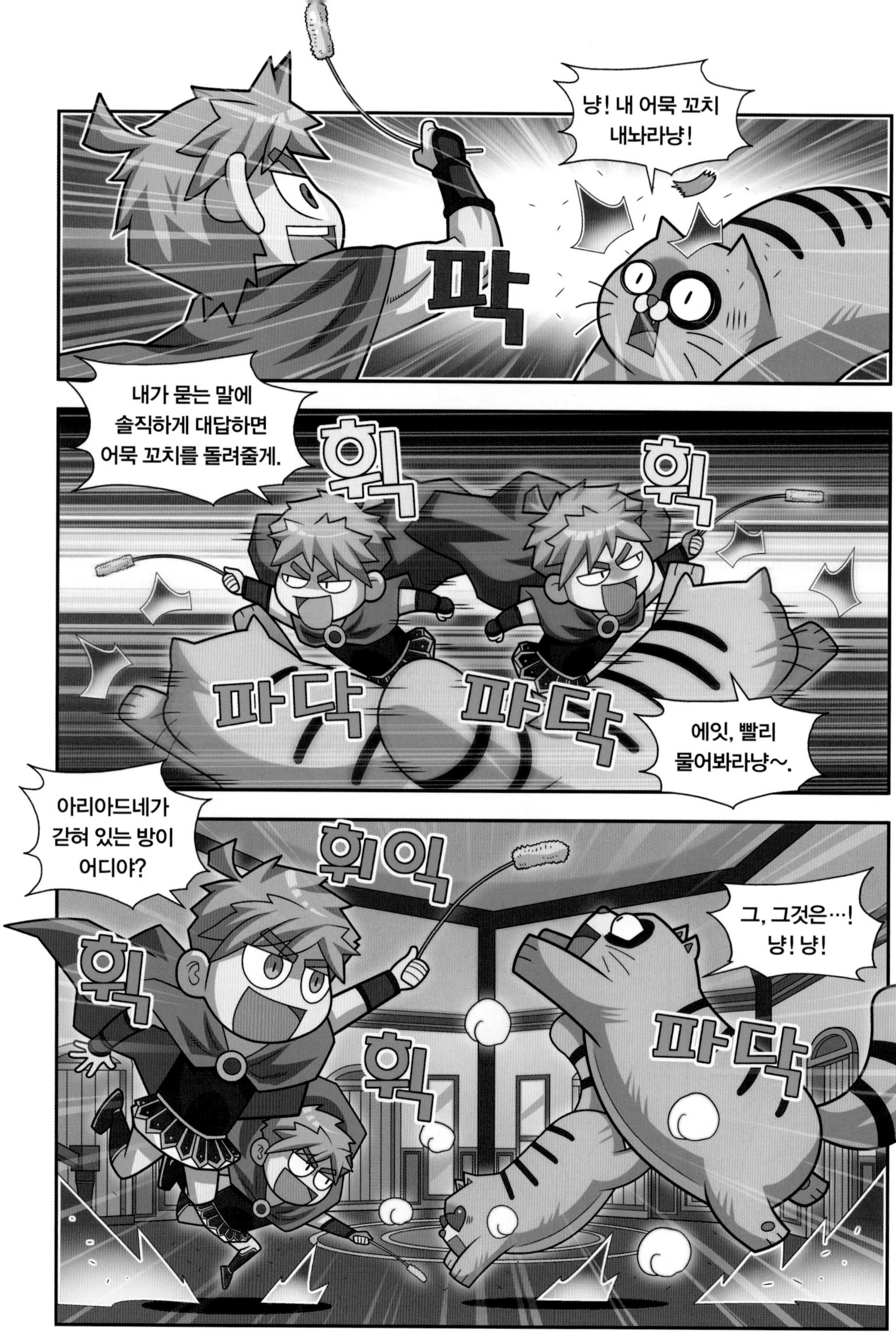

냥! 내 어묵 꼬치 내놔라냥!
팍
내가 묻는 말에 솔직하게 대답하면 어묵 꼬치를 돌려줄게.
휙
휙
파닥
파닥
에잇, 빨리 물어봐라냥~.
아리아드네가 갇혀 있는 방이 어디야?
휘익
그, 그것은…! 냥! 냥!
휙
휙
파닥

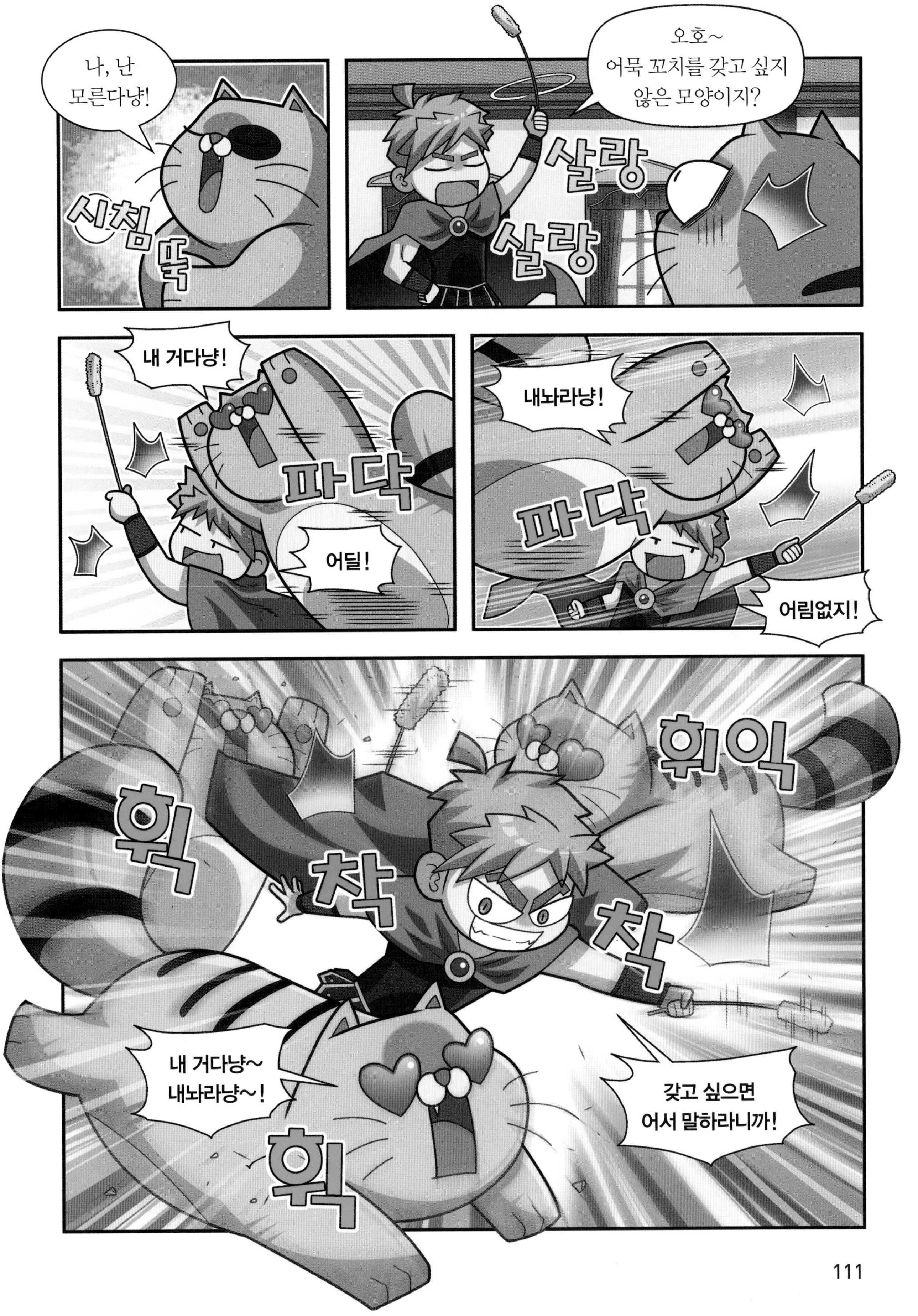
나, 난
모른다냥!
시침뚝
오호~
어묵 꼬치를 갖고 싶지
않은 모양이지?
살랑
살랑
내 거다냥!
파닥
어딜!
내놔라냥!
파닥
어림없지!
휘익
획
착
착
내 거다냥~
내놔라냥~!
갖고 싶으면
어서 말하라니까!
획

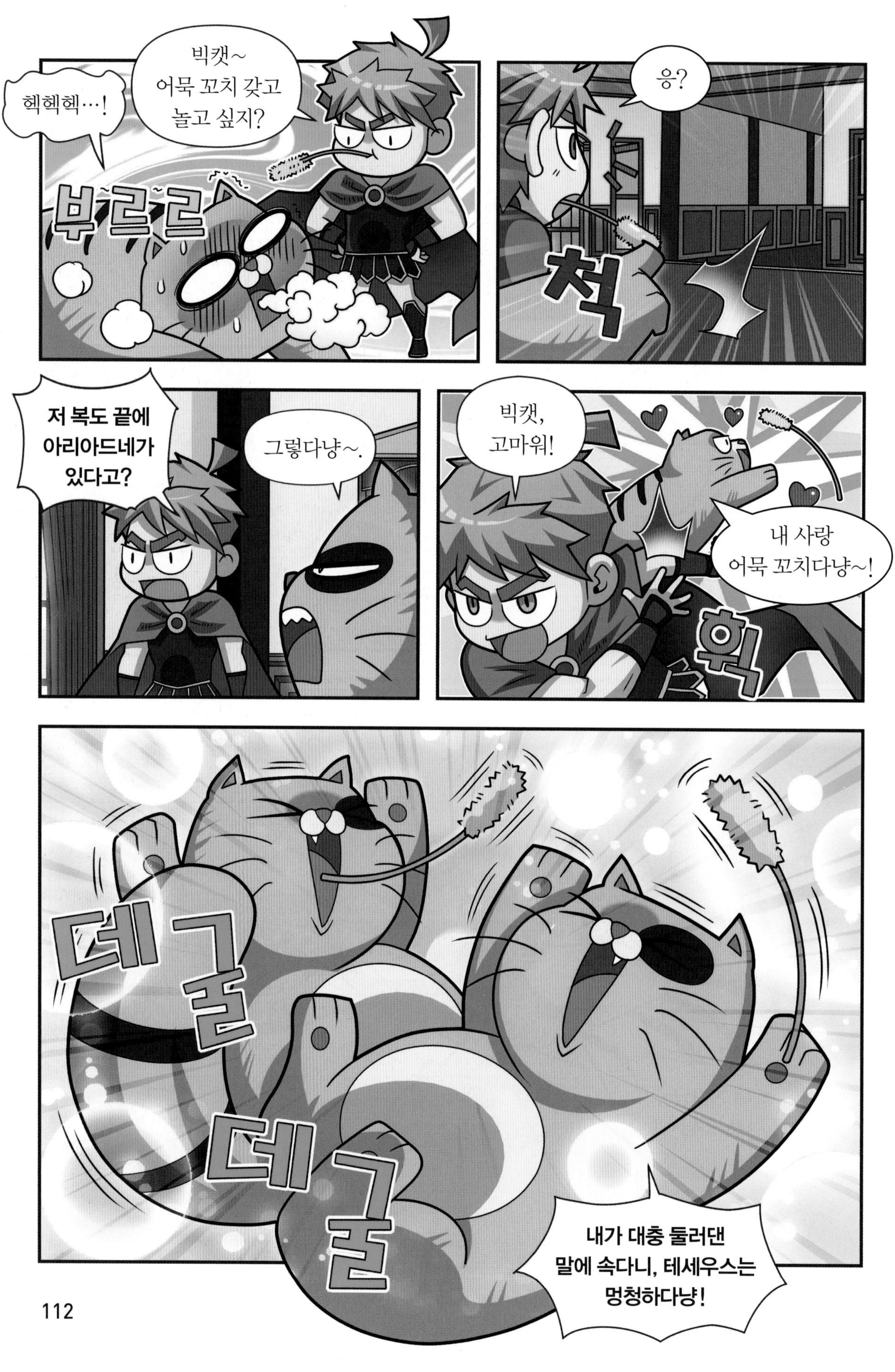
헥헥헥…!
빅캣~
어묵 꼬치 갖고
놀고 싶지?
부르르
응?
척
저 복도 끝에
아리아드네가
있다고?
그렇다냥~.
빅캣,
고마워!
내 사랑
어묵 꼬치다냥~!
휙
데굴
데굴
내가 대충 둘러댄
말에 속다니, 테세우스는
멍청하다냥!

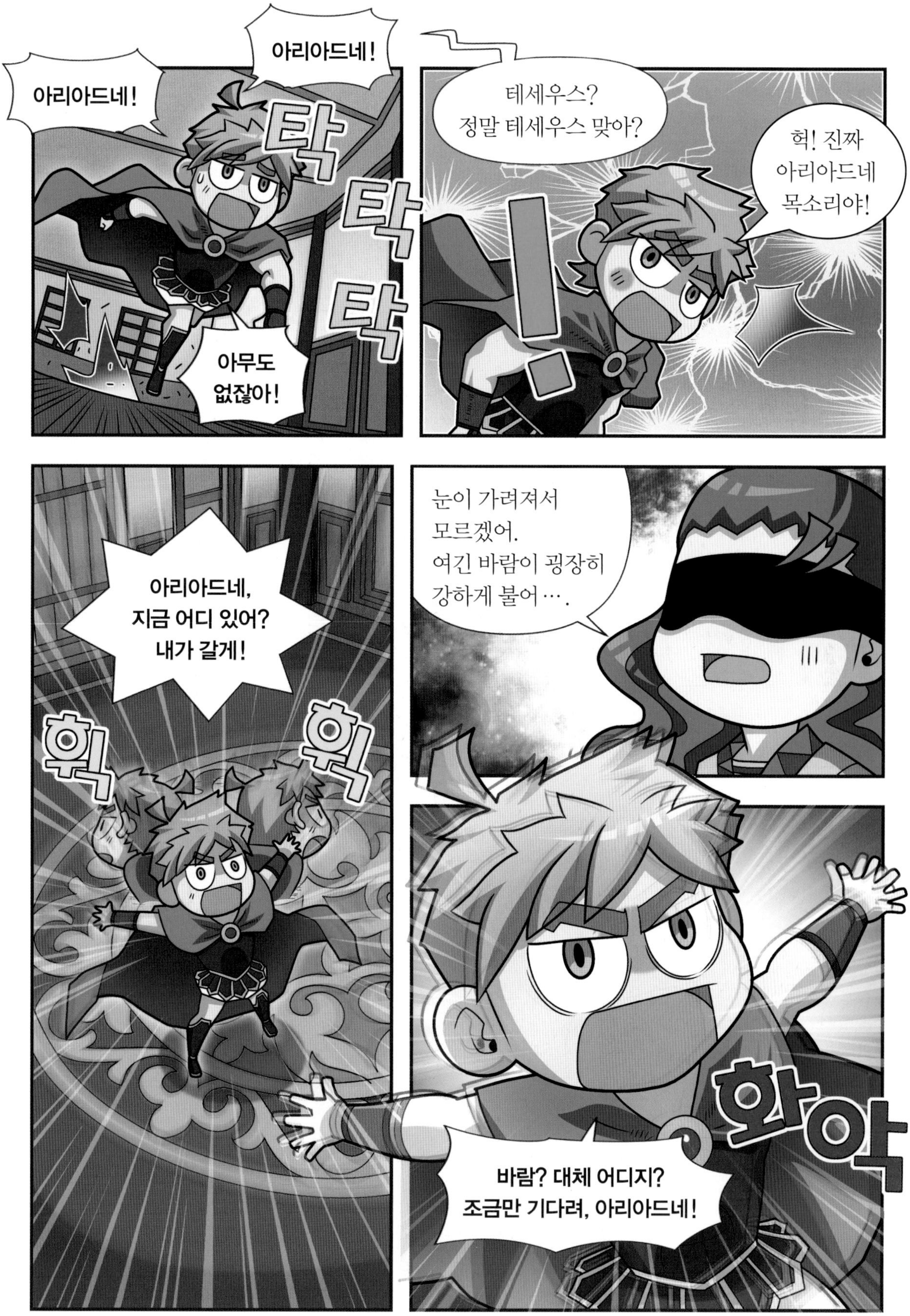
아리아드네!
아리아드네!
탁
탁
탁
아무도 없잖아!
테세우스? 정말 테세우스 맞아?
헉! 진짜 아리아드네 목소리야!
아리아드네, 지금 어디 있어? 내가 갈게!
휙
휙
눈이 가려져서 모르겠어. 여긴 바람이 굉장히 강하게 불어….
화악
바람? 대체 어디지? 조금만 기다려, 아리아드네!

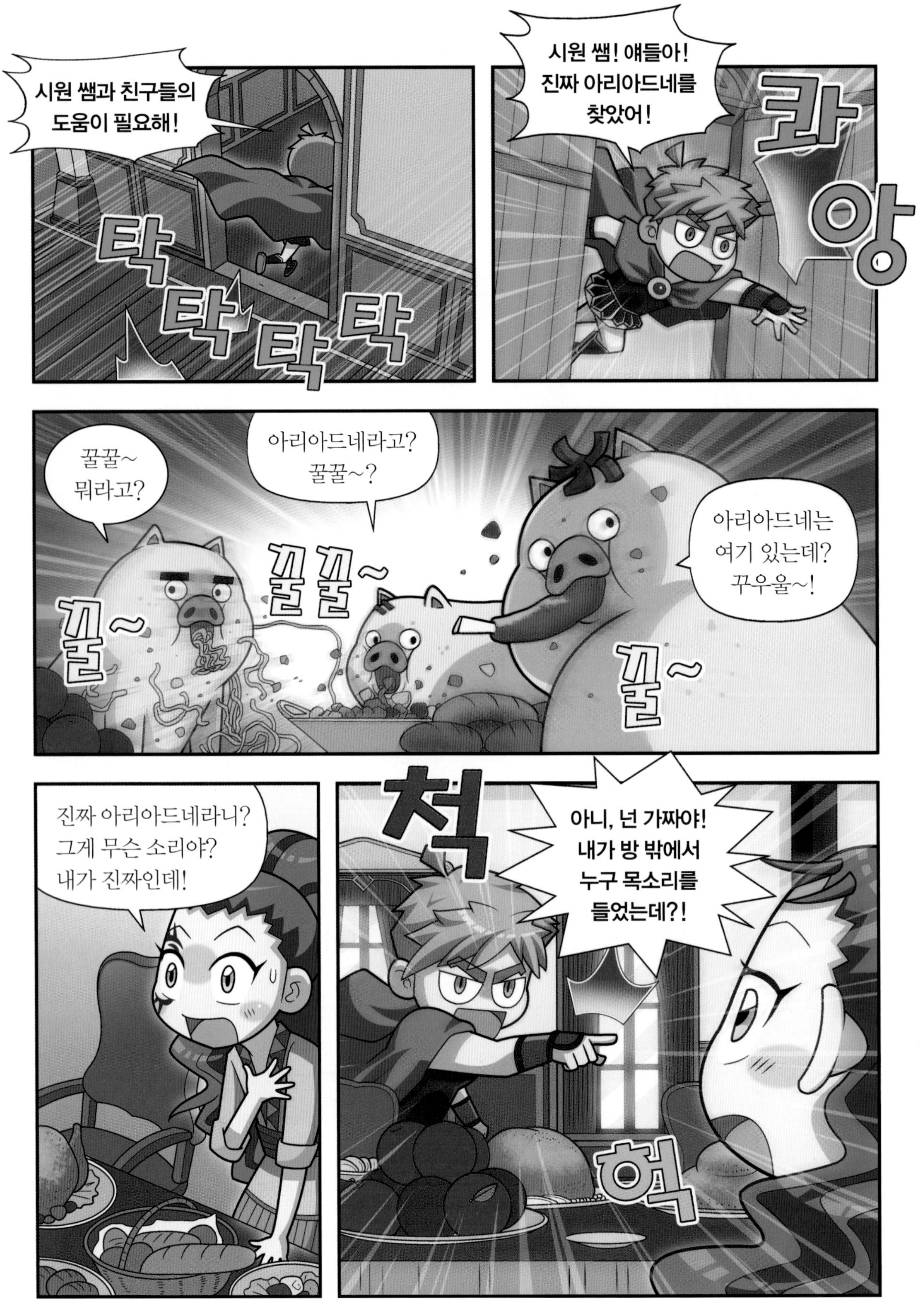
시원 쌤과 친구들의 도움이 필요해!
탁 탁 탁 탁
시원 쌤! 얘들아! 진짜 아리아드네를 찾았어!
콰앙
꿀꿀~ 뭐라고?
아리아드네라고? 꿀꿀~?
꿀~
꿀꿀~
아리아드네는 여기 있는데? 꾸우울~!
꿀~
진짜 아리아드네라니? 그게 무슨 소리야? 내가 진짜인데!
척
아니, 넌 가짜야! 내가 방 밖에서 누구 목소리를 들었는데?!
헉

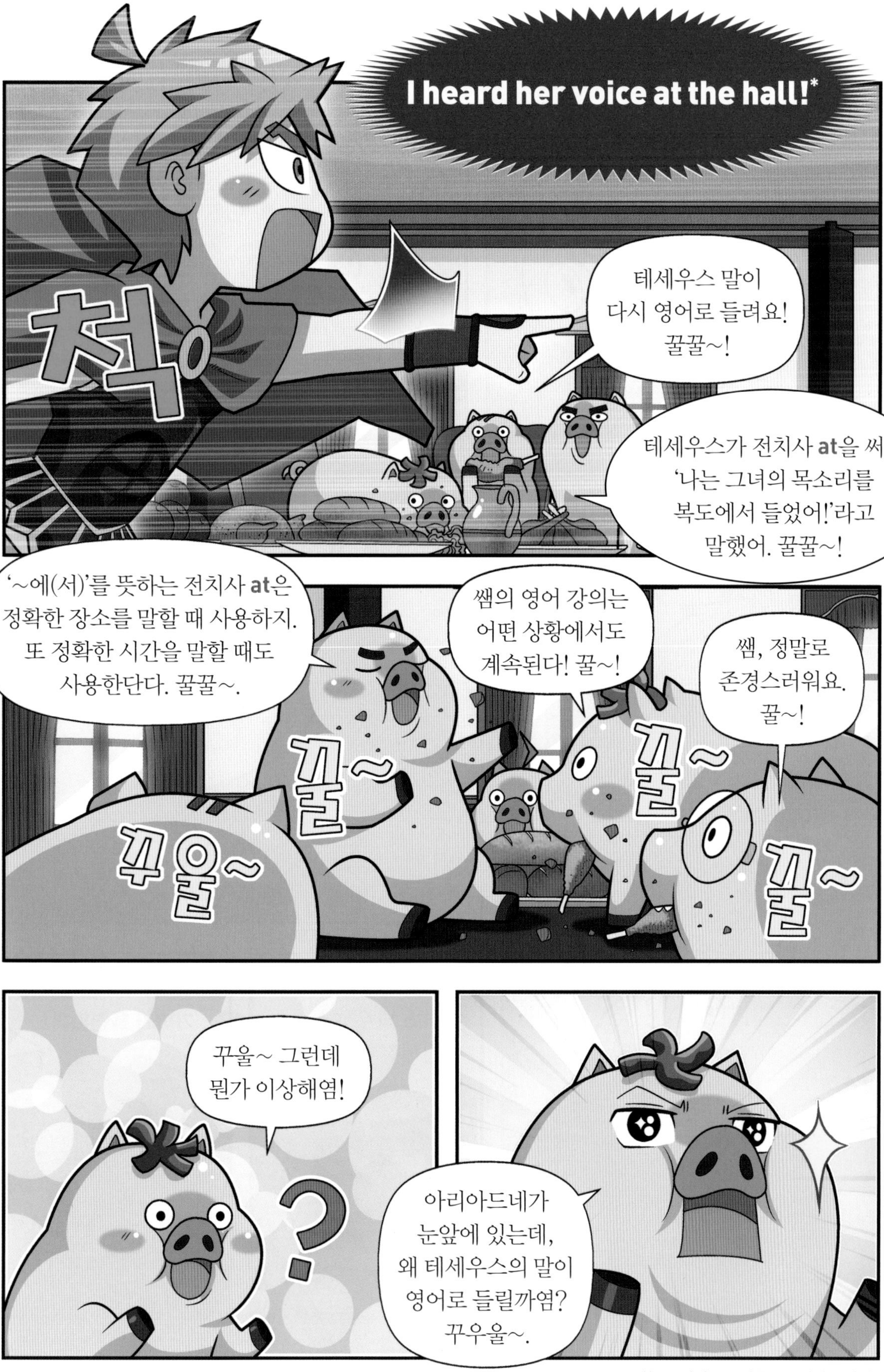
I heard her voice at the hall!*
척
테세우스 말이 다시 영어로 들려요! 꿀꿀~!
테세우스가 전치사 at을 써서 '나는 그녀의 목소리를 복도에서 들었어!'라고 말했어. 꿀꿀~!
'~에(서)'를 뜻하는 전치사 at은 정확한 장소를 말할 때 사용하지. 또 정확한 시간을 말할 때도 사용한단다. 꿀꿀~.
쌤의 영어 강의는 어떤 상황에서도 계속된다! 꿀~!
쌤, 정말로 존경스러워요. 꿀~!
꿀~
꾸울~
꿀~
꿀~
꾸울~ 그런데 뭔가 이상해염!
?
아리아드네가 눈앞에 있는데, 왜 테세우스의 말이 영어로 들릴까염? 꾸우울~.

* 나는 그녀의 목소리를 복도에서 들었어!

* 분홍색 단어의 발음이 궁금하다면 143쪽을 펼쳐 보세요. * 이시원 선생님이 직접 가르쳐 주는 강의를 확인하고 싶다면 147쪽을 펼쳐 보세요.

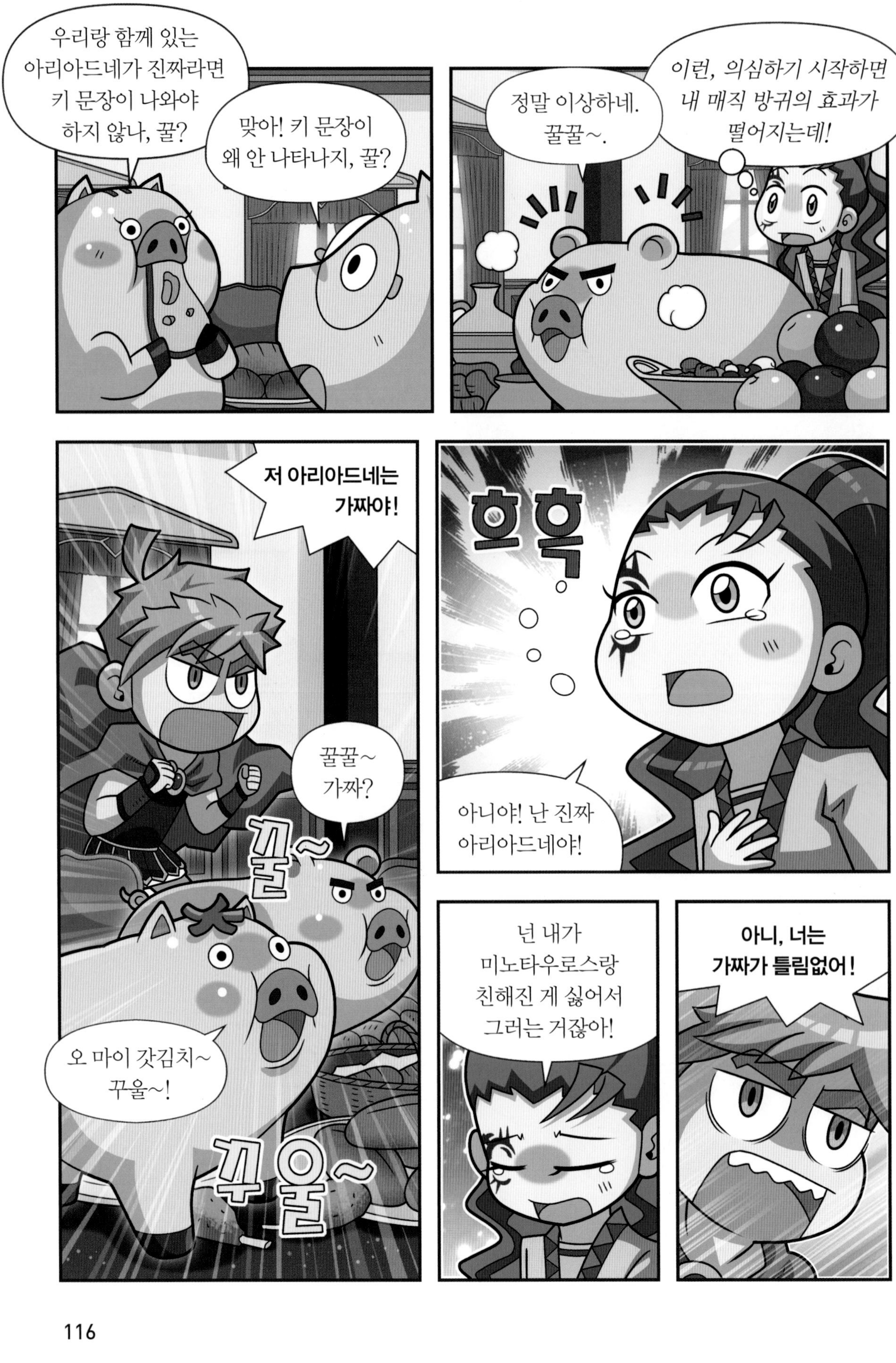
우리랑 함께 있는 아리아드네가 진짜라면 키 문장이 나와야 하지 않나, 꿀?
맞아! 키 문장이 왜 안 나타나지, 꿀?
정말 이상하네. 꿀꿀~.
이런, 의심하기 시작하면 내 매직 방귀의 효과가 떨어지는데!
저 아리아드네는 가짜야!
꿀꿀~ 가짜?
꿀~
오 마이 갓김치~ 꾸울~!
꾸울~
호흑
아니야! 난 진짜 아리아드네야!
넌 내가 미노타우로스랑 친해진 게 싫어서 그러는 거잖아!
아니, 너는 가짜가 틀림없어!

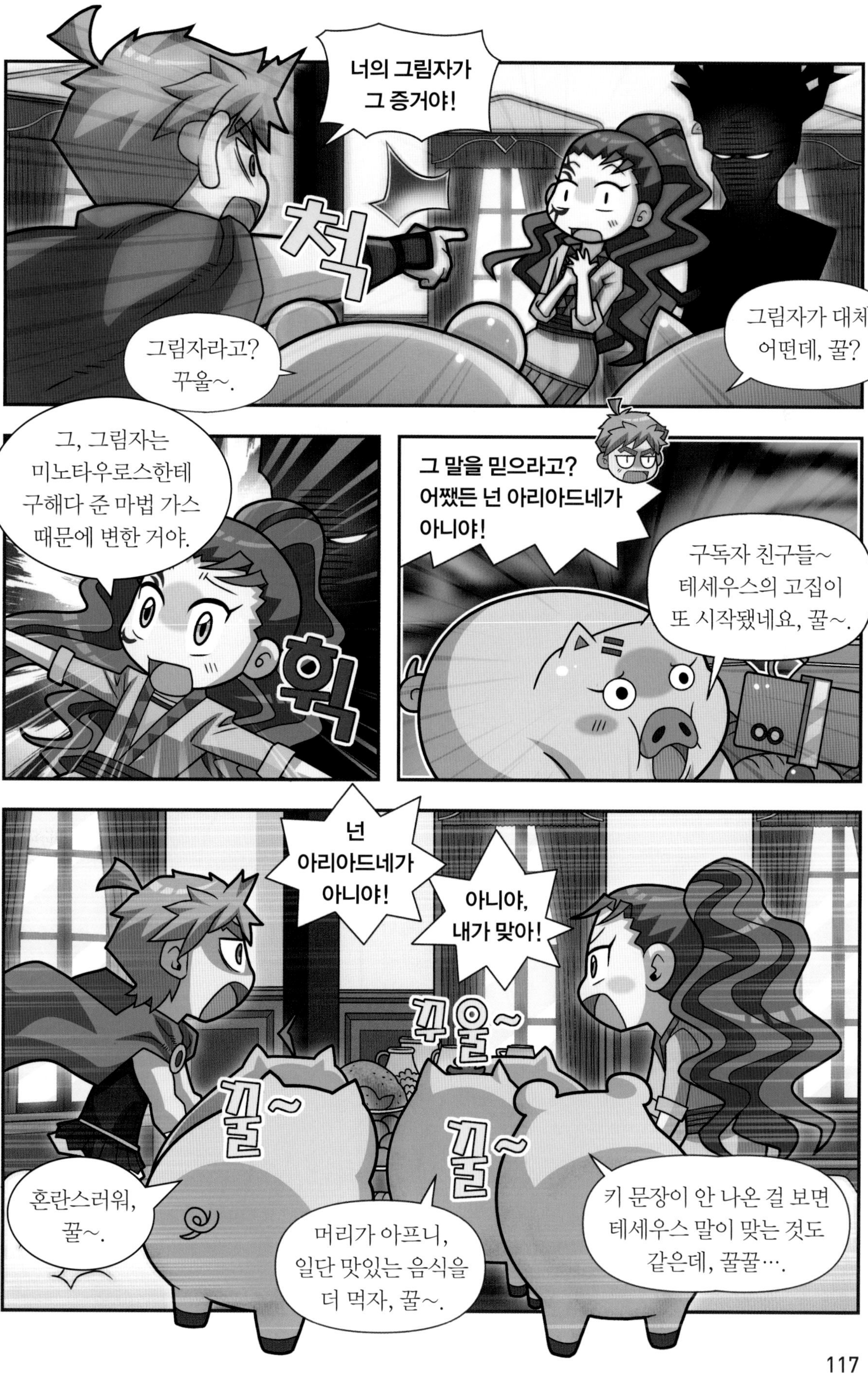
너의 그림자가
그 증거야!
척
그림자라고?
꾸울~.
그림자가 대체
어떤데, 꿀?
그, 그림자는
미노타우로스한테
구해다 준 마법 가스
때문에 변한 거야.
휙
그 말을 믿으라고?
어쨌든 넌 아리아드네가
아니야!
구독자 친구들~
테세우스의 고집이
또 시작됐네요, 꿀~.
넌
아리아드네가
아니야!
아니야,
내가 맞아!
꾸울~
꿀~
꿀~
혼란스러워,
꿀~.
머리가 아프니,
일단 맛있는 음식을
더 먹자, 꿀~.
키 문장이 안 나온 걸 보면
테세우스 말이 맞는 것도
같은데, 꿀꿀….

Chapter 6

테세우스의 유연한 사고

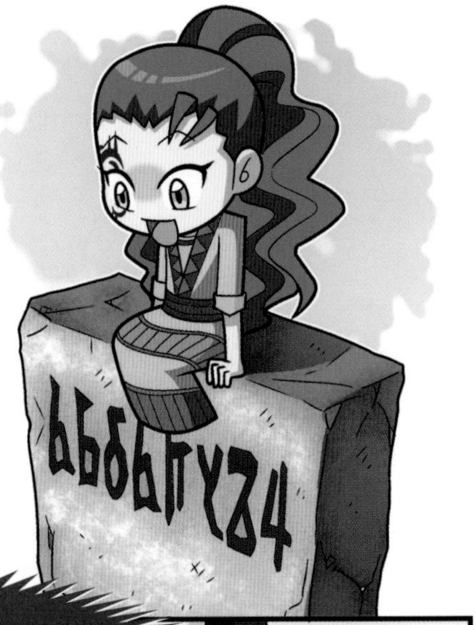

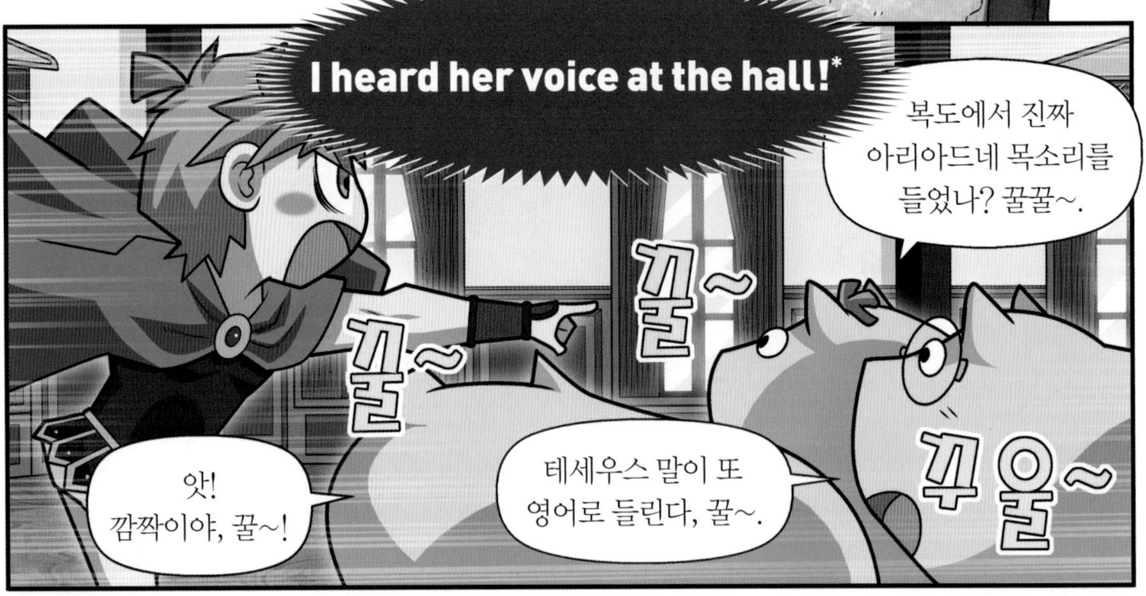
I heard her voice at the hall!*
복도에서 진짜 아리아드네 목소리를 들었나? 꿀꿀~.
꿀~
꿀~
꾸울~
앗! 깜짝이야, 꿀~!
테세우스 말이 또 영어로 들린다, 꿀~.

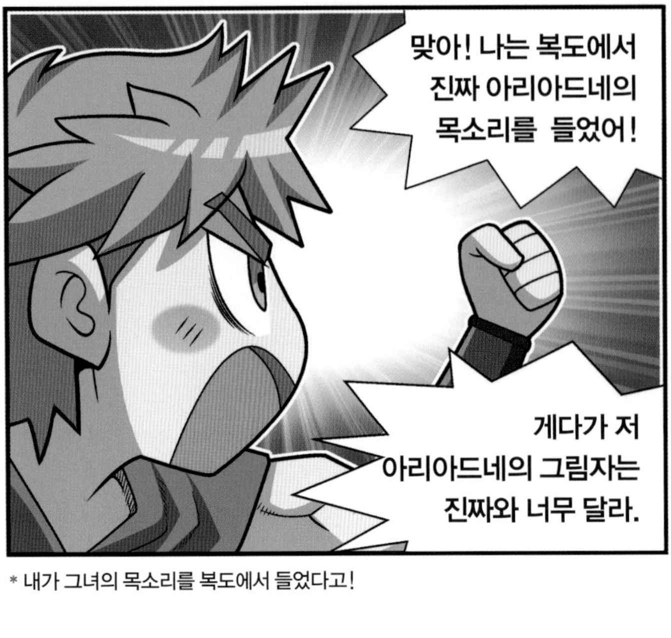
맞아! 나는 복도에서 진짜 아리아드네의 목소리를 들었어!
게다가 저 아리아드네의 그림자는 진짜와 너무 달라.

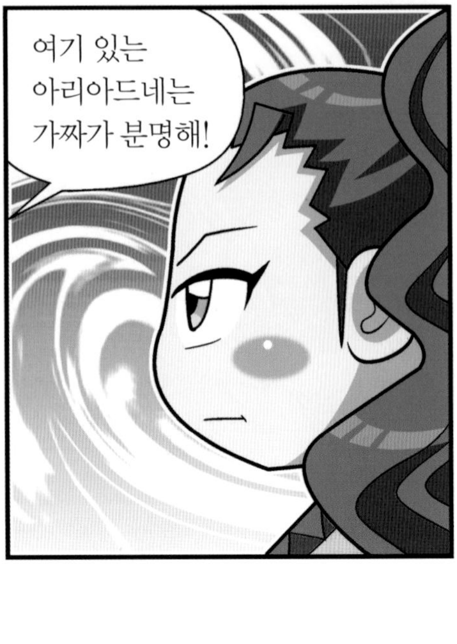
여기 있는 아리아드네는 가짜가 분명해!

* 내가 그녀의 목소리를 복도에서 들었다고!

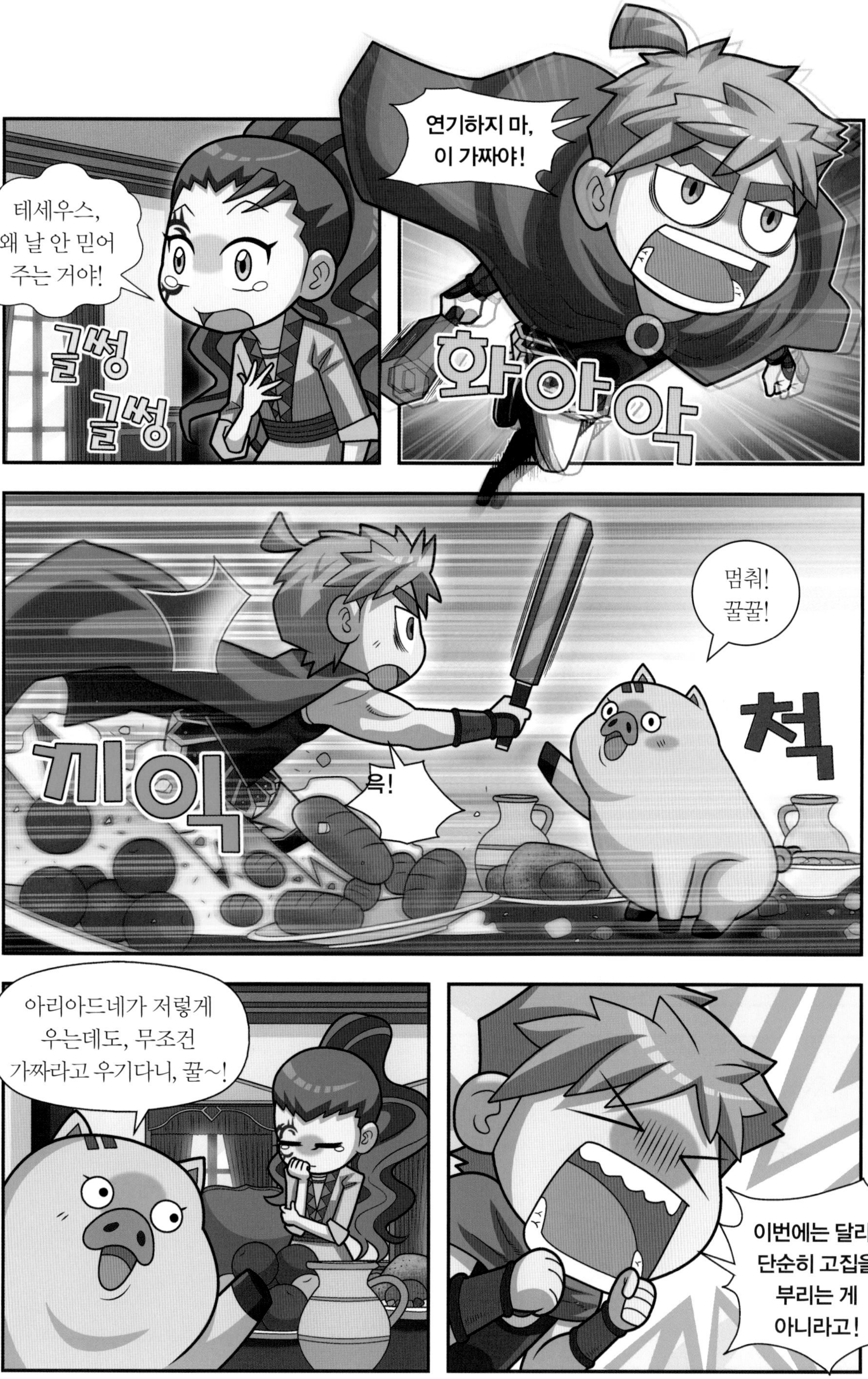
테세우스, 왜 날 안 믿어 주는 거야!
글썽 글썽
연기하지 마, 이 가짜야!
화아악
멈춰! 꿀꿀!
끼익
윽!
척
아리아드네가 저렇게 우는데도, 무조건 가짜라고 우기다니, 꿀~!
이번에는 달라! 단순히 고집을 부리는 게 아니라고!

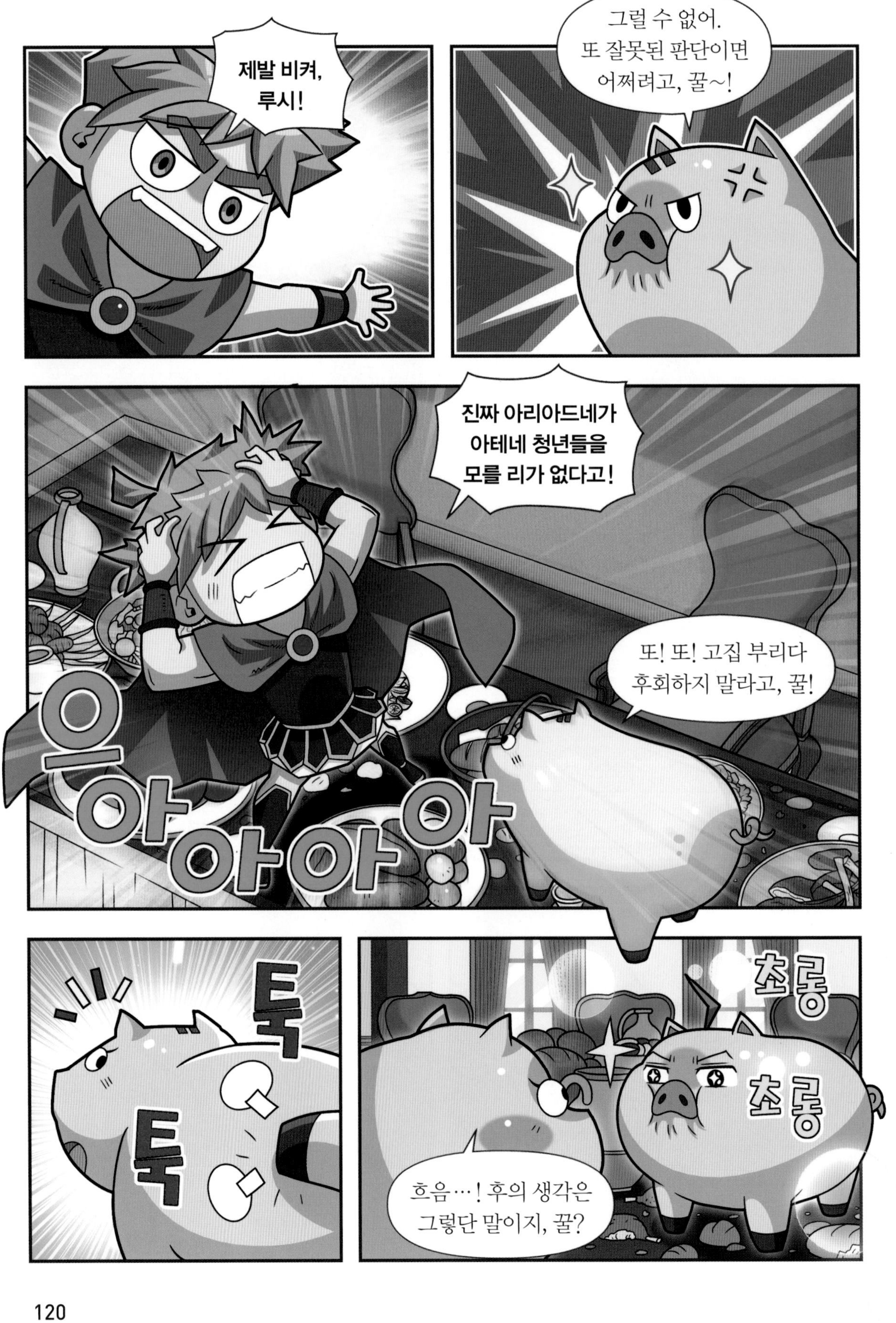
제발 비켜, 루시!
그럴 수 없어. 또 잘못된 판단이면 어쩌려고, 꿀~!
진짜 아리아드네가 아테네 청년들을 모를 리가 없다고!
으아아아아
또! 또! 고집 부리다 후회하지 말라고, 꿀!
툭
툭
초롱
초롱
흐음…! 후의 생각은 그렇단 말이지, 꿀?

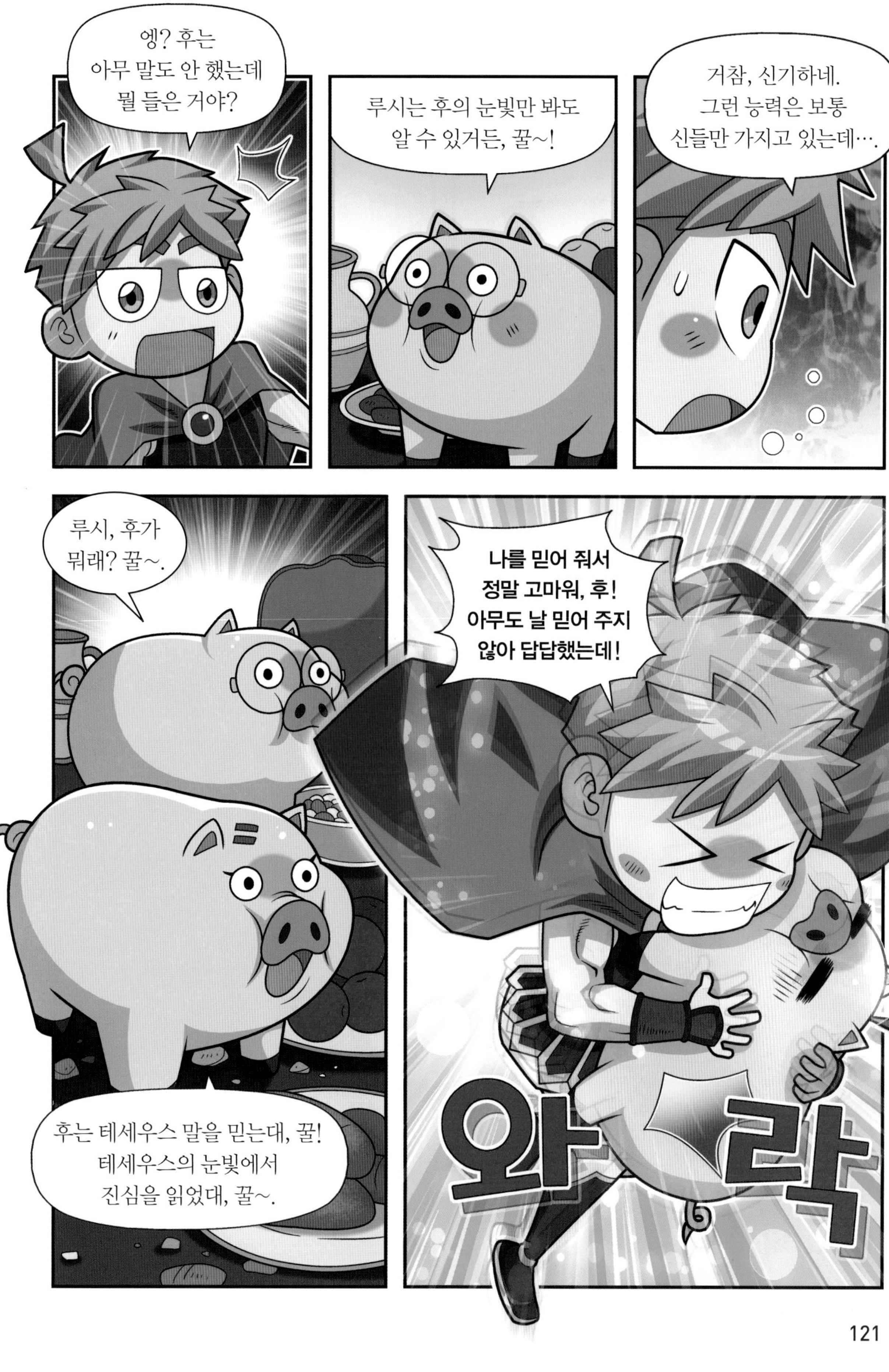

엥? 후는
아무 말도 안 했는데
뭘 들은 거야?
루시는 후의 눈빛만 봐도
알 수 있거든, 꿀~!
거참, 신기하네.
그런 능력은 보통
신들만 가지고 있는데….
루시, 후가
뭐래? 꿀~.
후는 테세우스 말을 믿는대, 꿀!
테세우스의 눈빛에서
진심을 읽었대, 꿀~.
나를 믿어 줘서
정말 고마워, 후!
아무도 날 믿어 주지
않아 답답했는데!
와락

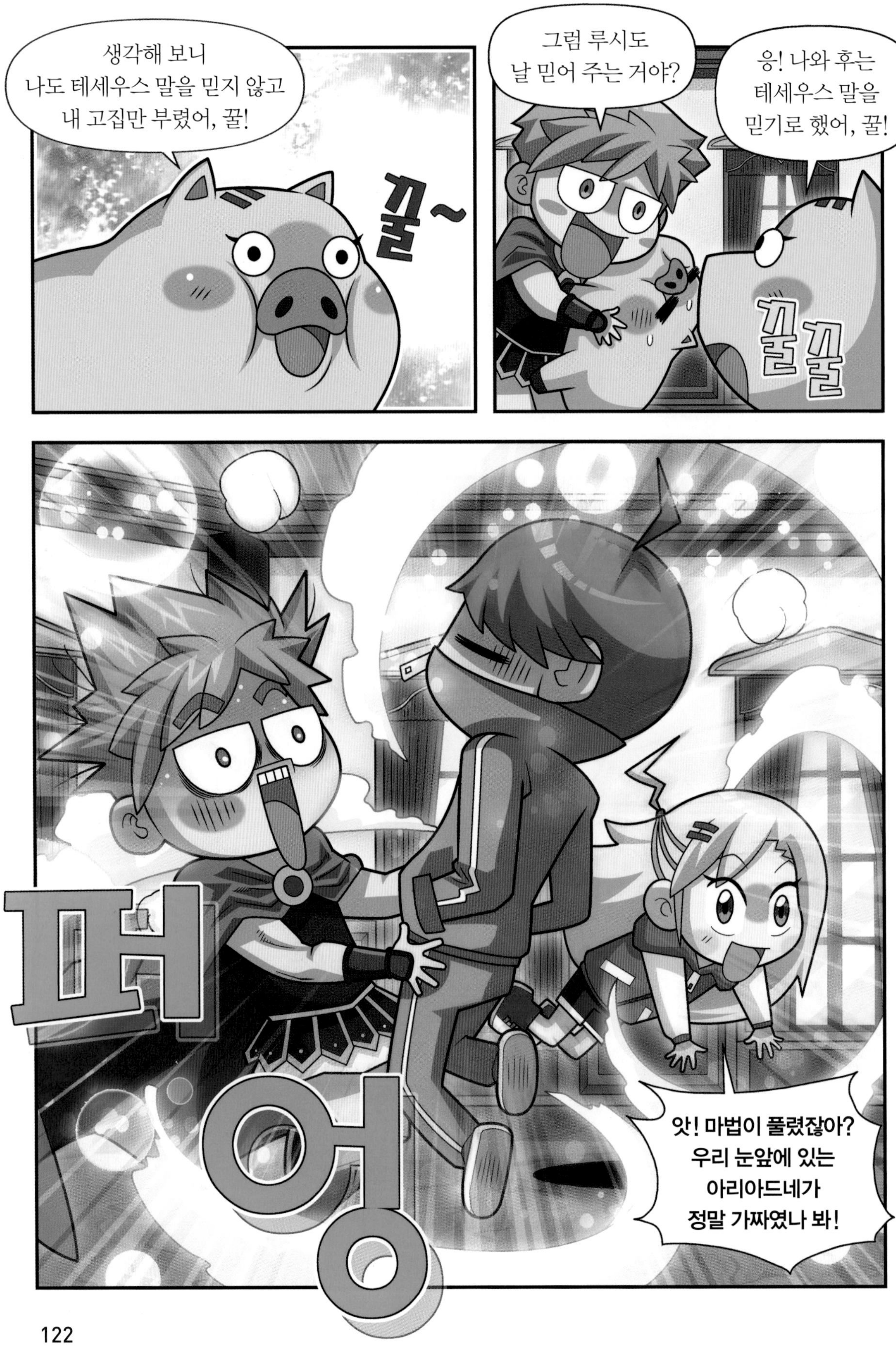
생각해 보니
나도 테세우스 말을 믿지 않고
내 고집만 부렸어, 꿀!
꿀~
그럼 루시도
날 믿어 주는 거야?
응! 나와 후는
테세우스 말을
믿기로 했어, 꿀!
꿀꿀
펑
앗! 마법이 풀렸잖아?
우리 눈앞에 있는
아리아드네가
정말 가짜였나 봐!

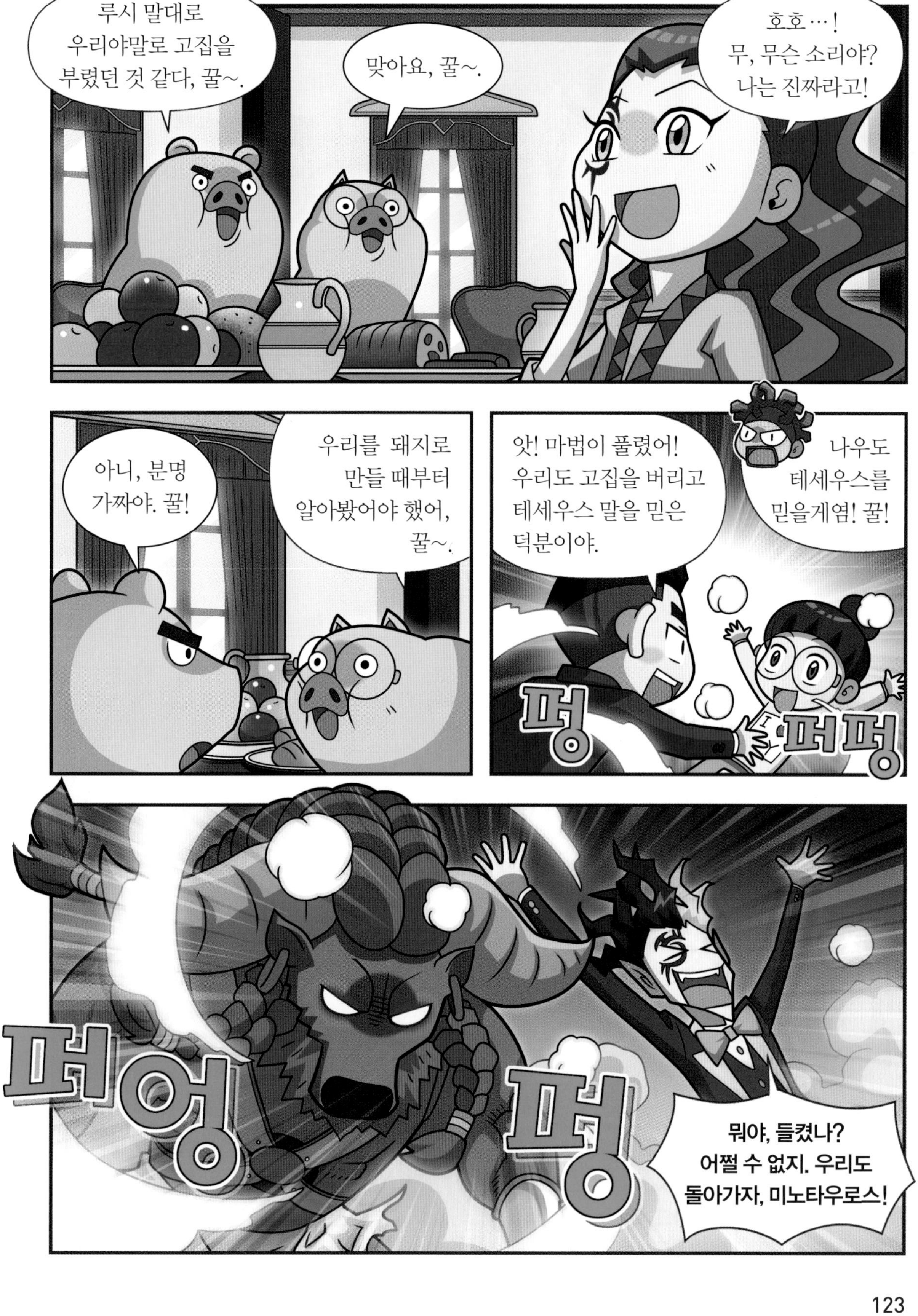

루시 말대로 우리야말로 고집을 부렸던 것 같다, 꿀~.
맞아요, 꿀~.
호호…! 무, 무슨 소리야? 나는 진짜라고!
아니, 분명 가짜야. 꿀!
우리를 돼지로 만들 때부터 알아봤어야 했어, 꿀~.
앗! 마법이 풀렸어! 우리도 고집을 버리고 테세우스 말을 믿은 덕분이야.
나우도 테세우스를 믿을게염! 꿀!
펑
퍼펑
펴엉
펑
뭐야, 들켰나? 어쩔 수 없지. 우리도 돌아가자, 미노타우로스!

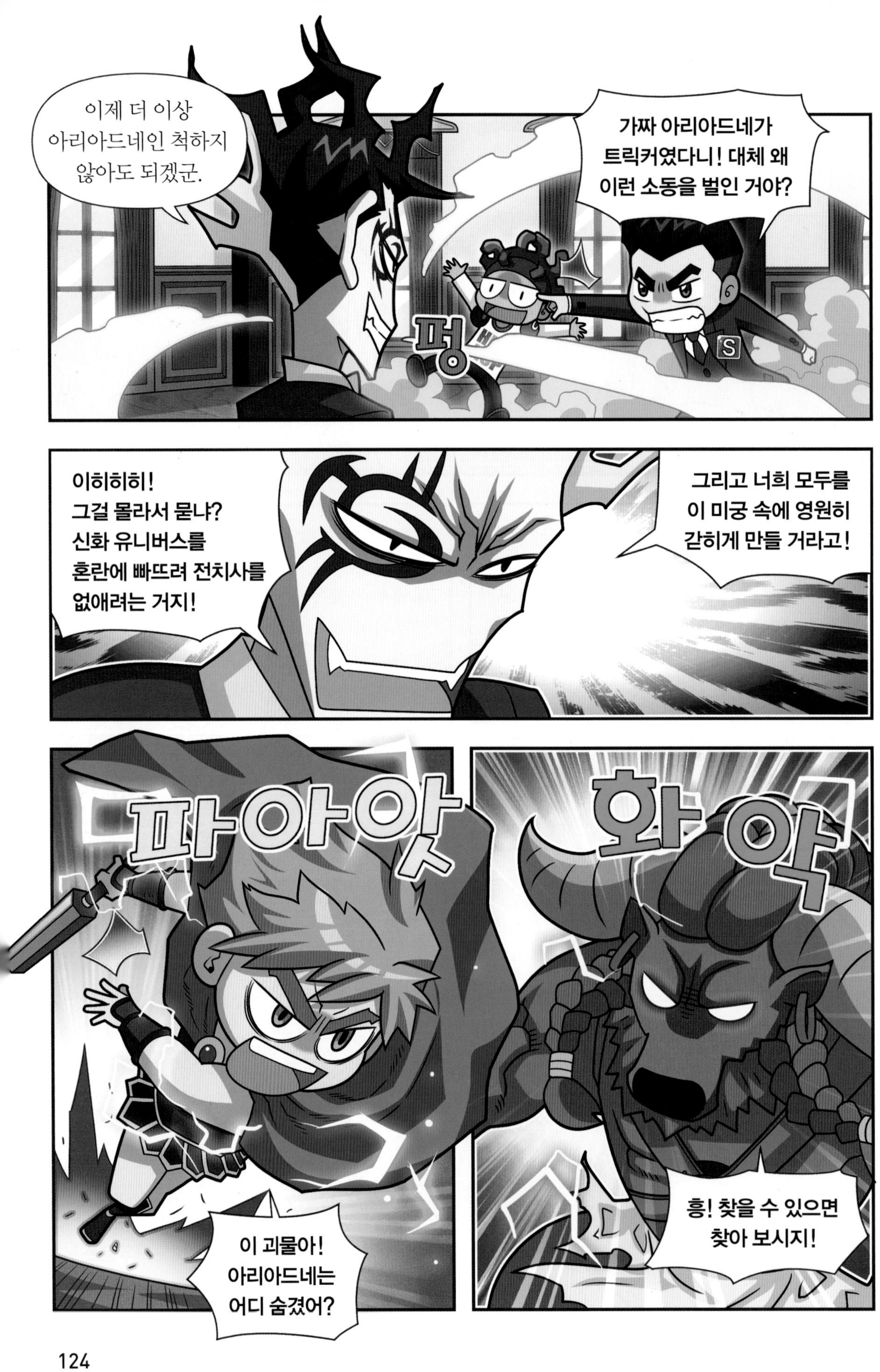
이제 더 이상 아리아드네인 척하지 않아도 되겠군.
가짜 아리아드네가 트릭커였다니! 대체 왜 이런 소동을 벌인 거야?
펑
이히히히! 그걸 몰라서 묻냐? 신화 유니버스를 혼란에 빠뜨려 전치사를 없애려는 거지!
그리고 너희 모두를 이 미궁 속에 영원히 갇히게 만들 거라고!
파아앗
이 괴물아! 아리아드네는 어디 숨겼어?
화악
흥! 찾을 수 있으면 찾아 보시지!

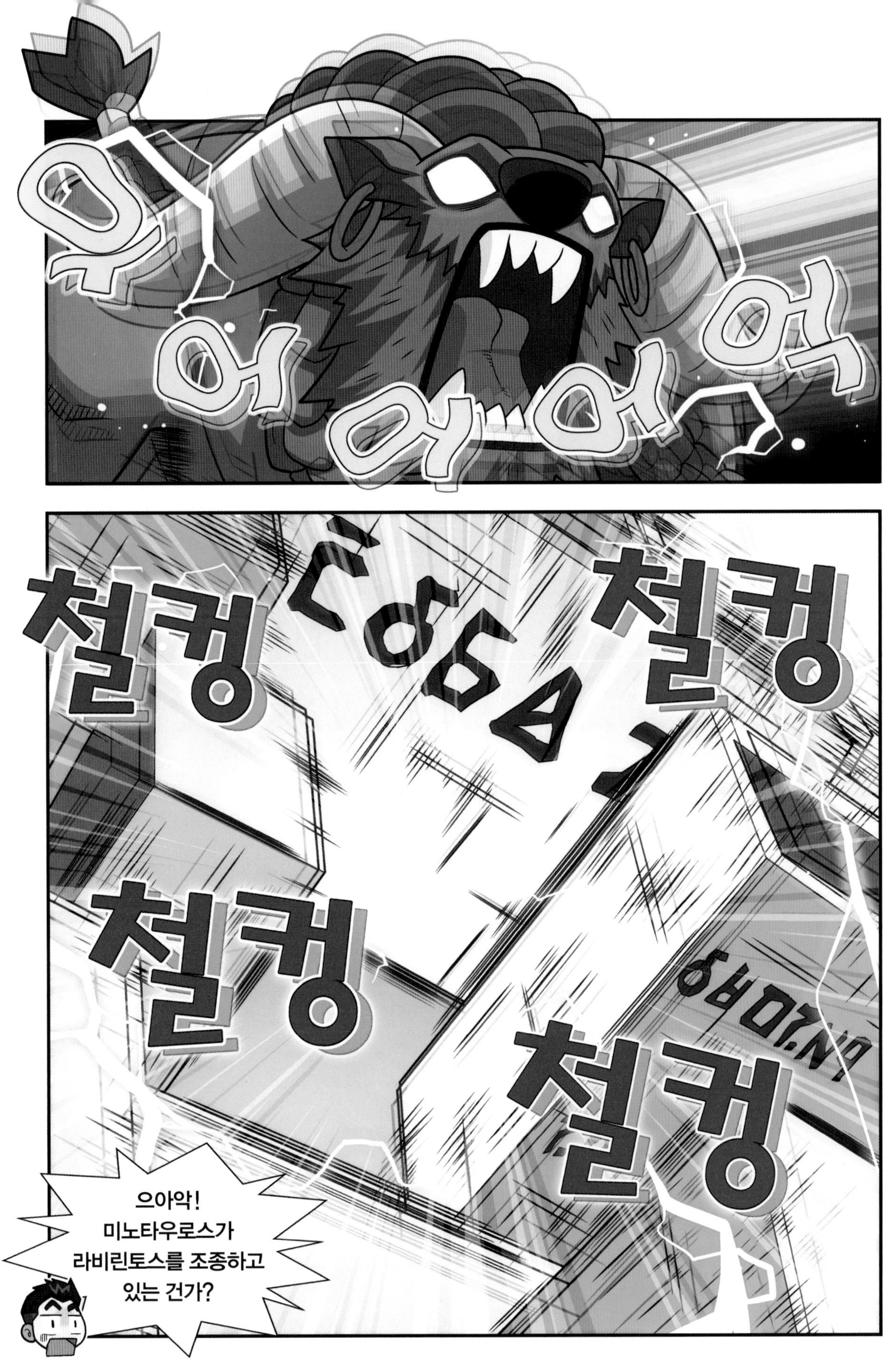
으어어어억
철컹
철컹
철컹
철컹
으아악! 미노타우로스가 라비린토스를 조종하고 있는 건가?

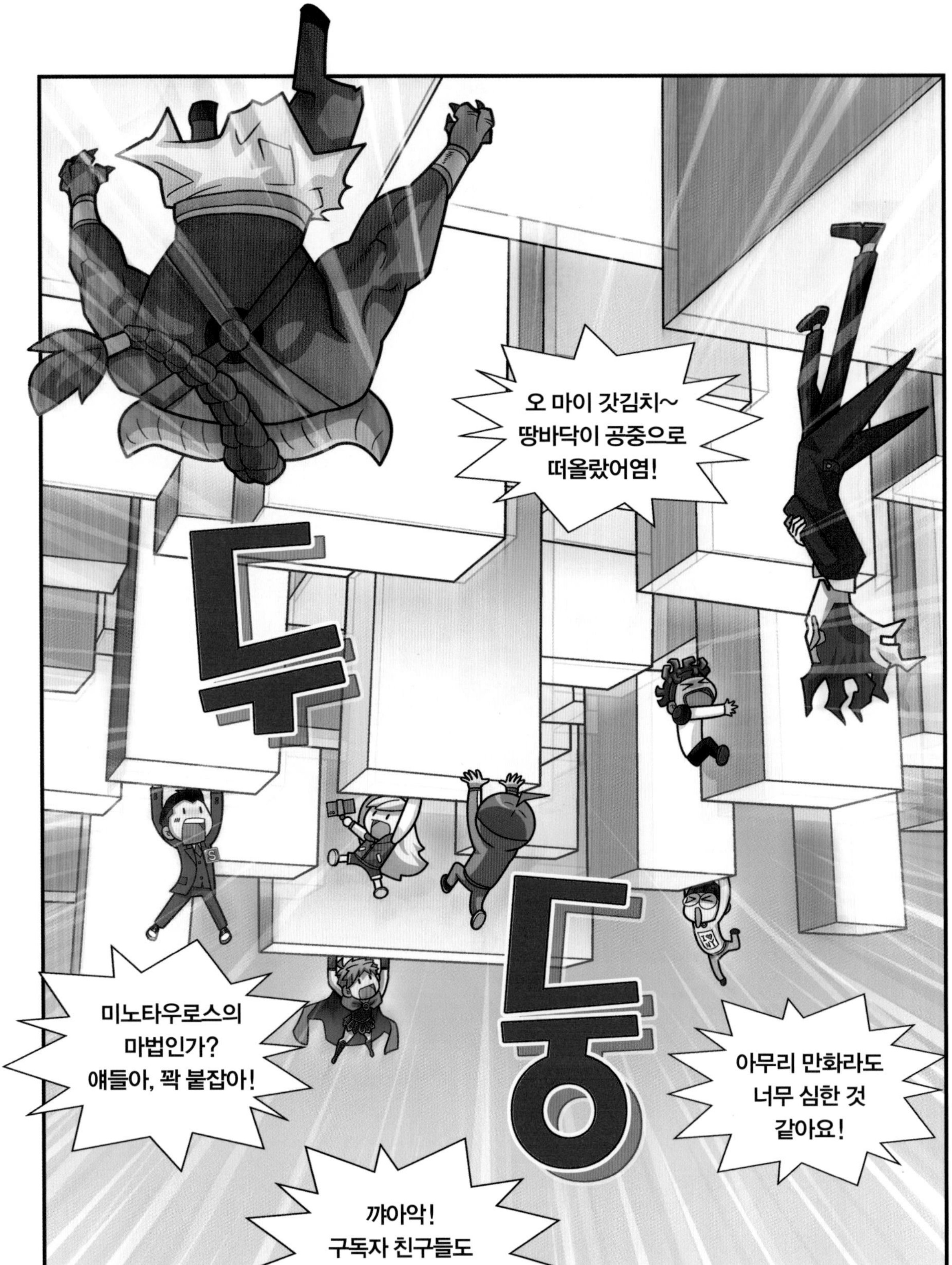

오 마이 갓김치~ 땅바닥이 공중으로 떠올랐어염!
두
둥
미노타우로스의 마법인가? 얘들아, 꽉 붙잡아!
아무리 만화라도 너무 심한 것 같아요!
꺄아악! 구독자 친구들도 이 황당한 광경이 보이나요?

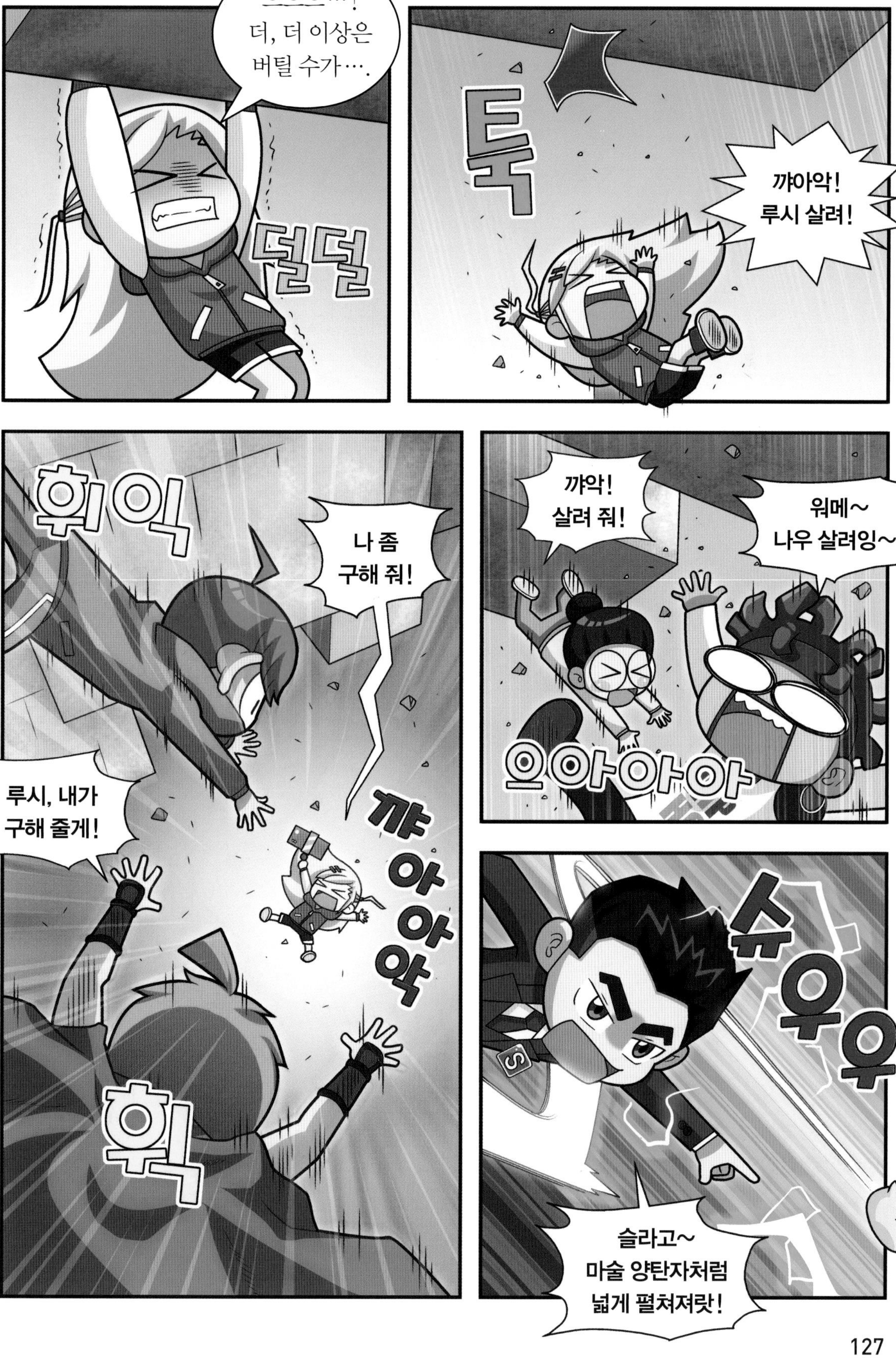

으으으…!
더, 더 이상은
버틸 수가….
덜덜
툭
꺄아악!
루시 살려!
휘익
나 좀
구해 줘!
루시, 내가
구해 줄게!
꺄아아아악
휙
꺄악!
살려 줘!
워메~
나우 살려잉~!
으아아아
슈우우
슬라고~
마술 양탄자처럼
넓게 펼쳐져랏!

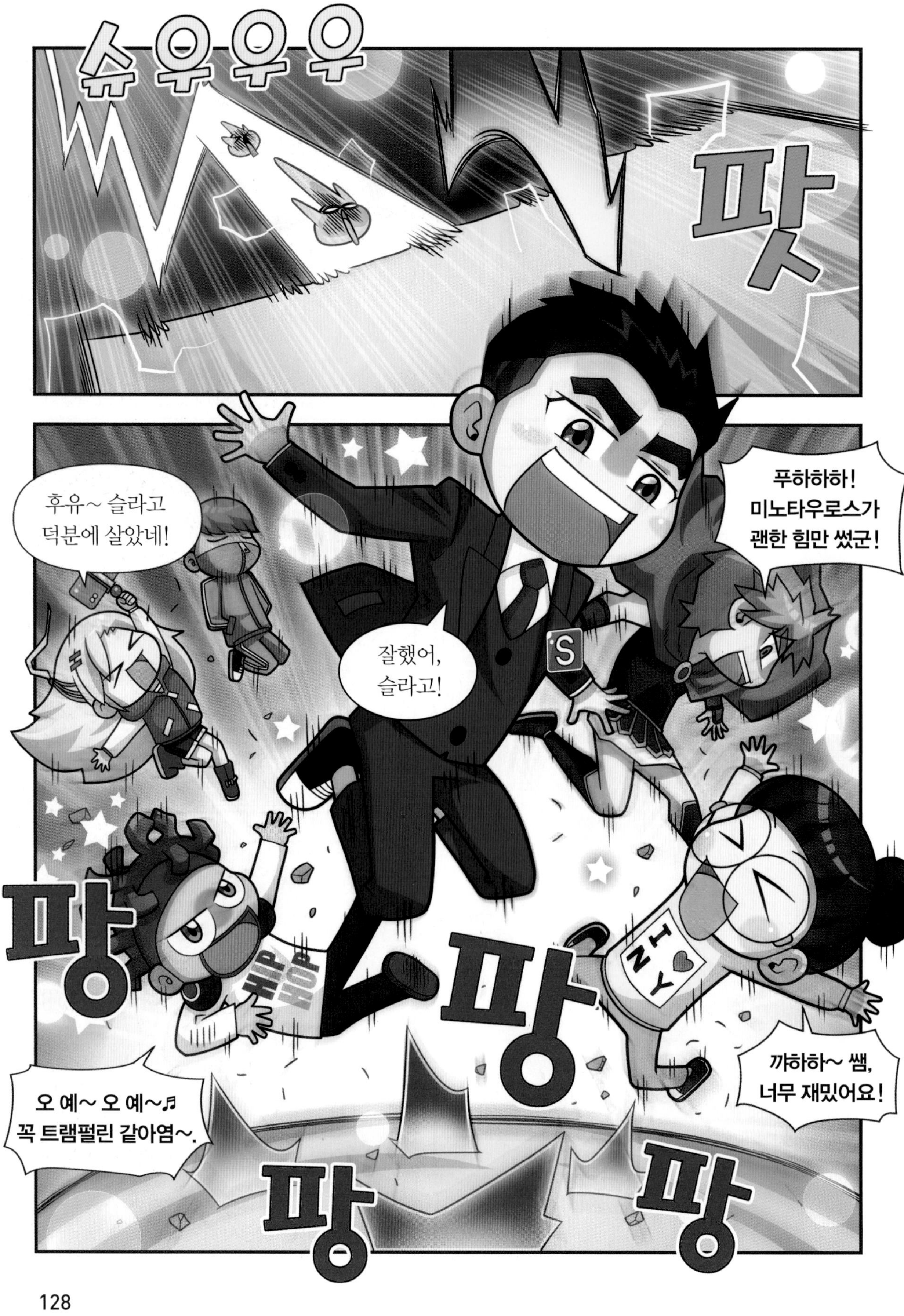
슈우우우
팟
후유~ 슬라고
덕분에 살았네!
잘했어,
슬라고!
푸하하하!
미노타우로스가
괜한 힘만 썼군!
팡
팡
오 예~ 오 예~♬
꼭 트램펄린 같아염~.
까하하~ 쌤,
너무 재밌어요!
팡
팡

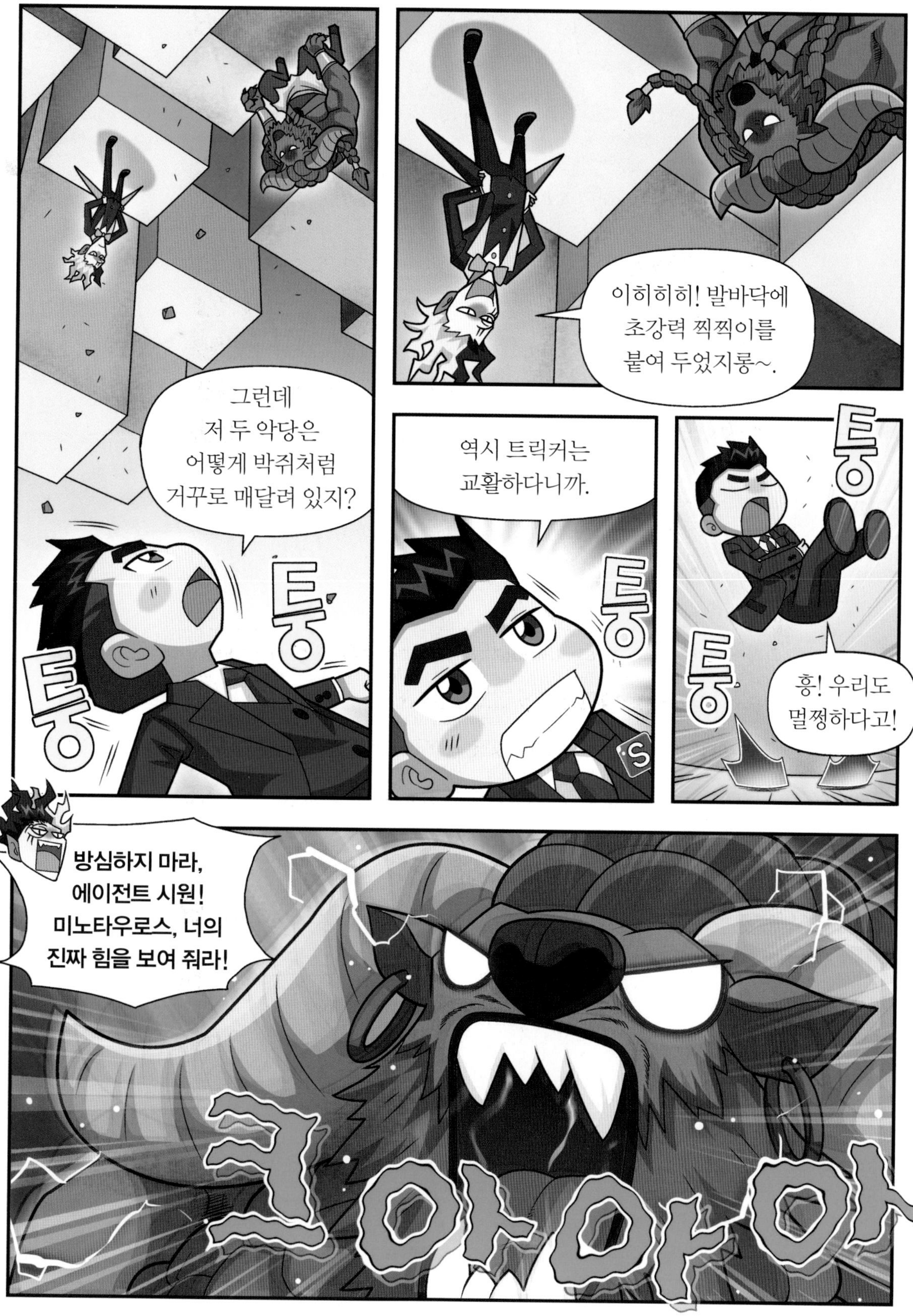

이히히히! 발바닥에 초강력 찍찍이를 붙여 두었지롱~.
그런데 저 두 악당은 어떻게 박쥐처럼 거꾸로 매달려 있지?
퉁
퉁
역시 트릭커는 교활하다니까.
퉁
퉁
퉁
흥! 우리도 멀쩡하다고!
방심하지 마라, 에이전트 시원! 미노타우로스, 너의 진짜 힘을 보여 줘라!
크아아아

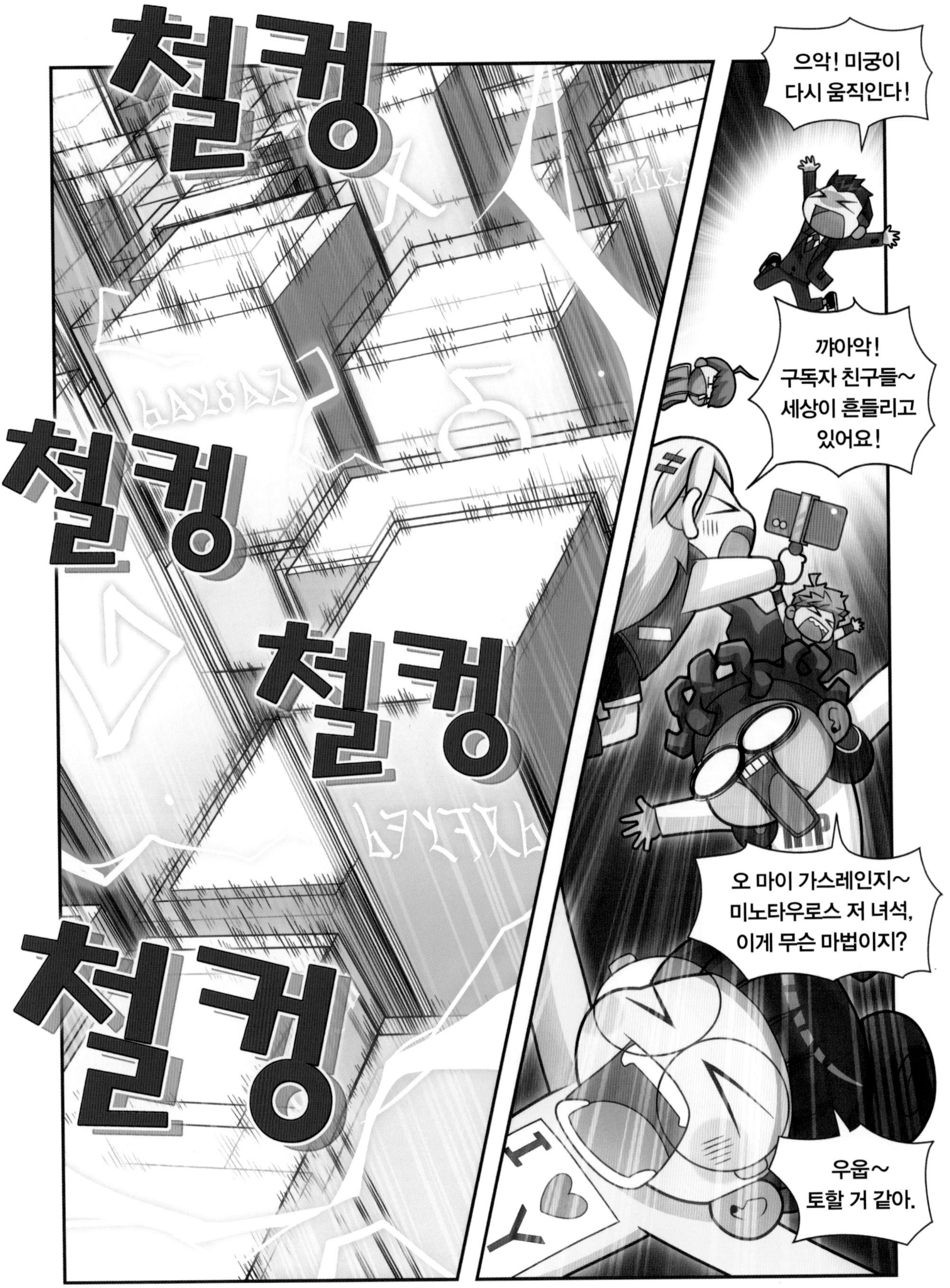

철컹
철컹
철컹
철컹
으악! 미궁이 다시 움직인다!
꺄아악! 구독자 친구들~ 세상이 흔들리고 있어요!
오 마이 가스레인지~ 미노타우로스 저 녀석, 이게 무슨 마법이지?
우웁~ 토할 거 같아.

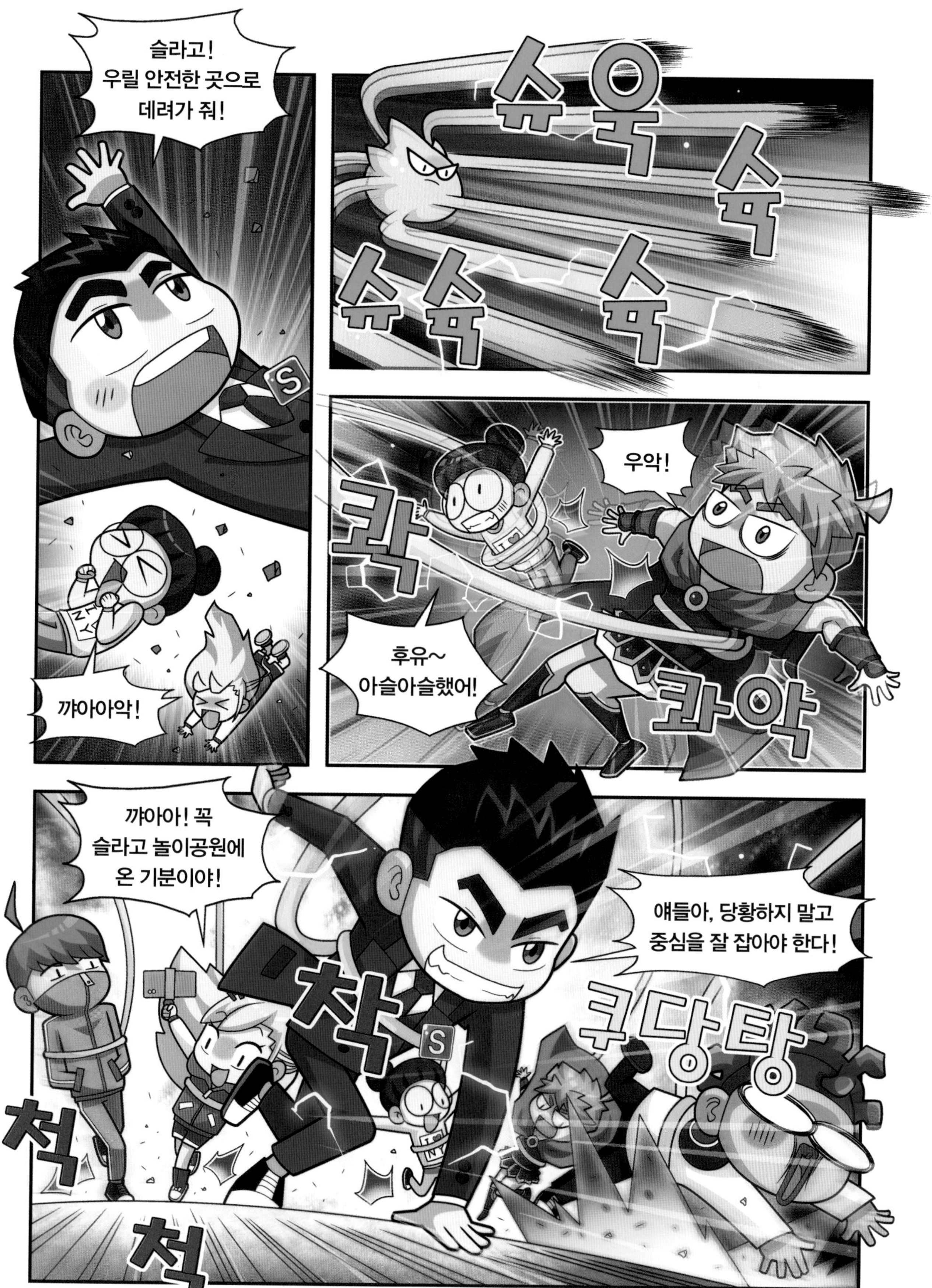

슬라고!
우릴 안전한 곳으로
데려가 줘!
슈욱
슉
슈슉
슉
까아아악!
우악!
콱
후유~
아슬아슬했어!
콰악
까아아! 꼭
슬라고 놀이공원에
온 기분이야!
얘들아, 당황하지 말고
중심을 잘 잡아야 한다!
착
쿠당탕
척
척

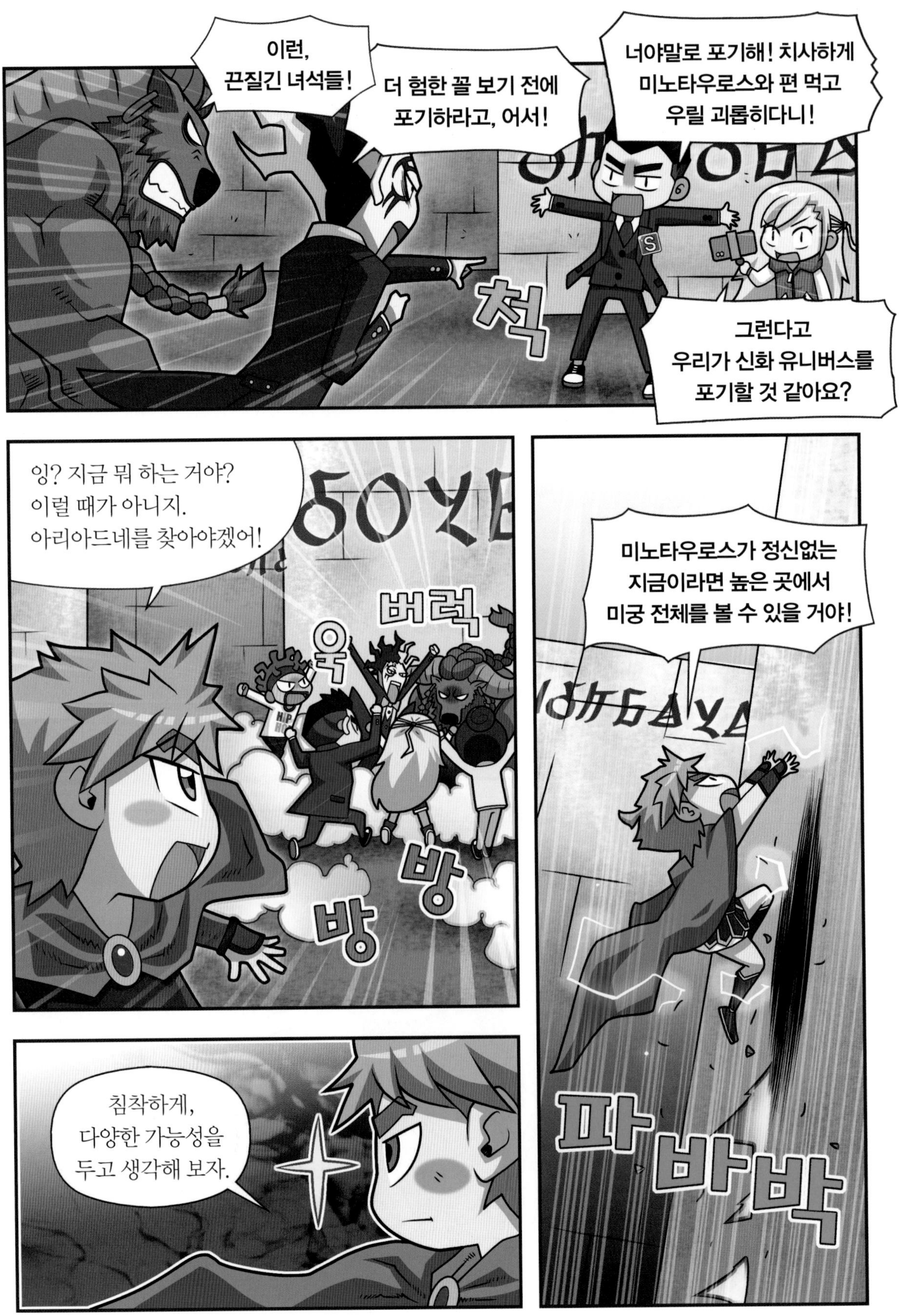

이런,
끈질긴 녀석들!
더 험한 꼴 보기 전에
포기하라고, 어서!
척
너야말로 포기해! 치사하게
미노타우로스와 편 먹고
우릴 괴롭히다니!
그런다고
우리가 신화 유니버스를
포기할 것 같아요?
잉? 지금 뭐 하는 거야?
이럴 때가 아니지.
아리아드네를 찾아야겠어!
버럭
욱
방
방
미노타우로스가 정신없는
지금이라면 높은 곳에서
미궁 전체를 볼 수 있을 거야!
파
바박
침착하게,
다양한 가능성을
두고 생각해 보자.

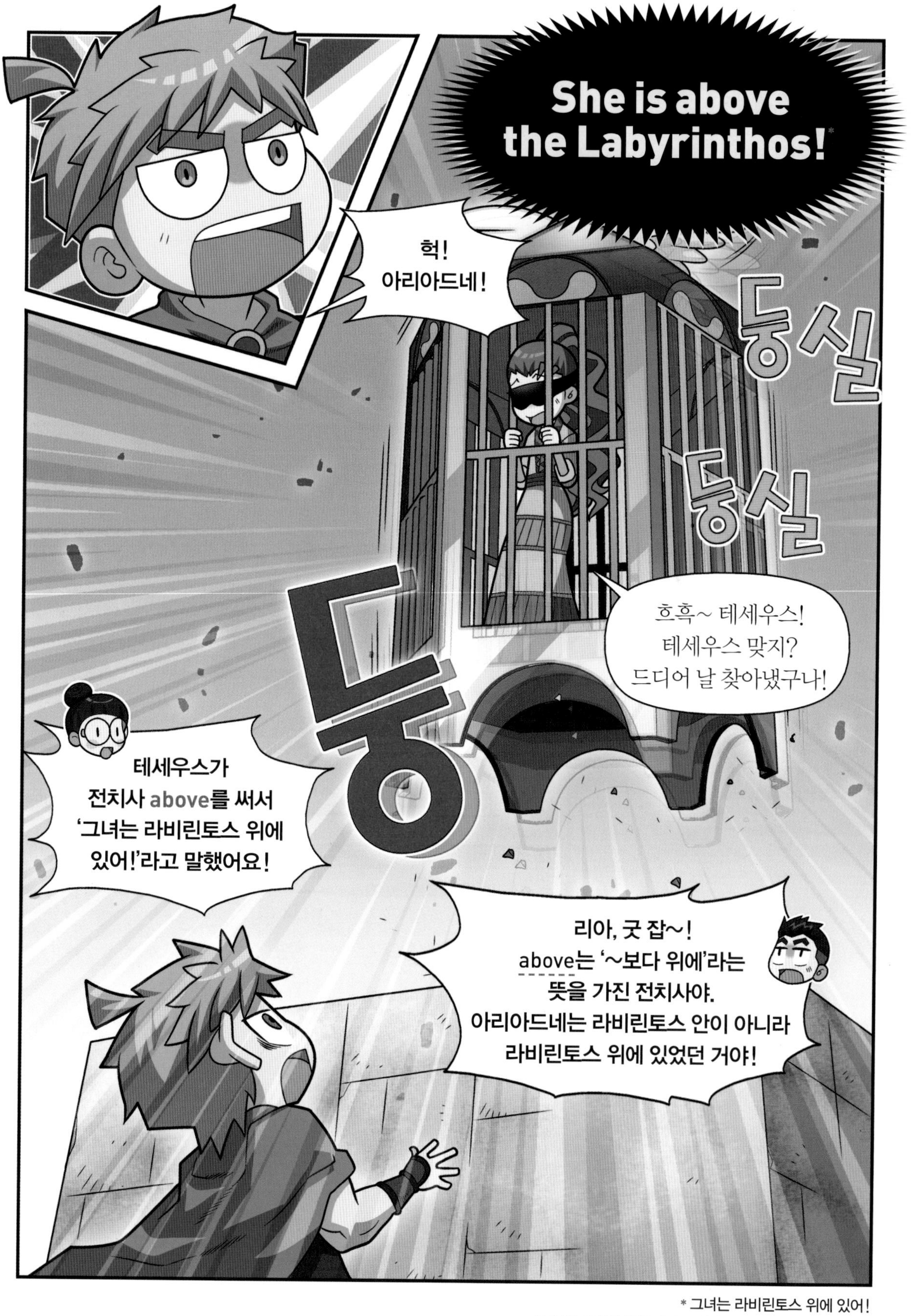
She is above the Labyrinthos!*
헉!
아리아드네!
둥실
둥실
둥
흐흑~ 테세우스!
테세우스 맞지?
드디어 날 찾아냈구나!
테세우스가
전치사 above를 써서
'그녀는 라비린토스 위에
있어!'라고 말했어요!
리아, 굿 잡~!
above는 '~보다 위에'라는
뜻을 가진 전치사야.
아리아드네는 라비린토스 안이 아니라
라비린토스 위에 있었던 거야!

* 그녀는 라비린토스 위에 있어!
* 분홍색 단어의 발음이 궁금하다면 143쪽을 펼쳐 보세요.

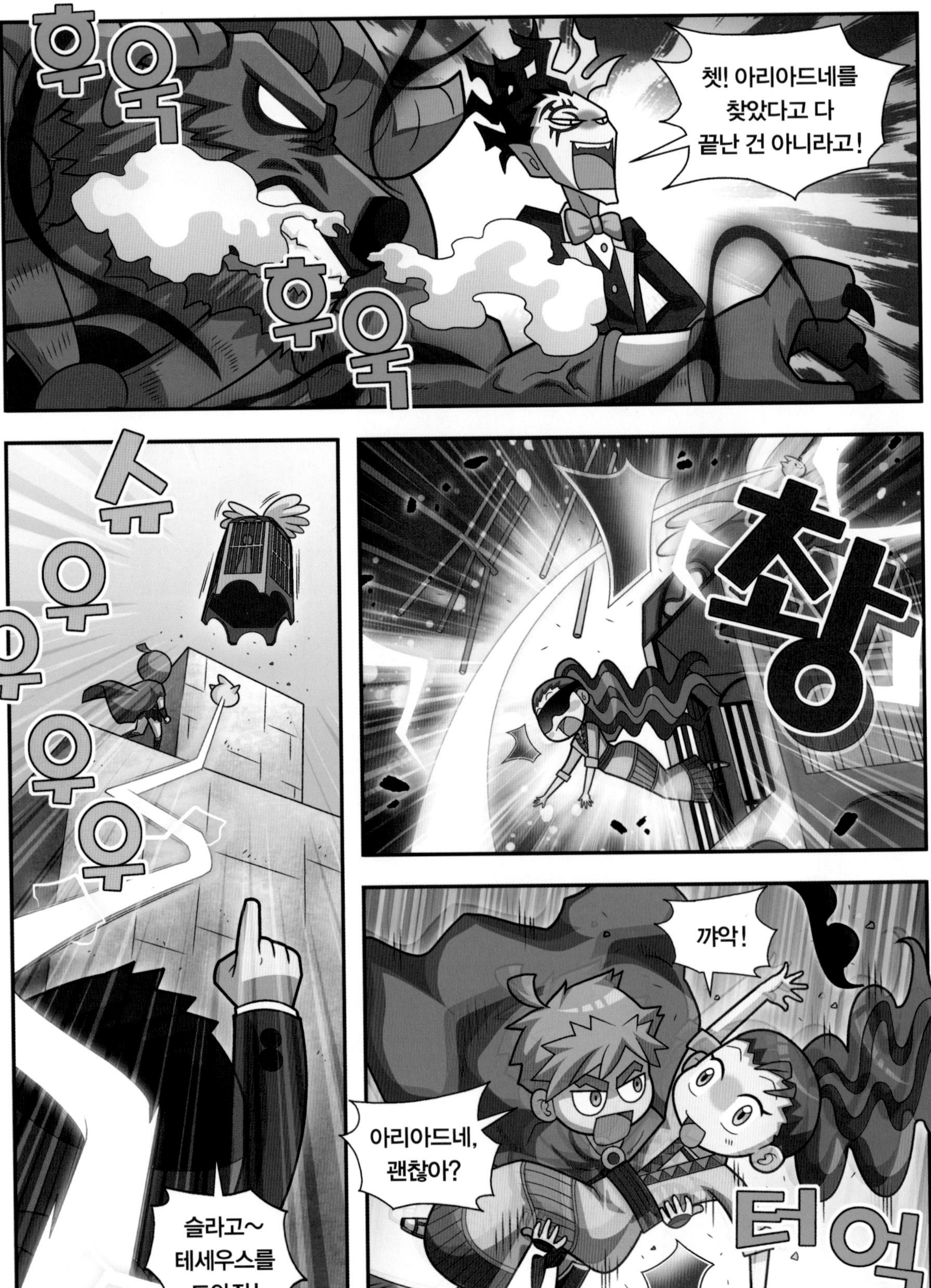
후욱
후욱
쳇! 아리아드네를 찾았다고 다 끝난 건 아니라고!
슈우우우우우우
슬라고~ 테세우스를 도와줘!
촤앙
꺄악!
아리아드네, 괜찮아?
터억

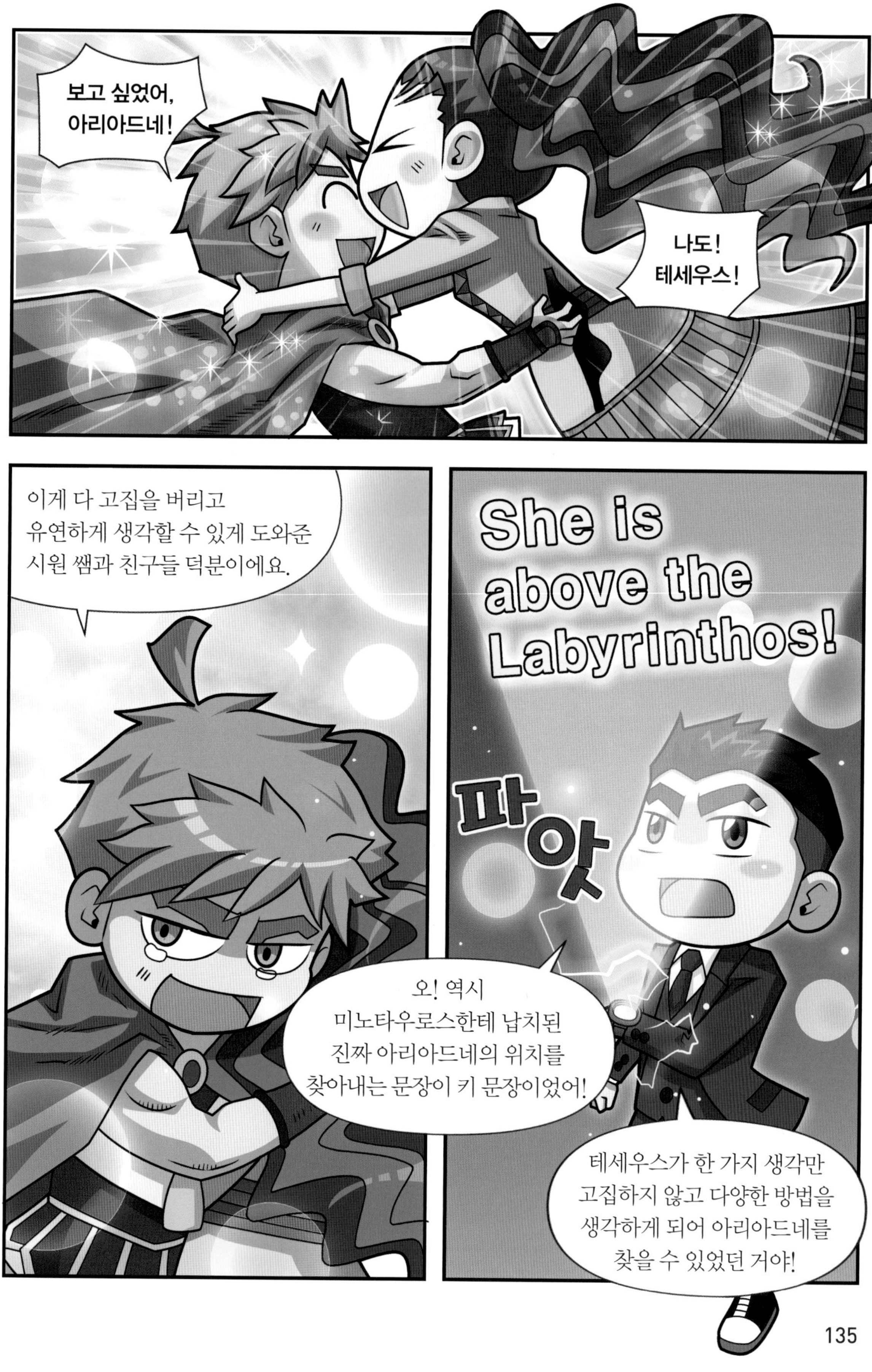
보고 싶었어,
아리아드네!
나도!
테세우스!
이게 다 고집을 버리고
유연하게 생각할 수 있게 도와준
시원 쌤과 친구들 덕분이에요.
She is above the Labyrinthos!
파앗
오! 역시
미노타우로스한테 납치된
진짜 아리아드네의 위치를
찾아내는 문장이 키 문장이었어!
테세우스가 한 가지 생각만
고집하지 않고 다양한 방법을
생각하게 되어 아리아드네를
찾을 수 있었던 거야!

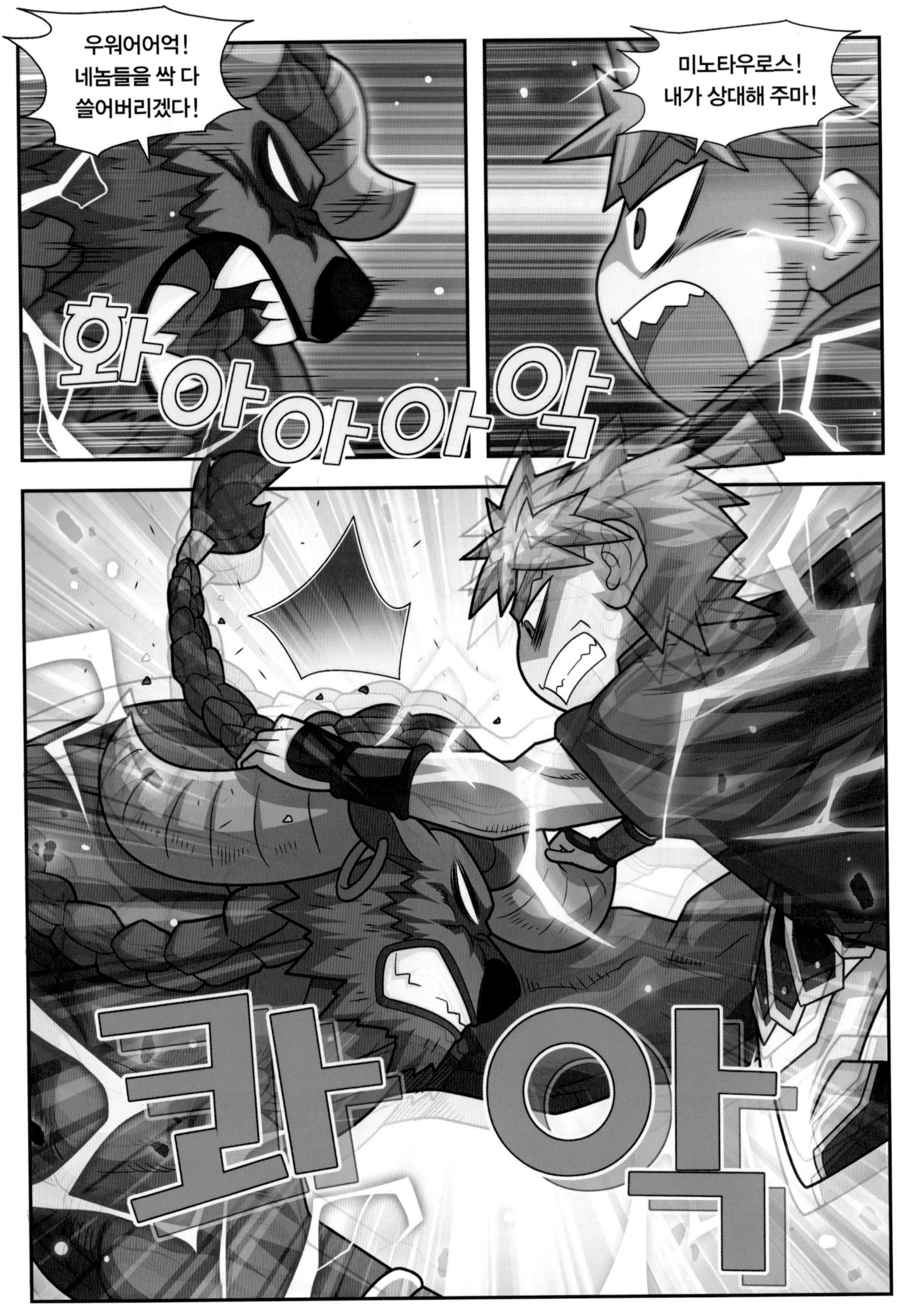
우워어어억!
네놈들을 싹 다
쓸어버리겠다!
미노타우로스!
내가 상대해 주마!
화아아아악
콰악

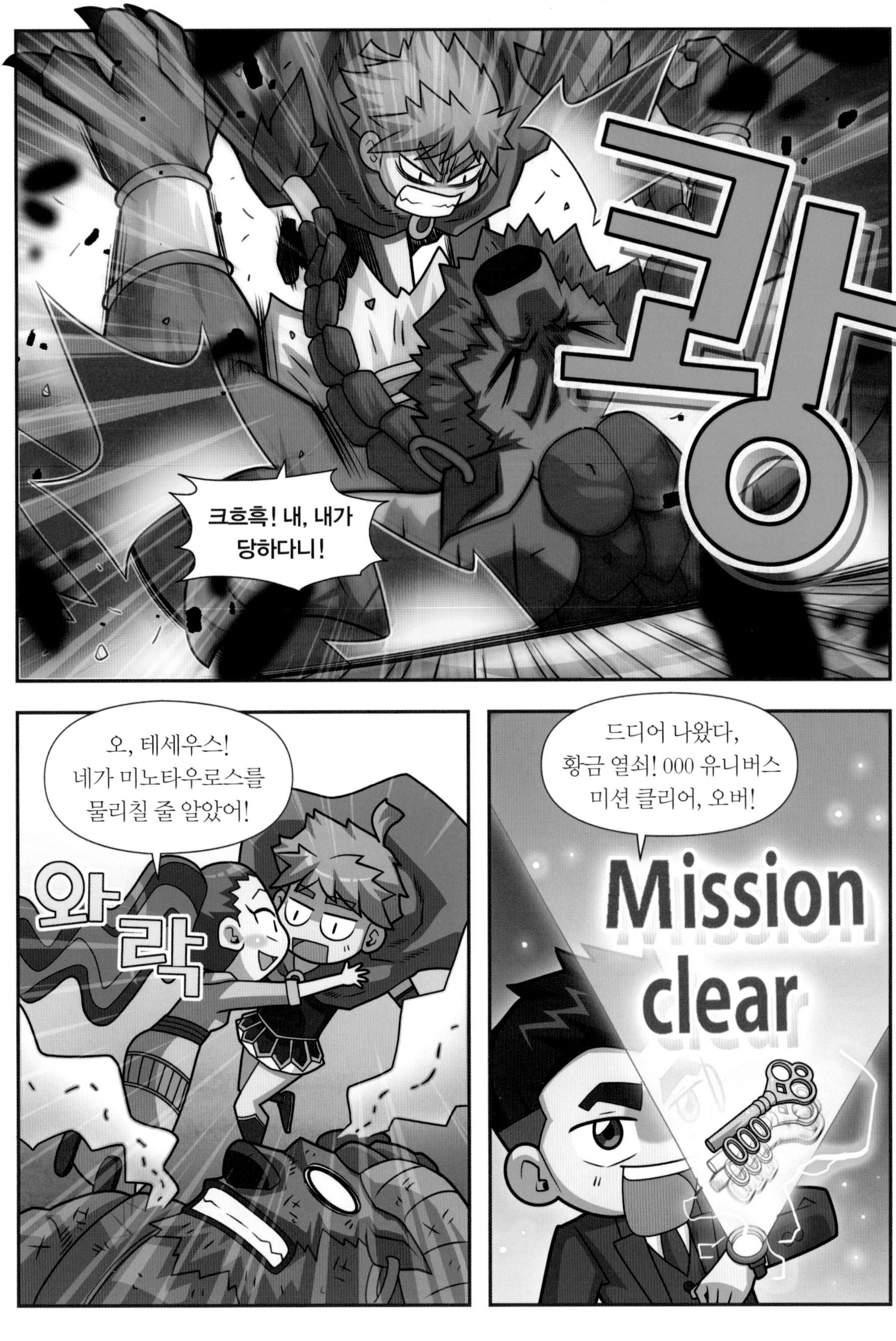

쾅
크흐흑! 내, 내가 당하다니!
오, 테세우스! 네가 미노타우로스를 물리칠 줄 알았어!
와락
드디어 나왔다, 황금 열쇠! 000 유니버스 미션 클리어, 오버!
Mission clear

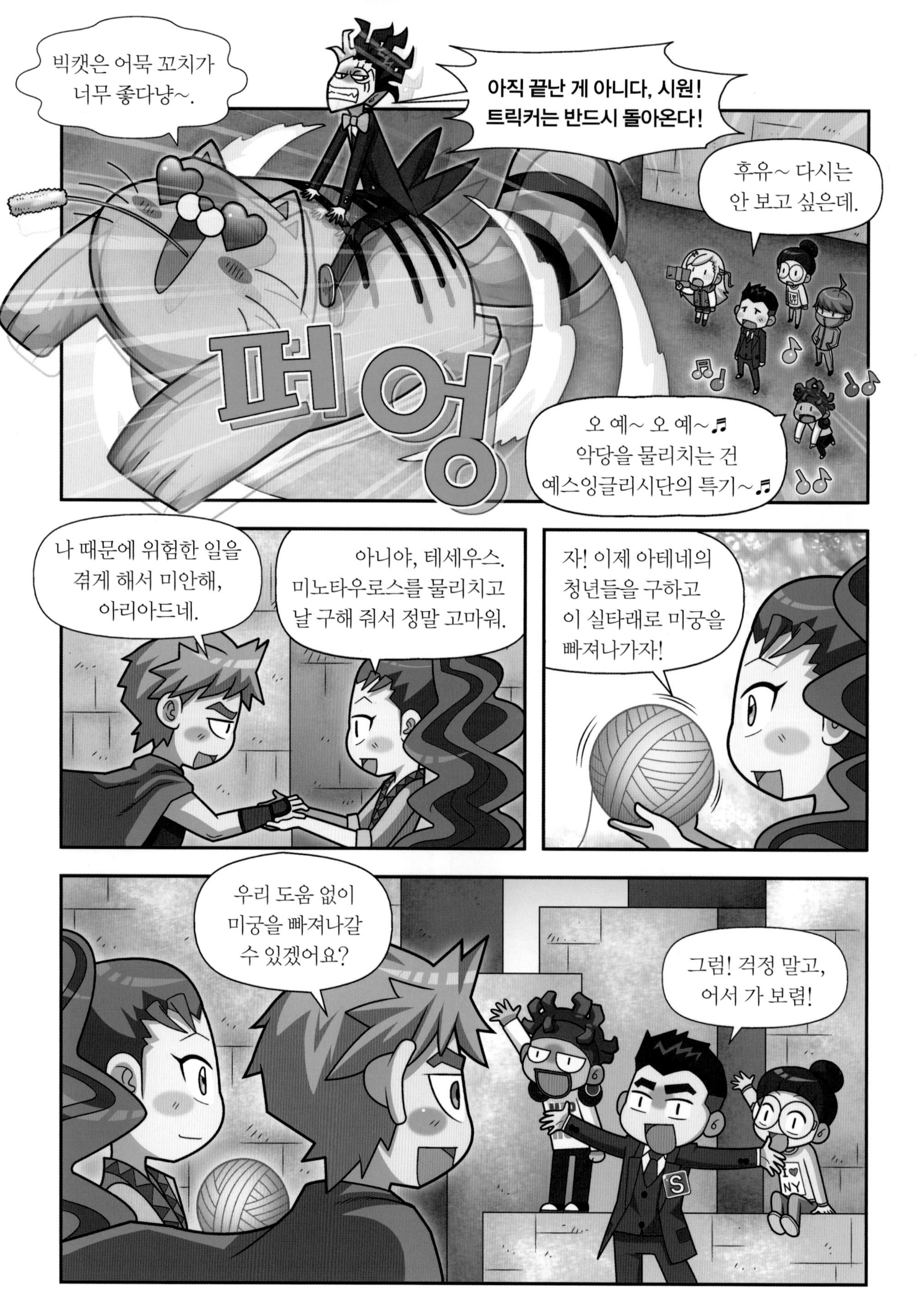
빅캣은 어묵 꼬치가 너무 좋다냥~.
아직 끝난 게 아니다, 시원! 트릭커는 반드시 돌아온다!
후유~ 다시는 안 보고 싶은데.
펴엉
오 예~ 오 예~♬ 악당을 물리치는 건 예스잉글리시단의 특기~♬
나 때문에 위험한 일을 겪게 해서 미안해, 아리아드네.
아니야, 테세우스. 미노타우로스를 물리치고 날 구해 줘서 정말 고마워.
자! 이제 아테네의 청년들을 구하고 이 실타래로 미궁을 빠져나가자!
우리 도움 없이 미궁을 빠져나갈 수 있겠어요?
그럼! 걱정 말고, 어서 가 보렴!

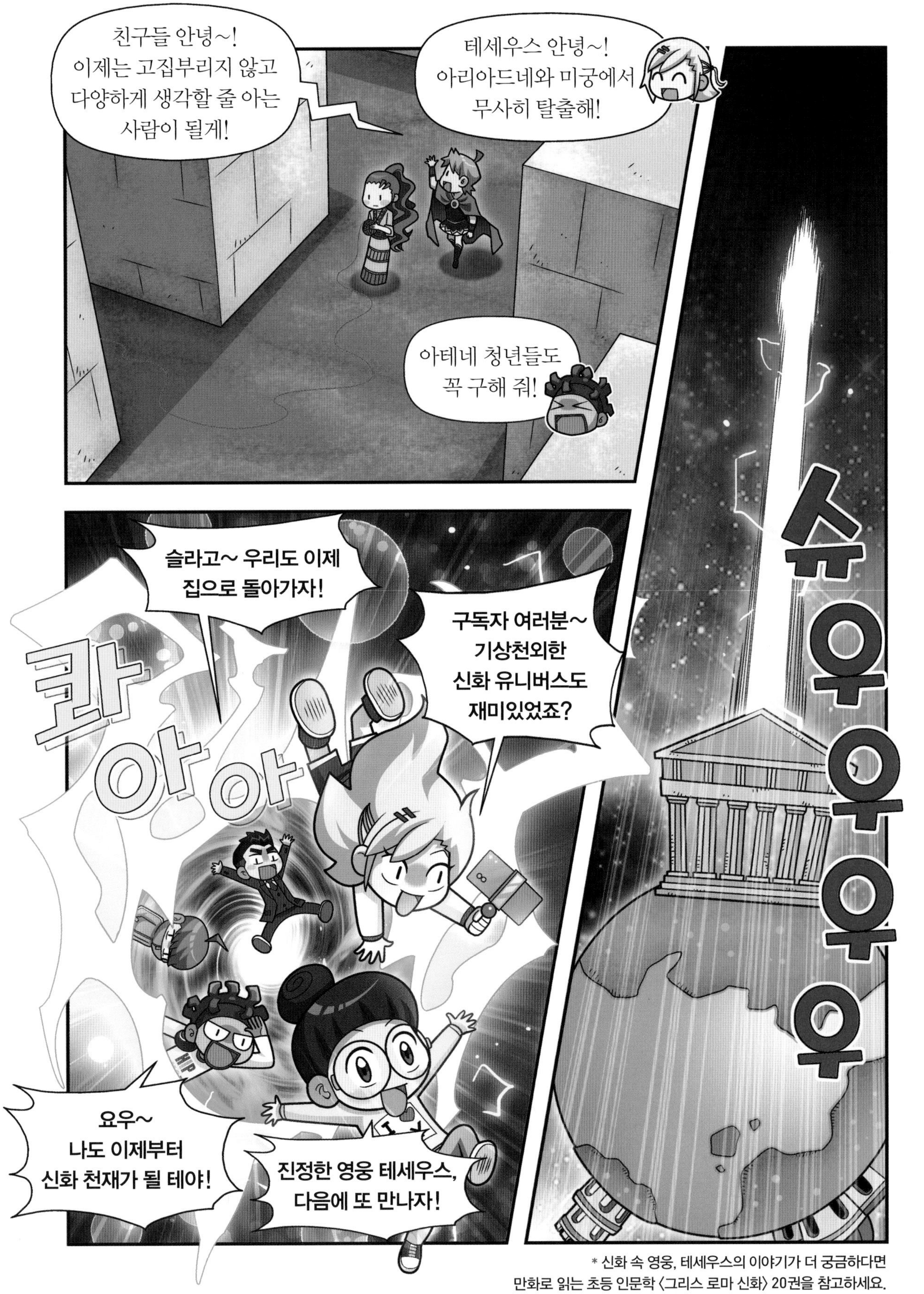
친구들 안녕~! 이제는 고집부리지 않고 다양하게 생각할 줄 아는 사람이 될게!
테세우스 안녕~! 아리아드네와 미궁에서 무사히 탈출해!
아테네 청년들도 꼭 구해 줘!
슈우우우우
슬라고~ 우리도 이제 집으로 돌아가자!
콰아아
구독자 여러분~ 기상천외한 신화 유니버스도 재미있었죠?
요우~ 나도 이제부터 신화 천재가 될 테야!
진정한 영웅 테세우스, 다음에 또 만나자!

* 신화 속 영웅, 테세우스의 이야기가 더 궁금하다면
만화로 읽는 초등 인문학 〈그리스 로마 신화〉 20권을 참고하세요.

예스어학원 수업 시간

1교시 · **단어** Vocabulary

2교시 · **문법 1, 2, 3** Grammar 1, 2, 3

3교시 · **게임** Recess

4교시 · **읽고 쓰기** Reading & Writing

5교시 · **유니버스 이야기** Story

6교시 · **말하기** Speaking

7교시 · **쪽지 시험** Quiz

예스어학원의 수업 시간표야!
공부를 시작하기 전에
시간표 정도는 봐 둬야겠지?

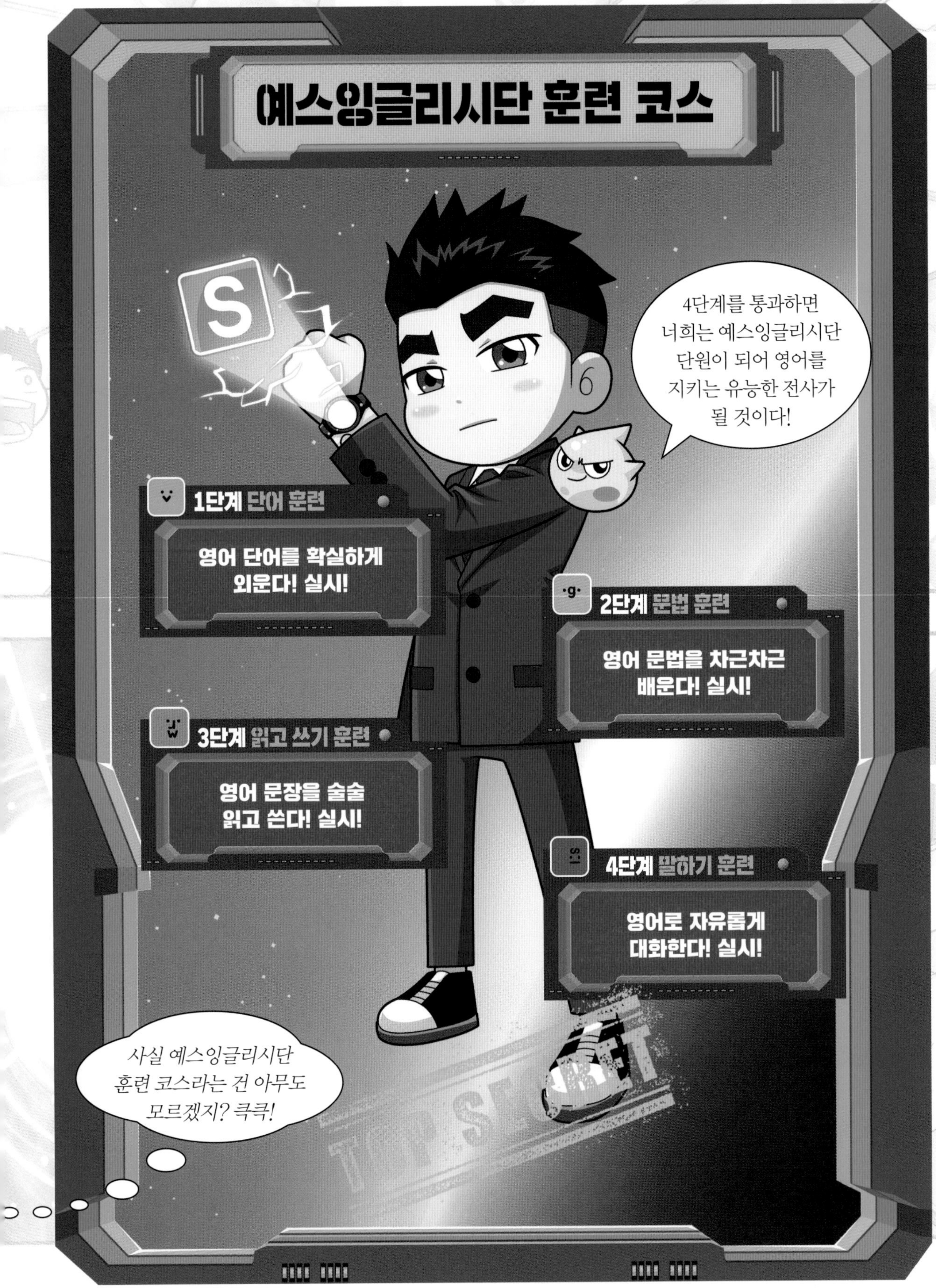

예스잉글리시단 훈련 코스
4단계를 통과하면 너희는 예스잉글리시단 단원이 되어 영어를 지키는 유능한 전사가 될 것이다!
1단계 단어 훈련
영어 단어를 확실하게 외운다! 실시!
2단계 문법 훈련
영어 문법을 차근차근 배운다! 실시!
3단계 읽고 쓰기 훈련
영어 문장을 술술 읽고 쓴다! 실시!
4단계 말하기 훈련
영어로 자유롭게 대화한다! 실시!
사실 예스잉글리시단 훈련 코스라는 건 아무도 모르겠지? 큭큭!

1교시 단어 · Vocabulary

step 1. 단어 강의

영어의 첫걸음은 단어를 외우는 것에서부터 시작된단다.
단어를 많이 알아야 영어를 잘할 수 있어. 그럼 10권의 필수 단어를 한번 외워 볼까?

No.	신화	Myth
1	미궁	labyrinth
2	스승	mentor
3	곡물	cereal
4	바다	ocean
5	화산	volcano
6	태풍	typhoon
7	울림, 메아리	echo
8	미로	maze
9	거인	giant
10	사이렌	siren

No.	위치	Location
11	～에(서)	at
12	～안에	in
13	～옆에	next to
14	～앞에	in front of
15	～뒤에	behind
16	～을 통해, ～을 통과하여	through
17	～보다 위에	above
18	～위쪽에, ～을 넘어	over
19	～위에	on
20	～아래에	under

요우~♪ 나는 루시 머리 above에 있지!

위치에 관련된 영어 단어가 이렇게 많다니!

무슨 소리! 넌 내 발 under야!

원어민 발음 듣기
QR코드를 찍어 봐!

No.	대화	Conversation
21	듣다	hear
22	말하다, 알리다	tell
23	이야기하다	speak
24	대화하다	talk
25	(~라고) 말하다	say

No.	대화	Conversation
26	반복하다	repeat
27	상의하다	discuss
28	언급하다	mention
29	속삭이다	whisper
30	상담하다	consult

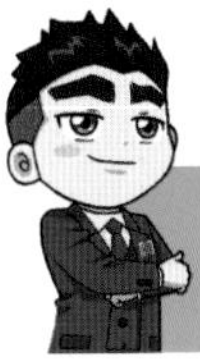

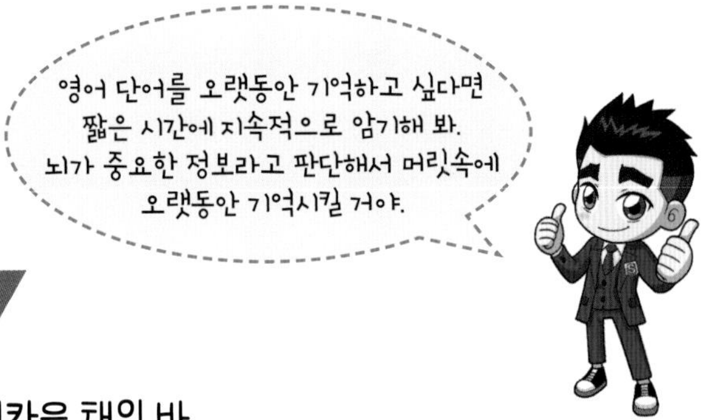
영어 단어를 오랫동안 기억하고 싶다면
짧은 시간에 지속적으로 암기해 봐.
뇌가 중요한 정보라고 판단해서 머릿속에
오랫동안 기억시킬 거야.

step 2. 단어 시험

단어를 확실하게 외웠는지 한번 볼까? 빈칸을 채워 봐.

- 스승 ______________________
- 화산 ______________________
- 거인 ______________________
- ~앞에 ______________________
- ~뒤에 ______________________
- ~위쪽에, ~을 넘어 ______________________
- ~아래에 ______________________
- 이야기하다 ______________________
- 반복하다 ______________________
- 속삭이다 ______________________

• 정답은 162~163쪽에 있습니다.

step 1. 문법 강의

전치사는 명사 앞에서 장소나 시간, 방향 등을 나타내는 말이야.
그 가운데 'in(~안에)', 'on(~위에)', 'under(~아래에)', 'next to(~옆에)'와 같이
사람이나 사물의 장소를 나타내는 말을 장소 전치사라고 해.
장소 전치사는 Be 동사와 함께 자주 쓰이는데, '~가 (어떤 장소)에 있다.'라고
표현할 때에는 '주어 + Be 동사 + 장소 전치사 + 명사'의 형태로 쓸 수 있단다.

시원 쌤표 영어 구구단

Be 동사 + 장소 전치사			
형태	뜻	형태	뜻
Be 동사 + at	~에 있다	Be 동사 + in front of	~앞에 있다
Be 동사 + in	~안에 있다	Be 동사 + behind	~뒤에 있다
Be 동사 + on	~위에 있다	Be 동사 + next to/beside	~옆에 있다
Be 동사 + under	~아래에 있다	Be 동사 + above/over	~보다 위에 있다/~위쪽에 있다

장소 전치사는 Be 동사뿐만 아니라 일반 동사와도 함께 쓰여!
단, 이때에도 장소 전치사는 명사 앞에서 장소를 나타내는 말로 쓰인다는 것을 잊지 마!

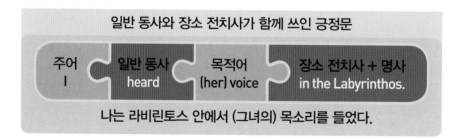

일반 동사와 장소 전치사가 함께 쓰인 긍정문

주어	일반 동사	목적어	장소 전치사 + 명사
I	heard	(her) voice	in the Labyrinthos.

나는 라비린토스 안에서 (그녀의) 목소리를 들었다.

동영상 강의 보기
QR코드를 찍어 봐!

step 2. 문법 정리

장소 전치사가 들어간 문장을 살펴볼까?

장소 전치사가 들어간 긍정문	
나는 건물 안에 있다.	**I am in the building.**
우리는 함께 집에 있다.	**We are at home together.**
해는 구름 뒤에 있다.	**The sun is behind the cloud.**
장소 전치사가 들어간 부정문	
고양이는 의자 아래에 없다.	**A cat isn't under the chair.**
그는 사람들 앞에서 말을 못 한다.	**He can't speak in front of people.**
케이크는 탁자 위에 없다.	**The cake isn't on the table.**
장소 전치사가 들어간 의문문	
리아는 나우 옆에 앉았니?	**Did Lia sit next to Nau?**
그는 네트 위쪽으로 공을 찰 수 있니?	**Can he kick a ball over the net?**

step 3. 문법 대화

장소 전치사가 나온 대화를 한번 들어 봐!

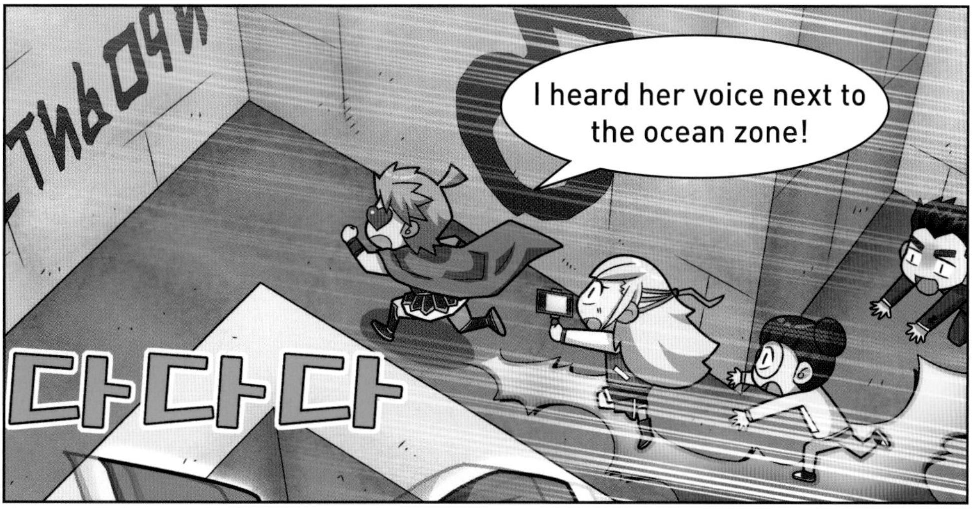
I heard her voice next to the ocean zone!
다다다다

2교시 ·g· 문법 2 • Grammar 2

step 1. 문법 강의

시간 전치사에 대해서도 알아보자. 시간 전치사는 시간을 나타내는 말 앞에 쓰여서 시각이나 때를 나타내는 역할을 해. '~(시간)에'라고 해석하면 되는데, 시간의 종류에 따라 각각 다른 전치사를 써야 하지. at, on, in은 장소 전치사와 모양은 같지만 시간을 뜻하는 단어 앞에서는 시간 전치사로 해석된다는 점 잊지 마!

시간 전치사 at의 사용	
시각	**at 6:30** 6시 30분에 **at 10 o'clock** 10시에 **at noon** 정오에 **at midnight** 자정에
식사	**at breakfast** 아침 식사에 **at lunch** 점심 식사에 **at dinner** 저녁 식사에

시간 전치사 on의 사용	
요일	**on Monday** 월요일에 **on Tuesday** 화요일에 **on Friday** 금요일에
날짜/기념일	**on March 5** 3월 5일에 **on Christmas** 크리스마스에 **on my birthday** 내 생일에

시간 전치사 in의 사용	
월/계절	**in January** 1월에 **in July** 7월에 **in summer** 여름에 **in winter** 겨울에
연도	**in 1990** 1990년에 **in 2010** 2010년에 **in 2021** 2021년에
오전/오후	**in the morning** 아침에 **in the afternoon** 오후에 **in the evening** 저녁에

시간 전치사는 언제나 시간을 나타내는 명사 앞에 쓰인다는 것을 기억해!

시간 전치사가 들어간 긍정문

주어	Be 동사	시간 전치사 + 시간	
My birthday	is	in August.	내 생일은 8월에 있다.

주어	일반 동사	(목적어)	시간 전치사 + 시간	
I	visit	him	at 6:30.	나는 6시 30분에 그를 방문한다.

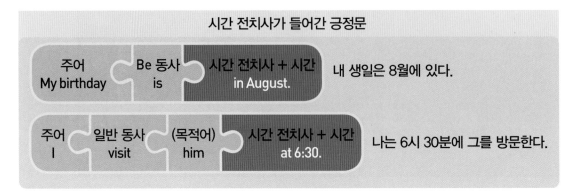

step 2. 문법 정리

시간 전치사가 들어간 문장을 살펴볼까?

시간 전치사가 들어간 긍정문	
우리는 정오에 점심을 먹는다.	**We have lunch at noon.**
그는 아침에 나에게 전화했다.	**He called me in the morning.**
크리스마스는 12월 25일에 있다.	**Christmas is on December 25.**
시간 전치사가 들어간 부정문	
나의 아빠는 일요일에 일하지 않는다.	**My dad doesn't work on Sundays.**
작년 겨울에는 춥지 않았다.	**It wasn't cold in winter last year.**
시간 전치사가 들어간 의문문	
너는 토요일에 수영하러 가니?	**Do you go swimming on Saturday?**
수업은 10시에 끝나니?	**Is the class over at 10 o'clock?**

step 3. 문법 대화

시간 전치사가 나온 대화를 한번 들어 봐!

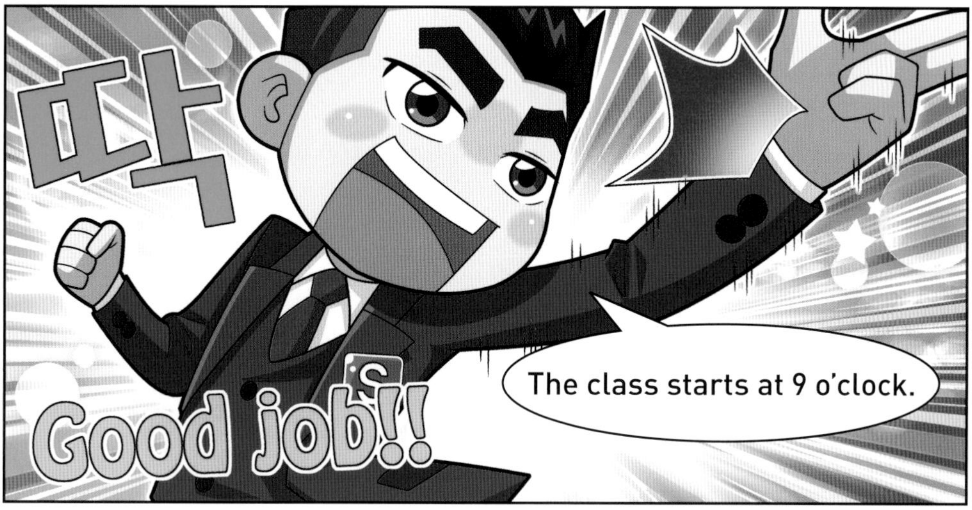
딱
The class starts at 9 o'clock.
Good job!!

step 1. 문법 강의

장소 전치사나 시간 전치사 외에도 다양한 종류의 전치사가 있어.
쓰고자 하는 목적에 따라 알맞은 전치사를 골라 써야 해.
일상생활에서 많이 쓰이는 전치사 가운데 대표적인 것들을 알아보자.

전치사	뜻	목적에 맞는 전치사 활용
for	~을 위해	**I study for my future.** 나는 내 미래를 위해 공부한다.
	~동안(기간)	**They slept for 8 hours.** 그들은 8시간 동안 잤다.
with	~로(도구)	**I eat noodles with chopsticks.** 나는 국수를 젓가락으로 먹는다.
	~와 함께	**Can you go with me?** 나와 함께 갈 수 있니?
to	~에/로(방향)	**She walked to the office.** 그녀는 사무실로 걸어갔다.
	~까지	**This path leads to the ocean.** 이 길은 바다까지 이어진다.
from	~에서 온	**He is from Canada.** 그는 캐나다에서 왔다.
	~에서(부터)	**The train starts from London.** 기차는 런던에서부터 출발한다.
by	~로(수단)	**He goes to school by bus.** 그는 버스로 학교에 간다.
	~옆에	**We are standing by the window.** 우리는 창가 옆에 서 있다.
through	~을 통해	**I breathe through my nose.** 나는 내 코를 통해 숨을 쉰다.
	~을 통과하여	**The bus doesn't go through the tunnel.** 버스는 터널을 통과해서 가지 않는다.

컴온~요~♬
전치사 종류가
정말 많네염!

전치사만 잘 알아도
훨씬 더 다양한 영어 문장을
말할 수 있단다.

동영상 강의 보기
QR코드를 찍어 봐!

step 2. 문법 정리

그 밖의 전치사가 들어간 문장을 살펴볼까?

그 밖의 전치사가 들어간 긍정문	
이건 너를 위한 선물이다.	This is a present for you.
루시는 그녀의 친구와 함께 학교에 간다.	Lucy goes to school with her friend.
1부터 10까지 세어 보자.	Let's count from one to ten.
그 밖의 전치사가 들어간 부정문	
그는 강까지 걷지 않았다.	He didn't walk to the river.
그들은 KTX로 부산에 가지 않았다.	They didn't go to Busan by KTX.
그 밖의 전치사가 들어간 의문문	
그는 그의 강아지와 함께 뛰고 있니?	Is he running with his dog?
저 아이들은 독일에서 왔니?	Are those kids from Germany?
학생들은 버스로 학교에 가니?	Do the students go to school by bus?

step 3. 문법 대화

그 밖의 전치사가 나온 대화를 한번 들어 봐!

탁
탁
She is running through the typhoon zone!

신화와 자연은 밀접한 관계를 맺고 있어. 아래 그리스 로마 신화의 주인공들은 어떤 자연과 관계가 있는지 맞혀 봐!

우아, 재미있겠다! 얘들아, 우리 함께 맞혀 볼까?

나는 곡물의 여신, 케레스야!

ocean

Ceres

나는 대양의 신, 오케아노스야!

volcano

Oceanus

나는 불과 대장장이의 신, 불카누스야!

cereal

Vulcanus

전치사만 골라서
그 칸을 색칠해 봐!

hear	over	consult	in	siren
next to	tell	at	discuss	on
behind	speak	mention	typhoon	under
talk	above	whisper	through	echo
say	repeat	in front of	maze	mentor

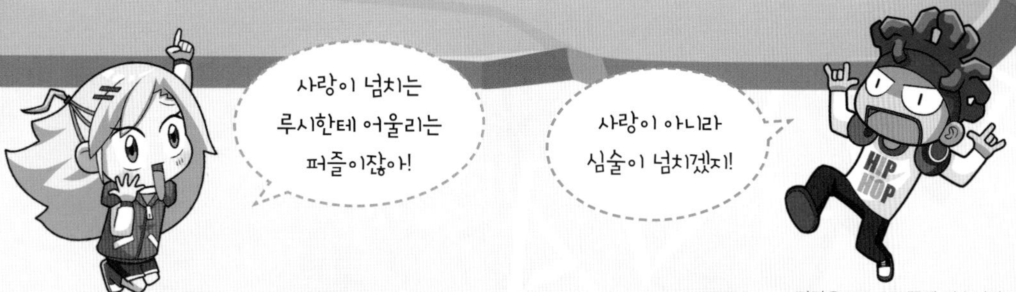

사랑이 넘치는
루시한테 어울리는
퍼즐이잖아!

사랑이 아니라
심술이 넘치겠지!

* 정답은 162~163쪽에 있습니다.

4교시 읽고 쓰기 • Reading & Writing

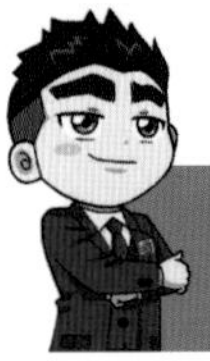

step 1. 읽기

자유자재로 영어를 읽고, 쓰고, 말하고 싶다면 문장 만들기 연습을 반복해야 하지.
먼저 다음 문장들이 익숙해질 때까지 읽어 볼까?

• 나는 건물 안에 있다.	**I am in the building.**
• 우리는 함께 집에 있다.	**We are at home together.**
• 해는 구름 뒤에 있다.	**The sun is behind the cloud.**
• 고양이는 의자 아래에 없다.	**A cat isn't under the chair.**
• 케이크는 탁자 위에 없다.	**The cake isn't on the table.**
• 그는 사람들 앞에서 말을 못 한다.	**He can't speak in front of people.**
• 리아는 나우 옆에 앉았니?	**Did Lia sit next to Nau?**
• 그는 네트 위쪽으로 공을 찰 수 있니?	**Can he kick a ball over the net?**
• 우리는 정오에 점심을 먹는다.	**We have lunch at noon.**
• 그는 아침에 나에게 전화했다.	**He called me in the morning.**
• 크리스마스는 12월 25일에 있다.	**Christmas is on December 25.**
• 나의 아빠는 일요일에 일하지 않는다.	**My dad doesn't work on Sundays.**
• 작년 겨울에는 춥지 않았다.	**It wasn't cold in winter last year.**
• 너는 토요일에 수영하러 가니?	**Do you go swimming on Saturday?**

문장 만들기 연습

1회 ☐ 2회 ☐ 3회 ☐

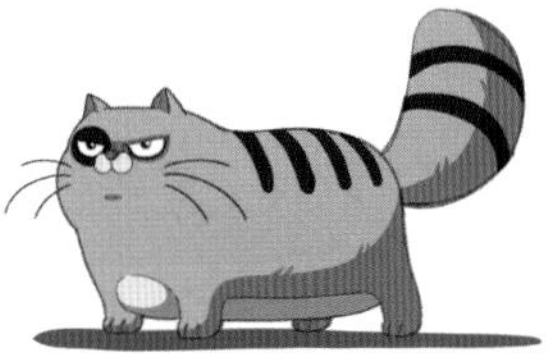

• 수업은 10시에 끝나니?	**Is the class over at 10 o'clock?**
• 나는 내 미래를 위해 공부한다.	**I study for my future.**
• 그들은 8시간 동안 잤다.	**They slept for 8 hours.**
• 나는 국수를 젓가락으로 먹는다.	**I eat noodles with chopsticks.**
• 나와 함께 갈 수 있니?	**Can you go with me?**
• 그는 캐나다에서 왔다.	**He is from Canada.**
• 그는 버스로 학교에 간다.	**He goes to school by bus.**
• 우리는 창가 옆에 서 있다.	**We are standing by the window.**
• 이건 너를 위한 선물이다.	**This is a present for you.**
• 루시는 그녀의 친구와 함께 학교에 간다.	**Lucy goes to school with her friend.**
• 1부터 10까지 세어 보자.	**Let's count from one to ten.**
• 그는 강까지 걷지 않았다.	**He didn't walk to the river.**
• 그들은 KTX로 부산에 가지 않았다.	**They didn't go to Busan by KTX.**
• 그는 그의 강아지와 함께 뛰고 있니?	**Is he running with his dog?**
• 저 아이들은 독일에서 왔니?	**Are those kids from Germany?**
• 학생들은 버스로 학교에 가니?	**Do the students go to school by bus?**

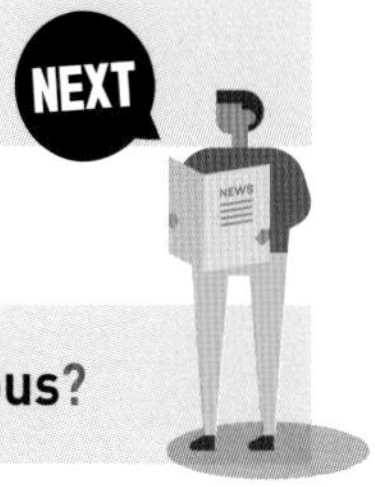
NEXT

step 2. 쓰기

익숙해진 문장들을 이제 한번 써 볼까? 괄호 안의 단어를 보고, 순서에 맞게 문장을 만들어 보자.

❶ 나는 건물 안에 있다. **(I, in, am, the, building)**

_____ .

❷ 우리는 함께 집에 있다. **(are, together, home, at, We)**

_____ .

❸ 해는 구름 뒤에 있다. **(the, behind, The, sun, cloud, is)**

_____ .

❹ 우리는 정오에 점심을 먹는다. **(lunch, noon, have, at, We)**

_____ .

❺ 나는 내 미래를 위해 공부한다. **(I, my, study, future, for)**

_____ .

❻ 나는 국수를 젓가락으로 먹는다. **(eat, chopsticks, noodles, I, with)**

_____ .

❼ 그는 캐나다에서 왔다. **(from, is, He, Canada)**

_____ .

❽ 그는 버스로 학교에 간다. **(school, to, by, He, goes, bus)**

_____ .

이제 전치사가 들어간 부정문과 의문문을 영어로 써 볼까? 영작을 하다 보면 실력이 훨씬 늘 거야. 잘 모르겠으면, 아래에 있는 WORD BOX를 참고해!

❶ 고양이는 의자 아래에 없다. _____ .

❷ 케이크는 탁자 위에 없다. _____ .

❸ 그는 사람들 앞에서 말을 못 한다. _____ .

❹ 그는 강까지 걷지 않았다. _____ .

❺ 그는 네트 위쪽으로 공을 찰 수 있니? _____ ?

❻ 너는 토요일에 수영하러 가니? _____ ?

❼ 나와 함께 갈 수 있니? _____ ?

❽ 학생들은 버스로 학교에 가니? _____ ?

WORD BOX

• a	• Do	• cat	• under	• the	• chair	• cake
• on	• He	• speak	• kick	• Can	• people	• walk
• to	• bus	• net	• Saturday	• river	• ball	• swimming
• over	• table	• school	• students	• you	• me	• in front of
• by	• go	• isn't	• can't	• didn't	• with	

* 정답은 162~163쪽에 있습니다.

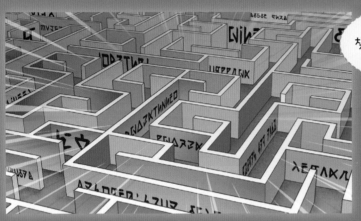
우리가 열 번째로 다녀온 곳은 바로 000 유니버스란다. 이곳은 영어 유니버스의 중심인 신화 유니버스로, 크레타섬의 악명 높은 미궁인 라비린토스가 있는 유니버스이지. 라비린토스에 한번 들어가면 절대 빠져나올 수 없다고 해. 어떤 곳인지 좀 더 자세히 알아볼까?

> 테세우스가 아리아드네를 찾지 못했다면 000 유니버스는 어떻게 되었을까요?

◀ **000 유니버스**
위치 영어 유니버스의 한가운데
상황 테세우스가 라비린토스에서 사라진 아리아드네를 찾고 있음.
키 문장 She is above the Labyrinthos!

000 유니버스 이야기: 전치사

> 신화 유니버스가 혼란에 빠져 장소를 나타내는 전치사가 모두 사라졌겠지?

000 유니버스는 영어에 큰 영향을 준 신화 유니버스예요. 이곳의 미궁, 라비린토스는 한번 들어가면 다신 나오지 못하는 곳으로 악명 높지요. 거기엔 무서운 괴물, 미노타우로스가 있거든요. 아테네의 왕자 테세우스는 미노타우로스에게 제물로 바쳐질 청년들을 구하기 위해 라비린토스에 오게 돼요. 그런데 테세우스를 돕던 적국의 공주, 아리아드네가 그 괴물에게 잡혀가 버리지요! 아리아드네가 사라지자 테세우스는 자신이 섬기는 신, 포세이돈에게 도움을 요청하게 돼요. 신의 부름을 받고 000 유니버스로 오게 된 예스잉글리시단은 테세우스와 함께 어디선가 들려오는 아리아드네의 목소리를 따라 위험천만한 미궁 곳곳을 누벼요. 테세우스가 아리아드네의 위치를 잘못 알고 고집을 부릴 때면 힌트가 나오지요. 알고 보니 누군가가 아리아드네의 목소리를 흉내 내어 일행을 함정에 빠뜨린 거였어요. 거듭된 실패 끝에 테세우스는 고집을 버리고 생각을 전환하게 돼요. 덕분에 진짜 아리아드네를 찾게 되지요. 000 유니버스의 키 문장인 "She is above the Labyrinthos!"는 테세우스가 고집을 꺾고 아리아드네를 찾게 해 준 멋진 말이에요.

신화에서 유래한 영어 단어의 기원

'그리스 신화'는 고대 그리스인이 만들어 낸 신화와 전설을 말해요. 신들의 왕인 제우스를 중심으로 한 올림포스 십이 신과 영웅들의 다양한 이야기가 담겨져 있지요. 로마인들은 이 그리스 신화를 바탕으로 '로마 신화'를 만들었어요. 그리스 로마 신화는 서양 문화의 바탕이 되었고, 그곳에서 많은 영어 단어가 탄생했지요.

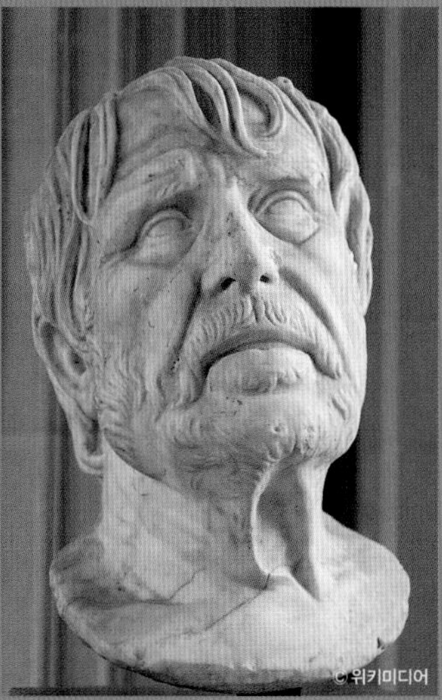

© 위키미디어

▲ 그리스 신화를 글로 남긴 고대 그리스 시인, 헤시오도스 조각상

올림포스 십이 신 가운데, 곡물의 여신인 데메테르는 로마 신화에서 케레스(Ceres)에 해당돼요. 이 케레스에서 흔히 아침 식사 대용으로 먹는 시리얼(cereal)이 유래했어요. 또 불과 대장장이의 신인 헤파이스토스는 로마 신화에서 불카누스(Vulcanus)에 해당돼요. 이 불카누스에서 화산이라는 뜻의 볼케이노(volcano)가 탄생했어요.

이 밖에도 대양의 신인 오케아노스(Oceanus)에서 바다를 뜻하는 오션(ocean)이, 신화 속 거대한 괴물인 티폰(Typhon)에서 태풍을 뜻하는 타이푼(typhoon)이 유래했어요. 우리 생활 속에서도 쉽게 찾을 수 있는데, 특히 스포츠 브랜드인 나이키는 승리의 여신 니케(Nike)에서 따온 이름이에요. 나이키의 로고 역시 니케 여신의 날개에서 영감을 받아 만들어졌답니다.

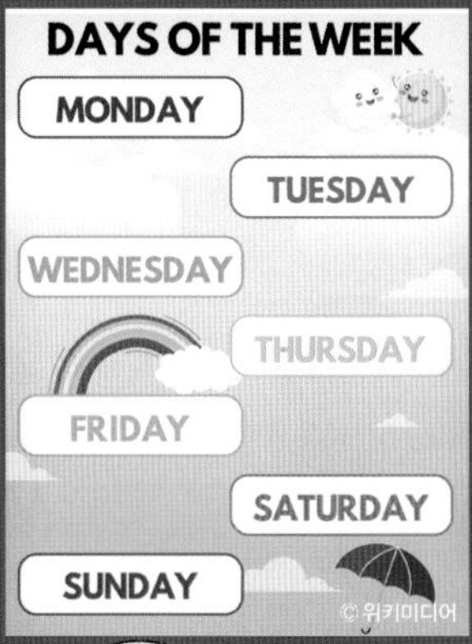

DAYS OF THE WEEK
MONDAY
TUESDAY
WEDNESDAY
THURSDAY
FRIDAY
SATURDAY
SUNDAY
© 위키미디어

신화에서 유래한 요일의 영어 이름

요일을 뜻하는 영어 단어도 신화에서 나왔어요. 단, 현재 사용하는 요일의 영어 이름은 그리스 로마 신화가 아니라 북유럽 신화에서 탄생했답니다. Monday(월요일)는 달의 신, '마네(Mane)'에서 Tuesday(화요일)는 전쟁의 신, '티르(Tyr)'에서 Wednesday(수요일)는 폭풍의 신, '오딘(Woden)'에서 유래했어요. 또 Thursday(목요일)는 천둥의 신, '토르(Thor)'에서 Friday(금요일)는 사랑의 신, '프리야(Freya)'에서 Saturday(토요일)는 농사의 신, '새턴(Saturn)'에서 유래했어요. 마지막으로 Sunday(일요일)는 태양의 날을 의미하는 'dies solis'에서 유래했답니다.

◀ 신화에서 유래한 요일

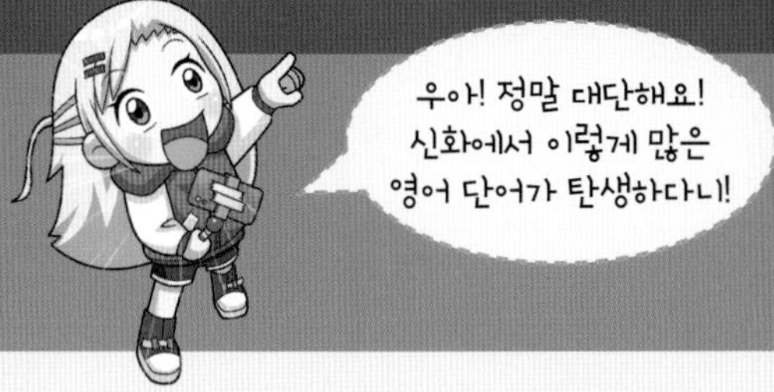

우아! 정말 대단해요! 신화에서 이렇게 많은 영어 단어가 탄생하다니!

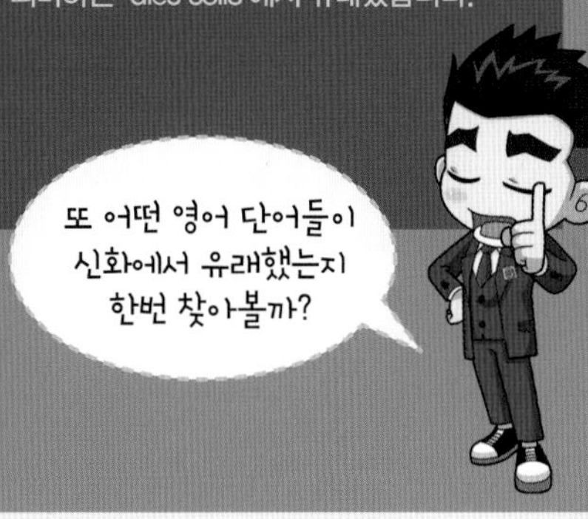

또 어떤 영어 단어들이 신화에서 유래했는지 한번 찾아볼까?

6교시 말하기 • Speaking

step 1. 대화 보기

만화에서 나오는 대사, '컴 다운(Calm down)!'은 어떨 때 쓰는 걸까?

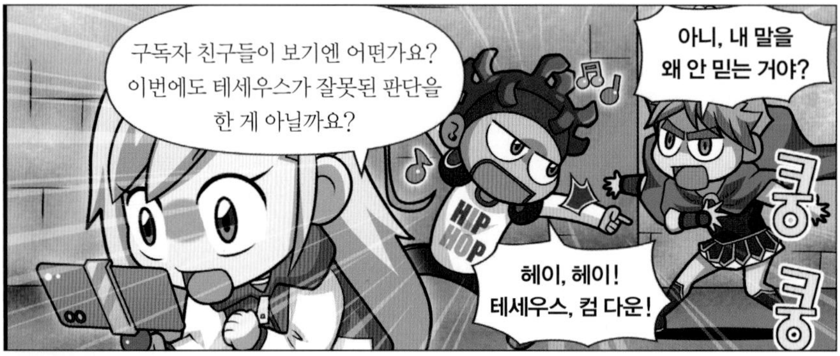

구독자 친구들이 보기엔 어떤가요? 이번에도 테세우스가 잘못된 판단을 한 게 아닐까요?
HIP HOP
헤이, 헤이! 테세우스, 컴 다운!
아니, 내 말을 왜 안 믿는 거야?
쿵 쿵

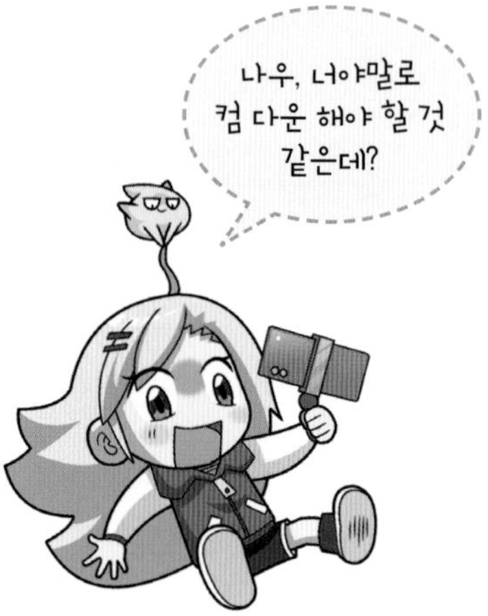

나우, 너야말로 컴 다운 해야 할 것 같은데?

step 2. 대화 더하기

'컴 다운(Calm down)!'은 '진정해!'라는 뜻으로 쓰여. 슬픔이나 흥분, 화처럼 격앙된 감정을 가라앉힐 때 쓰는 말이지. 그렇다면 이와 비슷한 의미로 쓰이는 영어 표현들은 뭐가 있을까? 친구들이 하는 말을 듣고 따라 해 보렴.

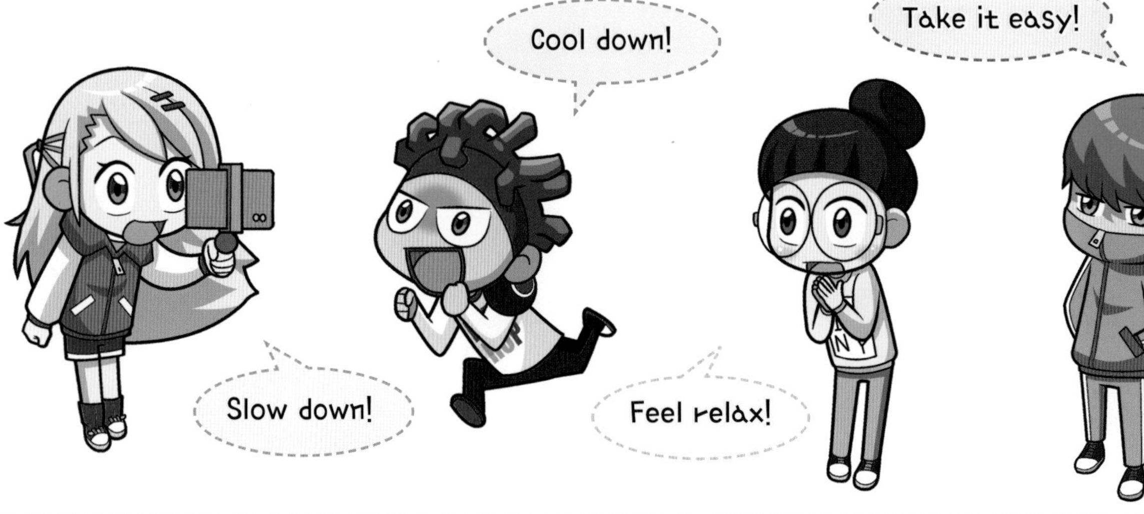

Slow down!
Cool down!
Feel relax!
Take it easy!

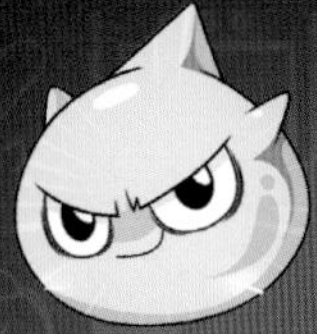

한눈에 보는 이번 수업 핵심 정리

여기까지 열심히 공부한 여러분 모두 굿 잡!
어떤 걸 배웠는지 떠올려 볼까?

1. 장소 전치사를 배웠어.

전치사는 명사 앞에서 장소나 시간, 방향 등을 나타내는 말이야.
그중 장소 전치사는 사람이나 사물의 장소를 나타내지. 대표적으로
in, on, under, in front of, behind, next to 등이 있어.

2. 시간 전치사를 배웠어.

시간 전치사는 시간을 나타내는 말 앞에 쓰여서 시각이나 때를 나타내는
역할을 해. 시간의 종류에 따라 각각 다른 전치사를 사용해야 하는데,
대표적인 시간 전치사로는 at, on, in 등이 있어.

3. 그 밖의 전치사를 배웠어.

장소 전치사나 시간 전치사 외에도 for, with, to, from, by 등 다양한 종류의
전치사가 있어. 쓰고자 하는 목적에 따라 알맞은 전치사를 써야 해.

어때, 쉽지? 다음 시간에 또 보자!

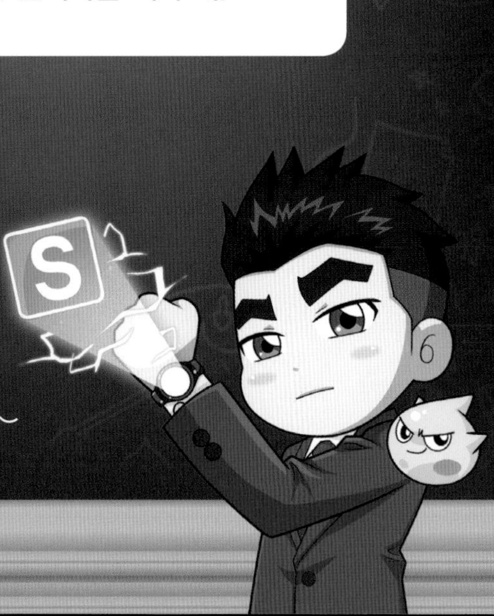

S

7교시 쪽지 시험 • Quiz

수업 시간에 잘 들었는지 쪽지 시험을 한번 볼까?

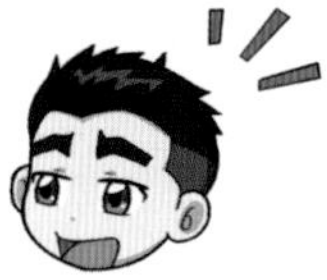

1. 장소 전치사가 아닌 것은 무엇일까요?

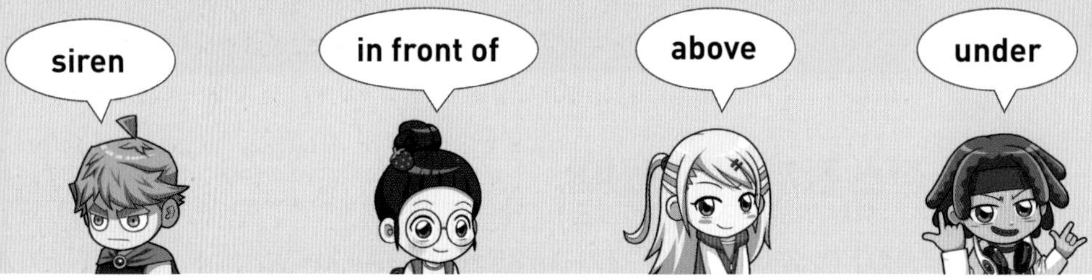
siren
in front of
above
under

2. 대화에 관련된 단어가 아닌 것은 무엇일까요?

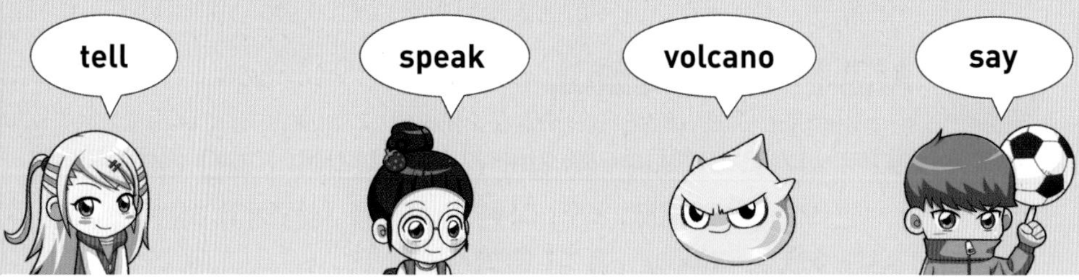
tell
speak
volcano
say

3. 시간 전치사가 아닌 것은 무엇일까요?

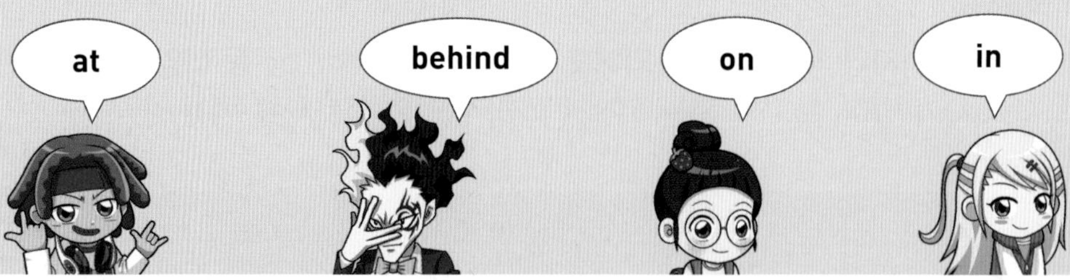
at
behind
on
in

4. 다음 중 틀린 말은 어느 것일까요?

① Be 동사 + in front of는 '~앞에 있다'라는 뜻이다.
② Be 동사 + above는 '~보다 위에 있다'라는 뜻이다.
③ at, on, in은 시간을 뜻하는 단어 앞에서는 시간의 의미로 해석해야 한다.
④ 전치사는 동사 앞에서 장소나 시간, 방향 등을 나타내는 말이다.

5. 다음 중 올바른 문장은 무엇일까요?

① I am in the building.
② The sun is the cloud behind.
③ The cake isn't at midnight.
④ A cat isn't the chair under.

6. 다음 중 틀린 문장은 무엇일까요?

① It wasn't cold in winter last year.
② I study for my future.
③ He is for Canada.
④ We are standing by the window.

7. 문장의 빈칸을 완성해 보세요.

① 이건 너를 위한 선물이다.   This is a present (   ) you.
② 1부터 10까지 세어 보자.   Let's count (   ) one to ten.
③ 학생들은 버스로 학교에 가니?   Do the students go to school (   ) bus?
④ 우리는 정오에 점심을 먹는다.   We have lunch (   ) noon.

8. 다음 문장을 완성해 보세요.

The monster is (   ) (   )(   ) us.

* 정답은 162~163쪽에 있습니다.

수업 끝!

정답 • Answer

P 143

• 스승	mentor	• ~위쪽에, ~을 넘어	over
• 화산	volcano	• ~아래에	under
• 거인	giant	• 이야기하다	speak
• ~앞에	in front of	• 반복하다	repeat
• ~뒤에	behind	• 속삭이다	whisper

P 150~151

Ceres
Oceanus
Vulcanus
ocean
volcano
cereal

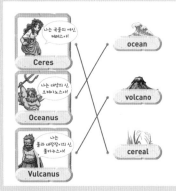

hear	over	consult	in	siren
next to	tell	at	discuss	on
behind	speak	mention	typhoon	under
talk	above	whisper	through	echo
say	repeat	in front of	maze	mentor

P 154

❶ I am in the building

❷ We are at home together

❸ The sun is behind the cloud

❹ We have lunch at noon

❺ I study for my future

❻ I eat noodles with chopsticks

❼ He is from Canada

❽ He goes to school by bus

P 155

❶ <u>A cat isn't under the chair</u> ✓

❷ <u>The cake isn't on the table</u> ✓

❸ <u>He can't speak in front of people</u> ✓

❹ <u>He didn't walk to the river</u> ✓

❺ <u>Can he kick a ball over the net</u> ✓

❻ <u>Do you go swimming on Saturday</u> ✓

❼ <u>Can you go with me</u> ✓

❽ <u>Do the students go to school by bus</u> ✓

P 160

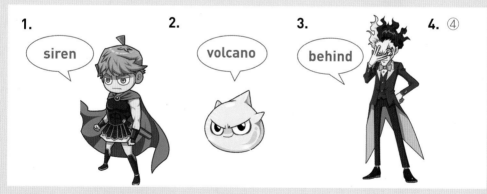

1. siren

2. volcano

3. behind

4. ④

P 161

5. ①   6. ③   7. ❶ (for)   8. (in) (front) (of)
              ❷ (from)
              ❸ (by)
              ❹ (at)

다음 권 미리 보기

지령서

노잉글리시단의 중간 보스 트릭커!
이번에는 각오가 남다른 듯하니, 금화를 주마!
다음 목적지 001 유니버스에선
절대 실패하지 마라!

WARNING

목적지 : 001 유니버스
위치 : 000 유니버스와 444 유니버스 사이
특징 : 시원 쌤의 절친이자 영국의 천재 극작가,
**   셰익스피어가 희곡을 쓰고 있다.**

보스가 주는 지령

이번 목적지는 001 유니버스의 런던이다!
금화를 써서 제일 유명한 극작가,
셰익스피어에게 으리으리한 극장을 지어 주어라!
그리고 셰익스피어가 쓰는 모든 대본에 간섭해라!
사사건건 딴지를 걸어 재미없고, 딱딱한 대사를 쓰게 만드는 거지.
그러면 셰익스피어는 동료 배우들은 물론, 관객들한테도 외면당하겠지?
그렇게 된다면, 수많은 영어 신조어와 유명한 영어 연극이
몽땅 사라질 것이다!

추신: 금화까지 쓰고도 실패한다면
     영어 심한반에서의 3주간 특별 교육이
     널 기다리고 있을 것이다.

노잉글리시단
Mr. 보스

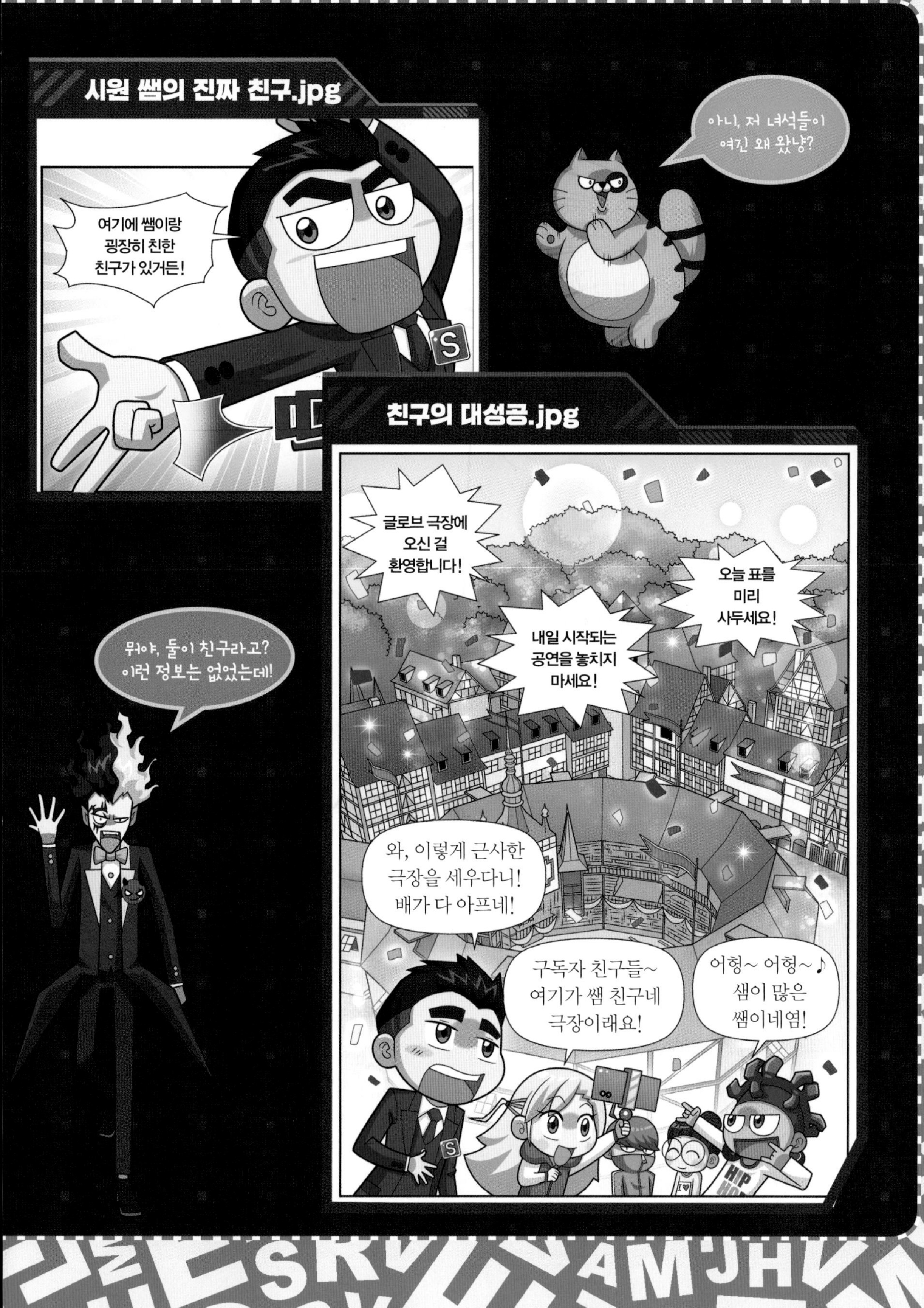
시원 쌤의 진짜 친구.jpg
여기에 쌤이랑 굉장히 친한 친구가 있거든!
아니, 저 녀석들이 여긴 왜 왔냥?
뭐야, 둘이 친구라고? 이런 정보는 없었는데!
친구의 대성공.jpg
글로브 극장에 오신 걸 환영합니다!
오늘 표를 미리 사두세요!
내일 시작되는 공연을 놓치지 마세요!
와, 이렇게 근사한 극장을 세우다니! 배가 다 아프네!
구독자 친구들~ 여기가 쌤 친구네 극장이래요!
어헝~ 어헝~♪ 샘이 많은 쌤이네염!

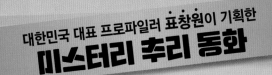

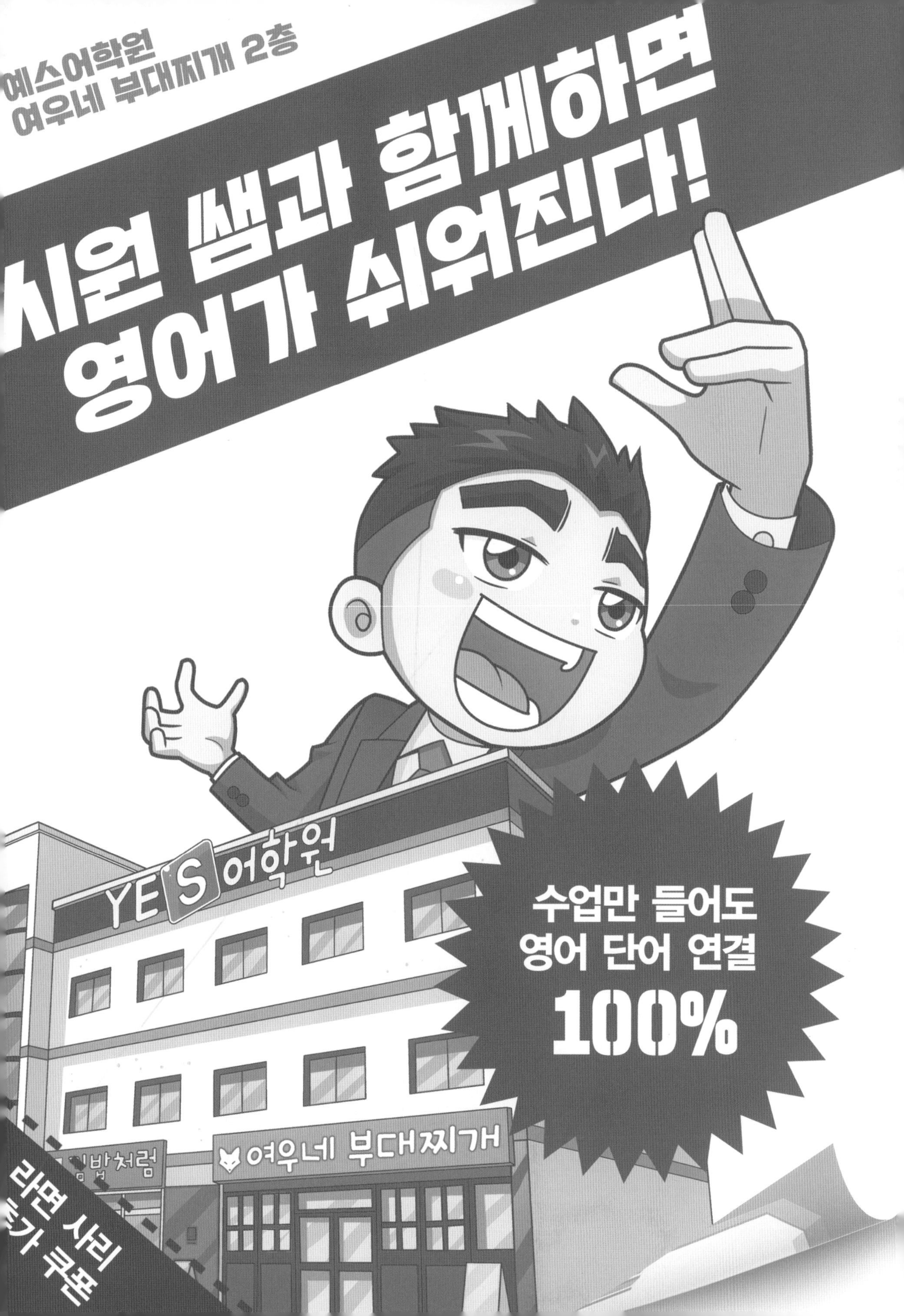
예스어학원
여우네 부대찌개 2층
시원 쌤과 함께하면
영어가 쉬워진다!
YES어학원
수업만 들어도
영어 단어 연결
100%
여우네 부대찌개
라면 사리

예스잉글리시
신입 단원 모집

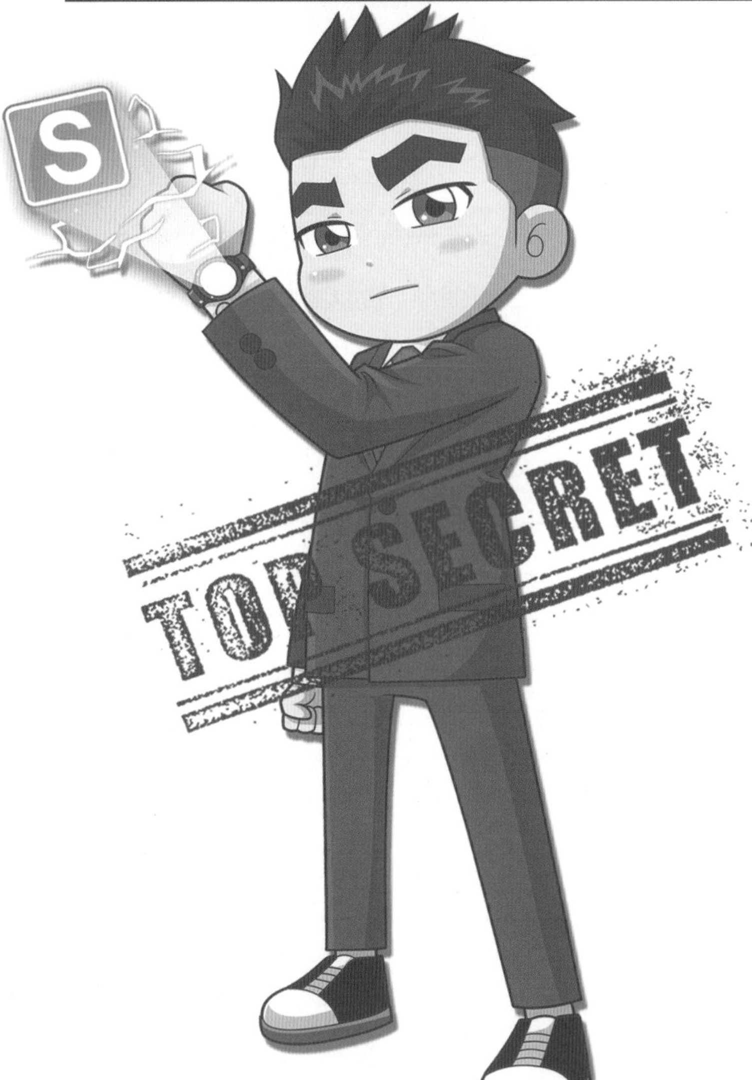
S
TOP SECRET

코드 네임 : 에스원 요원과
영어 유니버스를 구하라!